中國文化法學評論

Cultural Law Review of China

第二辑

石东坡 主编
张　琪 副主编

中国社会科学出版社

图书在版编目（CIP）数据

中国文化法学评论．第二辑／石东坡主编．—北京：中国社会科学出版社，2022.5

ISBN 978－7－5227－0119－6

Ⅰ.①中…　Ⅱ.①石…　Ⅲ.①法学—中国—文集　Ⅳ.①D920.0－53

中国版本图书馆 CIP 数据核字（2022）第 066706 号

出 版 人　赵剑英
责任编辑　姜雅雯　许　琳
责任校对　李　硕
责任印制　郝美娜

出　　版　中国社会科学出版社
社　　址　北京鼓楼西大街甲 158 号
邮　　编　100720
网　　址　http://www.csspw.cn
发 行 部　010－84083685
门 市 部　010－84029450
经　　销　新华书店及其他书店

印　　刷　北京君升印刷有限公司
装　　订　廊坊市广阳区广增装订厂
版　　次　2022 年 5 月第 1 版
印　　次　2022 年 5 月第 1 次印刷

开　　本　710×1000　1/16
印　　张　22
字　　数　339 千字
定　　价　118.00 元

健全法治机制，赓续文化根脉

党的十九届六中全会通过的《中共中央关于党的百年奋斗重大成就和历史经验的决议》，全面总结了包括文化建设在内的党百年奋斗积累的宝贵历史经验。党的十八大以来，以习近平同志为核心的党中央把文化建设提升到一个新的历史高度。在五位一体的总体布局中，在文化自信的心力支点上，以文化强国为目标，以全民族文化创新创造活力、全党全国各族人民团结奋斗的共同思想基础为归宿，牢牢掌握意识形态工作领导权，建设具有强大凝聚力和引领力的社会主义意识形态，建设社会主义文化强国。

其中，提出了文化建设的基本指引，在指导思想、体制机制、事权领域、立场基点、核心价值、使命任务、建设内容、业态形式、衡量指标、地位作用等方面形成比较健全的文化治理理念与形态。① 尤其是确立和坚持马克思主义在意识形态领域指导地位的根本制度，健全意识形态工作责任制，健全互联网领导和管理体制，推动理想信念教育常态化制度化，建立健全党和国家功勋荣誉表彰制度等，在建立健全文化领域的国家治理体系上取得重大进步和显著进展，为文化领域法治建设提供了思想前提和政治前提、廓清了政治基础和制度基础。

文化领域的法治建设，即文化法治，遵循习近平总书记关于文化工作的系列重要论述，贯彻习近平法治思想，以制度化、规范化和法治化

① 习近平：《关于〈中共中央关于党的百年奋斗重大成就和历史经验的决议〉的说明》、《把文化建设摆在更加突出位置》，《习近平谈治国理政》（四），外文出版社 2022 年版，第 26、309—311 页。

的理念、思维和方法，与文化建设、发展和繁荣相适应，以法治价值、原则、规范、程序与机制保证党和国家领导人民有效开展文化治理，不断满足人民群众精神文化需求，尊重、保障和实现公民文化权益，以法治体系支撑制度体系、确认理念体系、规整工作体系、维系权利体系，焕发和汇聚更为主动的精神力量，为中国梦提供强大的价值引导力、文化凝聚力和精神推动力。

胸怀“国之大者”，文化法治首要和根本的义项，是根据宪法、实施宪法，确保“共和国是红色的，不能淡化这个颜色”。这是文化法治的意义和价值、基石和命脉。为此，2018 年《宪法修正案》对党的领导、习近平新时代中国特色社会主义思想等予以规定，为文化法治提供了更为明晰和坚定的宪法渊源和宪法依据。《国家安全法》《英雄烈士保护法》等法律、一系列围绕红色历史文化遗存保护的地方立法和去极端、反分裂、增团结的民族区域自治地方立法，为巩固文化主权安全、红色基因传承赓续、弘扬伟大建党精神进行了有益的立法开拓和制度探索，与《文物保护法》《非物质文化遗产法》《公共文化服务保障法》《图书馆法》等一并塑造和夯实了中国特色社会主义文化法治的结构与图景。

文化法治，在政治、宪制和国家治理的意义上，是坚持马克思主义在意识形态领域指导地位的制度确立为中国特色社会主义制度体系的一项根本制度，把坚持社会主义核心价值体系纳入新时代坚持和发展中国特色社会主义的基本方略之下，健全和完善一系列文化领域的法治机制，将其作为中国特色社会主义法治体系的组成部分，引领、规范和保障实现人民文化权益、国家文化主权、公民文化人权，实现用社会主义先进文化、革命文化、中华优秀传统文化培根铸魂，实现思想与文化、体和用、魂与体之间的有机统一，提高文明程度、繁荣发展文化。文化法治的深化、拓展，至少需要法权化、法制化和法治化。

其一，文化领域的法权化。法权化是利益在法律上的纳入和承认。合理、正当的利益应予法律上的确认，成为受法律保护的“法益”并设定为相应的法律权利。文化法治，在其构成要素上，就是文化领域诸种合理正当利益的权利化、权属化、法权化。既要确认和界定作为人民权力的文化治理权力，又要保障和维护作为公民权利的文化基本权利。既要确认个体、族群和组织等私益主体的文化权利，又要确认民族、人民和国家等公益主体的文化权利。既要在主权、政权和人权等不同层面，又要在自由权、社会权、自治权等不同层面设定相应的文化权利（力），还要在中华民族、少数民族、特定族群（社群）和公民个体等文化归属或创新的主体类型上设定对应的文化权利。既要以全过程人民民主支配运用、监督制约作为公共权力的文化治理权力，又要以个性自由、创造创新充实焕发、展现运用公民文化权利，还要建立文化资源数据权利及其授权体系。中国特色社会主义的文化法治，不是个体主义、形式主义和消极主义的，其权利体系是根植于文化建设本身并以权利与义务相统一、权利与权利相协调、权利与权力相制衡为其法治准则的。文化法治是对文化建设在性质、地位、领域、范围、内容、过程与载体等多方面的法治保障、风险防范以及权利维护。如果缺乏历史思维、文化思维、人民思维和法治思维的融会贯通，缺乏科学、民主和周全的文化权利（力）体系对文化领域诸种合理正当利益的法权化，则文化法治不论在制度、机制上还是在架构、价值上都无形树立。现实中文化领域的某些症结之所以难以切实有效地依法调处，一些尚且处于失据、失守、失责、失色、失灵的情形，一个重要诱因就在于文化领域的法权化存在短板。在文化主权、文化权利及其权利能力、行为能力、权能类型、权限界分等多维度均存在缺失、缺乏精细化及其操作性等问题。

其二，文化领域的法制化。文化领域的地方立法活跃度较高，呈现出鲜明的角色特征，取得了新的经验。在文化遗产保护立法方面，生态保护、空间保护、线路保护等的积极保护理念与新型保护方式得到确立与应用。如《北京中轴线文化遗产保护条例》，就中轴线及其环境中承载首都历史文化风貌和特有文化内涵的建筑、格局及各种历史文化资源，以及与中轴线价值密切相关的国家礼仪传统、城市管理传统等加以整体保护。又如《贵州省长征国家文化公园条例》，强化红色文化线路保护中的精神弘扬与业态集聚相映生辉，吸纳和延展红色文化的传播载体和途径，积极发展与长征关联的创意设计等产业，开发红色文创旅游产品，优化产业结构布局，发挥联动效应、集群效应和溢出效应，增进长征文化体验和研学感悟。

在因循法律调整客观规律、克服法律万能主义、注重法律调整的边界与限度下，亦应看到，首先，政策调整与法律调整之间的衔接度和协同性有待增强，立法决策与政治决策之间还存在着一定的时间、内容上的落差。不论是专门针对文化领域的还是与文化领域密切关联的，《关于推动党史学习教育常态化长效化的意见》以及《关于深化国有文艺院团改革的意见》《关于进一步加强非物质文化遗产保护工作的意见》《关于加强网络文明建设的意见》《关于在城乡建设中加强历史文化保护传承的意见》《关于推进新时代古籍工作的意见》《关于推进实施国家文化数字化战略的意见》等一系列改革决策的政策文本陆续印发，对文化立法、修法在议程设置、制度初设上予以规划和促动，其中不乏明确有关重要制度选项。《文物保护法》《非物质文化遗产法》《历史文化名城名镇名村保护条例》以及《城乡规划法》等修改亟待推进。其次，实施文化立法规划的时效性需要提升，包括《文化产业促进法》《广播电视法》等在内的若干基础性、主干性和综合性文化法律尚待补强。最后，宜更为注重文化"领域"立法在问题导向与领域统合之间实现纵横交织、有的放矢和无缝衔接，克服部门立法在法律调整机制和方法上的相对自足性，切实增强文化领域法律价值上的全域支配性和法律原则上的一体融贯性以及法律制度之间的协同性、系统性、针对性和操作性。要进一步完善红色文化、考古遗迹、文化遗产资源资产管理、国家文物资源大数据、文化安全与影响评价等方面法律制度。既要加强文化事业和文化产业围绕文化创造主体权益的具体制度创设与供给，又要加强文化主权安全、核心价值体系以及文化治理机制的嵌合制度设置与细化。既要着力推进文化事业和文化产业等主要文化法律法规的建立健全，又要如《教育法》第七条在更加明确和全面地体现教育的文化性质、功能与本质规定性一样予以更为广域的修法整合。

其三，文化领域的法治化。首先，加强党规之治，就党内法规体系中文化领域党的领导法规继续加以完善，逐步形成文化领域党内法规与国家法律之间衔接协调，于法于规有据地保障和规范文化治理，维护文化安全，促进文化创新。《中国共产党宣传工作条例》第一次以党内法规形式确定党委对意识形态领导权、主导权、话语权等的职责，规定宣传工作的职能内容及其体制机制，对包括理论武装、舆论引导、思想教育、文化建设、文明培育等工作和活动确立基本规程。这部基础的党内法规全面涵盖了宣传工作，意识形态工作，新闻出版和电影工作，广播电视工作，核心价值观建设，思想道德建设和思想政治工作，精神文化产品创作和生产，中华优秀传统文化传承发展，群众文化建设，文化体制改革和文化事业、文化产业以及旅游业发展，互联网宣传和信息内容建设等，以及宣传领域法治建设，集中体现了文化领域立法立规的内在协同性和总体周延性，为后续文化领域党规、国法的健全完善甚至未来我国文化基本法或其法典化在一定程度上奠立了框架结构。

其次，加强执法和执法督查，完善文化市场综合执法体制，强化文化数据权益保护和全流程文化数据安全管理，尤其加强重要文化数据出境安全监管，并且加强文化权益司法保障。如宁德市、南平市、温州市、丽水市四市中级人民法院联合签署《廊桥文化遗产闽浙地区协同发展司法协作框架意见》；泉州市鲤城区人民法院设立海丝史迹保护巡回法庭，融合海丝特色打造全国法院系统首家文化遗产法律保护展馆；汕头市金平区检察院就中央红色交通线汕头中站旧址保护向金平区文化广电旅游体育局发出诉前检察建议。实践中这些有益举措需及时检验评估，总结上升为相关方面的法律规则，从而助力文化领域的法治实效、法治合力。

最后，我国的文化建设以人民为中心，既见“文化”更见“人”。我国的文化法治不是自由主义、个体主义和形式主义的所谓法治，而是以固根本、稳预期、利长远、硬约束的法治属性和功能保障文化建设实现其目标作用，即在以文弘业、以文载道、以文传声之中以文培元、以文立心、以文铸魂，进而以文化人，因此，为文之立法，根本上是为人之立法、为民之立法，是在“字与义”相统一，内容与形式相统一，感悟、审美与价值、力量相统一，生活变迁与心灵世界相统一之上，对文化来自于人、进而归属于人的权利义务程序法则等的确立与维系，是实现文化建设在属人意义上的自觉、能动与共享。由此就迥然不同于在资本支配和利润导向下，西方“文化工业的总体效果之一是反启蒙”，“变成了大众欺骗，转变成束缚自觉意识的工具”①。也正是如此，文化领域不仅仅是产品问题，而且是内容问题，更是价值、精神问题，是作为社会实践主体的人本身的思想意识的自主性、积极性和能动性问题。文化领域的法治，实际上所要保障、呵护和追求的是精神力量焕发与文化事业、产业发展的统一，不是仅仅使得在文化事业、文化产业上空洞的繁荣；不是将人固设为“单向度的人”，寻求娱乐、刺激或谋利的人，而是将现实的、总体的和真实的人置于文化浸润之中，使之拥有思想、情感、道义和审美等多维质素、自觉自励、创新创造、共建共享、美美与共的“时代新人”。所以，文化领域的法治化，归根结底是以法治的权威、尊严和力量护佑人的社会化成长，进而推动社会共同体保持和成就为文化创新体、文明共同体。

由是观之，文化，是“中国故事及其背后的思想力量和精神力量”。党的十八大以来的文化建设，正如《中共中央关于党的百年奋斗重大成就和历史经验的决议》以如椽之笔恢弘洗练、言简意赅地精要概括、深刻论述的那样，空前地在其本体论、价值论以及实践论的系统性、深刻性和能动性上得到提高。文化法治，本质上是文化发展道路的法治载体、法治过程和法治形态。文化领域的法治建设，绝不仅仅是文化领域的工作流程规范化、创新做法制度化、成熟经验机制化，而是在践行法治价值、汲取法治智慧、运用法治思维、应用法治方法、健全法治机制上的科学化、常态化、长效化。“把文化建设摆在更加突出位置”，必然要求把文化法治建设摆在法治体系健全完善和有效施行的更加突出位置，必然要求文化领域的法治建设以习近平法治思想为指针，深深植根于新时代文化建设、法治建设的丰沃土壤。绝不能、也不可能停滞于母版、徘徊于模板、机械于再版、执迷于翻版，因为那些都南辕北辙、背道而驰、不得门径。社会变迁、文化建设如此，文化强国建设进程中的文化法治建设和文化法学创立亦是如此。在马克思主义基本原理同中国具体实际相结合、同中华优秀传统文化相结合的创造实践中，文化建设

① *Culture Industry Reconsidered*, New German Critique, 6, Fall 1975, pp. 12 – 19.

及其法治建设一定有着在性质、价值、原则、主体、内容、规则、机制与功能等诸多方面蕴含乃至于彰显中国特色、原创特质、时代特征的成分累积和成果累进，并必将作为人类文明新形态的重要探索和有机构成而富有其独特贡献、普遍意义和航向昭示。

石东坡

于兰月 天竺书房

目　　录

庆祝中国共产党成立100周年专栏

红色历史文化遗产保护地方立法的评析与前瞻*

石东坡　尹学铭**

（浙江工业大学文化与法制研究中心）

摘要　红色文化传承创新的法治化以科学、有效的立法调整为前提，属于设区的市立法权限中“历史文化保护”的重要事权项目。厘清对红色文化遗产进行地方立法保护的理论基础，评价红色文化地方立法保护在核心价值观入宪与社会主义文化建设上具体承载与有机融合的规范设计，是地方立法发展深化的理论助益。其中，《龙岩条例》和《吴忠条例》有一定的先进性和代表性，也存在公众参与缺失、政府保障不足等局限。需明确，红色历史文化遗产保护立法在本质上是国家文化主权的自我宣示和制度实现，在功能上是国家文化治理政策法律环境的制度渊源。为此，需进一步规定主体单位负有展示展现红色文化中的精神成分的义务和职责，充分体现红色历史文化遗存空间的人民属性，注重红色历史文化遗产保护、开发、利用与《文化产业促进法》有关规定之间的衔接。在红色历史文化遗产保护的法律制度精准化、精细化、协同化的规范设计上，凸显其特殊性、针对性和实效性。

* 本文系国家社科基金“研究阐释党的十九大精神”专项课题“健全党和国家监督体系研究”（项目批准号：18VSJ051）的阶段性成果。

** 石东坡，浙江工业大学法学院教授、硕士生导师，法学博士，浙江工业大学文化与法制研究中心主任；尹学铭，浙江工业大学文化与法制研究中心助理主任，《中国文化法学评论》编辑。

关键词 核心价值观；红色历史文化遗产；国家文化识别系统；文化治理；特别法

一 引言

红色文化[①]作为社会主义先进文化的重要组成部分和主体表现形式，是社会主义核心价值的思想源泉，也是推进中华民族伟大复兴的精神动力。但是，随着社会经济的快速发展和各种社会思潮的涌动，部分群体和民众对红色文化的价值和中国共产党倡导的主流价值观认同感有所弱化，加之红色文化的传播形式亟待创新，使得红色文化的传承和发展受到了不小的冲击。在红色文化资源开发中的诸如以经济指标导向的破坏性开发，影视网络娱乐领域恶搞红色经典等导致红色文化的积极效益和教化功能被严重侵蚀。究其原因，既有文化治理滞后、意识形态和话语权建设薄弱等问题，也有相关法律的缺失和政策措施的不足等局限。作为一种最根本的保护，通过法律和法律实施实现体制机制对红色文化实行保护是富有中国特色的树立文化自信、弘扬社会主义核心价值观的重要手段。红色文化立法是新时代中国特色社会主义文化法治思想的必然产物。对红色文化的立法保护是红色文化传承及教化的有效途径，构成国家文化治理政策法律环境的制度渊源。目前，我国已有若干设区的市相继出台有关红色文化地方立法的保护条例，为红色文化保护立法提供了鲜活的样本和先期的探索。[②] 对红色文化保护的地方立法已得到初步关注，但依旧存在着不少的问题。尽管有学者提出，依托地方立法的先行性、试验性权限特点，将红色文化遗产保护地方立法作为综合性、整体性的系统工程进行科学设计，通过红色文化遗产保护的立法，促使其

① 红色文化有广义和狭义之分，狭义的红色文化是指新民主主义革命以来，中国共产党领导全国各族、各地区人民在马克思主义的指导下，结合中国革命进程和各地区实际逐步形成的具有鲜明中国特色、符合中国国情的科学文化体系。刘寿礼较早提出了“红色文化”的概念，参见刘寿礼《苏区“红色文化”对中华民族精神的丰富和发展研究》，《求实》2004 年第 7 期。

② 各地市的立法例在名称上各有不同，后文在论述红色文化的保护客体时，多用革命历史遗迹，红色历史文化遗产等表达，本文拟将其统一称为“红色历史文化遗产”。

与推进区域协调发展新战略和支持革命老区加快发展有机契合。[①] 但就红色文化保护立法样本的深度研究及其法理探究尚且匮乏。由此，本文拟对福建龙岩和宁夏吴忠的地方性法规进行对比分析，总结设区的市在红色文化保护立法上的初步经验，从而评估红色文化地方立法保护的正当性、合法性、紧迫性，尤其是立法过程中的对象界定、规范设计、机制构建的科学性、操作性和实效性等，并由此为红色文化保护，特别是红色历史文化遗产的相应法规创制提供理论支撑和方案借鉴。

二　红色历史文化遗产立法保护的挑战与进展

（一）红色历史文化遗产立法保护的紧迫性

红色文化立法的紧迫性，主要体现在红色历史文化遗存的物化形态遭受严重破坏、红色文化的精神内涵遭受历史虚无主义的侵蚀、红色文化资源开发的过度商业化扭曲了其本真、认同危机威胁到文化主权安全等方面。这些既有针对文化遗产保护的一般性问题，又有在红色文化立法保护上如何进一步在保护其物化形态的同时，更加发挥其内在精神的传播教育功能的特殊性问题。

1. 红色历史文化遗存的物化形态遭受严重破坏

随着时间的推移和经济社会的发展，红色历史文化遗存保护出现了许多新情况、新问题。红色遗址遗迹消失的问题亟待扭转。例如在西柏坡的红色文化资源中，除国家一级博物馆西柏坡纪念馆、西柏坡中共中央旧址、国家安全教育馆、国家廉政教育馆、西柏坡丰碑林外，许多革命旧址和史迹保护级别虽高，但规模较小，分布不集中，基础设施比较薄弱，而且大部分始建于20世纪二三十年代，为砖石或土木结构，因年代久远，多已破败，急需修缮。[②] 再如，2017年6月，位于哈尔滨市双城区的四野纪念馆东侧的革命旧址遭人破坏，7处不可移动文物被拆毁，其中有东北民主联军前线指挥部警备连旧址、刘亚楼旧居、东北民

① 邓凌月：《加强红色文化遗产保护地方立法研究》，《理论学刊》2018年第4期。

② 《春到燕赵气象新——李长春同志在河北考察纪行》，搜狐网，http：//news. sohu. com/20100406/n271338197. shtml。

主联军独立团旧址等。[①] 而遭到破坏的革命旧址均为解放战争时期的重要史迹，具有重要的文物价值和社会价值。

2. 红色文化的精神内涵遭受历史虚无主义的侵蚀

除了红色文化遗存的保护现状堪忧之外，红色文化精神的保护也面临着前所未有的挑战。2013 年，网络上出现了个别人怀疑和虚构“狼牙山五壮士”抗日斗争情节的论断，混淆了视听，抹黑了英雄。这种以抹黑革命英雄为主要特征的历史虚无主义潮流也引起了广大群众的义愤和深思，其本质是通过所谓历史细节考证，诋毁、抹黑英雄，进而否定中国共产党的历史、人民军队的历史、中华民族奋斗史和中华人民共和国的历史，通过对历史文化的指责与污化消解人们对我国文化的认同，消解民族自尊心、自信心、自豪感。同年，有网友与加多宝公司在新浪微博发文对邱少云烈士进行侮辱、丑化，以违背社会公德的方式贬损烈士形象用于市场营销，在网络和现实社会中引起了强烈反响。[②] 在刘胡兰牺牲 60 周年之际，某教授在博客中发文，称女烈士刘胡兰并非被国民党所害，而是死于乡亲们的铡刀下，引发轩然大波。[③]

这些革命英雄生前在战斗中表现出的舍生取义、爱国为民的精神，在当代社会有着广泛的道德认同，是中华民族宝贵的精神财富，损害了英雄就等于损害了人民心中的信仰。在道德规范难以守护英烈的时候，有必要出台专门的法律捍卫烈士的名誉。

3. 红色文化资源开发商业化扭曲了红色文化的本真

红色文化资源开发过度商业化，是指市场经济条件下，在红色文化资源的开发中，忽视或扭曲红色文化的本真，侵蚀甚至损害其重要的社会效益和内在承担的教化功能，过分片面地追求经济效益，甚至出现“三俗”现象的粉墨登场等行为。集中表现为以经济指标为主的破坏性开发；旅游业中红色精神滥用，文化产品的完全商品化；影视网络的娱

① 《哈尔滨刘亚楼旧居遭强拆续：11 名相关领导干部被追责》，新华网，http：//news. xinhuanet. com/politics/2016 -08/31/c_ 129263739. htm。

② 《专家评“辱邱少云烈士案”：英雄先烈名誉不容侵害》，人民网，http：//legal. people. com. cn/n1/2016/0920/c42510 -28727733. html。

③ 《抹黑英雄恶搞历史成网络公害》，《人民日报》2015 年 6 月 25 日第 23 版。

乐恶搞，红色经典运行完全商业化。[①] 商业式开发方式对红色文化的蚕食实在令人堪忧。

延安杨家岭革命旧址保护区内的中央花园曾经是毛泽东、刘少奇、周恩来等中央领导集体活动的场所，是革命旧址的重要组成部分，却在2011年被房地产开发，一切不符合经济发展指标的东西皆被拆除。[②] 在景区、场馆的规划建设中，红色文化资源遭到破坏。坐落在重庆市李子坝抗日战争遗址公园内的抗日名将李根固与刘湘旧居被擅改文物用途，分别改成“根固雪茄会所”和高档“湘菜馆”，其中饱含的革命史迹的文化资源荡然无存。[③] 四川省泸州市烈士陵园是广大市民缅怀革命先烈的地方，然而每到夜里，这里却成了某些不法分子提供色情服务的场所。据了解，烈士陵园几年前就把周边的门面房和忠山宾馆出租、承包，每年可获得十几万元，用于职工发放补贴、奖金。这一事件引起了社会的公愤。[④]

除了以经济指标为主的破坏性开发以外，红色精神的滥用使得文化产品完全商品化，红色内涵被消解、扭曲和流逝。随着当今社会影视网络的迅猛发展，红色经典可以被用于现代演绎，激发青年一代积极追求理想，塑造正确“三观”。但在开发中，由于对红色文化资源的内涵把握不精深，甚至为了炒作和逐利，很多地方将红色经典作庸俗化开发并用于影视网络传播，不仅违背红色文化的开发初衷，更是对红色经典的亵渎和误导。

4. 红色文化的认同危机威胁文化主权安全

在经济全球化、文化多样化的情形下，社会大众对红色文化的感知程度和认同程度各有不同，在形形色色的非主流文化的强烈冲击下，红色文化的认同危机日益凸显，文化主权安全受到威胁，具体表现在红色文化历史记忆的淡化、红色文化价值标准的碎裂、红色文化话语表达的

---

① 张鹏程：《红色文化资源面对过度商业化开发的隐忧与对策》，《教育文化论坛》2013年第3期。

② 《延安杨家岭中央青委旧址亟待保护》，《中国青年报》2011年4月24日第1版。

③ 《重庆抗日名将旧居遭强拆改为豪华餐厅》，《中国青年报》2013年1月28日第7版。

④ 《“艳舞”跳进四川泸州烈士陵园　报警后情况依然如故》，中国新闻网，http://www.chinanews.com/news/2005/2005-01-28/26/534615.shtm。

失语等方面。①

首先，人们对物质的疯狂追求在一定程度上窒息了历史主体对历史的反顾和对现实、未来的思考，红色文化历史记忆的淡化又进一步催逼社会大众对红色文化的陌生甚至疏离。红色文化价值标准中所蕴含的理想信念、艰苦奋斗、勇于奉献、自强不息等崇高精神和价值尺度，也在这样的社会状态下变得支离破碎，红色文化再难引起普遍的共勉。

其次，作为一个兼容并蓄、对外开放的国家，我国在全球化社会思潮涌动的情况下必然会受到消极文化的侵蚀，部分群体和民众对红色文化的价值和中国共产党倡导的主流价值观认同感不强。同时，随着大众消费的崛起，青年一代的生活方式、思维方式、行为习惯越来越消费主义化，冲击了本民族的优秀文化尤其是红色文化，延长了人们对红色文化的认同过程，甚至导致了人们对红色文化的抵触，社会上出现政治观念模糊、价值取向迷茫与信仰缺失的现象。更何况，在当前的政策环境下，红色文化的传播往往是以灌输的、自上而下的强制形式进行传播，这种具有行政倾向的做法很可能导致受众心理上的逆反和抗拒。

最后，人民需要从物质贫乏但精神澎湃的年代学习、感悟和发现生命的价值和意义。人民需要在消费主义盛行的时代，珍惜物质资源和主体地位的来之不易。人民需要在社会思潮涌动的生活中找到和谐统一的价值追求和理想信念。② 由此，对红色历史文化资源的保护，是呼唤红色文化的价值回归，切实消除红色文化污名化的物化前提和重要基础。必须通过法治手段，培育和践行建设社会主义核心价值体系，有效地消解红色文化认同危机。

5. 红色文化保护责任主体和体制机制不够明晰

由于红色文化遗产保护立法的缺失，形成管理上的死角，权责主体模糊，使得一些违法或者不当的行为得不到及时有效的处理。由于可以

---

① 张首先：《红色文化的价值资源与当代大学生的文化认同》，《思想政治教育研究》2011 年第 3 期。

② 龙柏林、潘丽文：《红色文化：原初语境、认同危机与价值回归》，《文化软实力研究》2017 年第 2 期。

通过红色旅游获取经济收益，部分地区出现了多头管理、政出多门的现象；但同时，由于有的红色文化遗存地处偏远、不易开发利用，相关保护会出现空白地带。司法保护是红色文化保护的重要手段和环节，但现阶段对于红色文化遗存的破坏行为、对行政管理部门的不作为及乱作为行为，在刑事、民事、行政司法的各个环节处罚力度明显不够；另外，对红色文化遗存缺乏司法保护的意识，当红色文化资源遭到破坏、损毁时，公众、行政管理部门大多采取一种缄默的态度，缺乏采取必要司法手段来进行追责的意识，致使红色文化遗存的司法保护陷入一种无力甚至是缺失的状态。①

究其根本，是在红色文化资源保护的体系中缺乏有效的追责机制，问责主体不够明晰，尚未设置严格追查制度，对相关行政管理人员的不作为、慢作为和乱作为没有给予应有打击，对行政管理人员的失职行为追查和处罚力度不够。在实际工作中，部分权责主体对红色文化资源保护、开发和利用的重要性、紧迫性认识不够，保护意识不强，资金投入不足，管理体制不顺，导致红色文化在推动全民族文明素质提高中的作用不够突出。

通过红色文化立法，实现对于红色文化基因的保护和传承，达到和实现核心价值观、文化的传承与创新，以及促进包括旅游等在内的现代文化产业的发展，这既是产业化的、商业化的，同时又不至于背离其内在的文化内核、不违背社会主义核心价值观的导向，具有不可替代的重要意义，也是解除上述问题的重要手段。实践当中，我国已有多个地市认识到了对红色文化进行立法保护的必要性和紧迫性，尝试制定了有关法规规章，逐步使红色文化资源保护步入法制轨道。

（二）我国红色文化地方保护的立法进展

2017 年 9 月 1 日，十二届全国人民代表大会常务委员会第二十九次会议表决通过《中华人民共和国国歌法》。国歌所承载的民族精神是一

① 李晓蓉、卯光润：《贵州红色文化资源保护现状及其法律保护思考——以毕节市红色文化遗产法律保护为例》，《遵义师范学院学报》2016 年第 4 期。

种厚重的情感，也承载着爱国主义教育的重要内容，是红色文化的重要载体之一。2018年4月27日，十三届全国人民代表大会常务委员会第二次会议通过《中华人民共和国英雄烈士保护法》，禁止歪曲、丑化、亵渎、否定英雄烈士的事迹和精神，宣扬、美化侵略战争和侵略行为。英雄烈士所承载的精神价值是中华民族共同的历史记忆和价值追求，英烈事迹、形象、精神归属于红色文化的重要组成部分及其表征形象符号。

国家层面为维护英雄烈士名誉和国歌尊严的立法是弘扬社会主义核心价值观的内在要求。结合已有的相关法律规定，可以看出国家对文化意识形态的重要性认知日渐深化，对代表红色文化的历史遗存、精神遗存进行保护是时代发展的必然要求。在这样的背景下，我国已有多个省市出台相关法律法规，加大对红色文化遗存的保护力度。在这些规定中，不乏从自身实际出发，利用地方立法权，因地制宜出台地方性法规，实现了对红色文化遗存独具针对性的保护制度。

2014年9月29日，宁波市人民政府常务会议通过《宁波市革命遗址保护利用规定》，是全国副省级城市，也是具有地方立法权的较大的市首次对革命遗址保护利用工作立法，对革命遗址进行了清晰界定，提出了兼顾保护和利用的原则，明确各级各有关单位的职责和责任人应当履行的责任，标志着对革命遗址的保护正式迈入法制轨道。

2015年9月17日重庆市人民政府常务会议通过《重庆市抗日战争遗址保护利用办法》，加强对抗日战争遗址的保护利用，是全国首部有关抗日战争遗址保护利用的地方性规章，首次建立抗战遗址三级保护责任体系，严厉追责破坏抗日战争遗址的行为主体。

2016年10月31日，贵阳市人民政府常务会议通过《贵阳市红色文化遗址保护管理办法》，遵循统一规划、分级保护、合理利用、属地管理的原则，切实维护红色文化遗址特有的历史环境风貌，最大限度保持历史真实性、风貌完整性和文化延续性。

2017年1月25日，福建省三明市政府出台全省首部保护红色遗址的政府规章《三明市红色文化遗址保护管理办法》，对红色文化遗址概念的实施主体、时间跨度和具体指向进行明确规定，突出红色文化的属性和内涵，并参照文物保护管理做法对红色文化遗址实行分级保护，进一步规范和加强对红色文化遗址的保护、管理和利用。

2017 年 7 月 1 日，浙江省嘉兴市正式实施《嘉兴市南湖保护条例》，通过立法保护南湖，设置专门条款对红色基因的保护范围和保护措施等予以详细规定，具有鲜明的地域特征。

2017 年 11 月 24 日，福建省十二届人大常委会第三十二次会议批准了我国第一部由设区的市制定的红色文化遗存保护地方性法规《龙岩市红色文化遗存保护条例》（以下简称《龙岩条例》），对歪曲、贬损红色文化遗存的行为提出明确处罚措施，为龙岩的红色文化遗存保护提供法律保障。

2017 年 11 月 30 日，宁夏回族自治区十一届人大常委会第三十四次会议批准了吴忠市人大提请的《吴忠市红色文化遗址保护条例》（以下简称《吴忠条例》），明确提出市、县级人民政府应当按照红色文化遗址保护规划，将红色文化遗址保护列为公共文化设施建设，通过保护促进合理利用，并首次纳入弘扬社会主义核心价值观，是吴忠市享有地方立法权后制定的第一部实体法。

2018 年 6 月 1 日，云南省保山市人大常委会组织召开了《保山市龙陵松山战役旧址保护条例（草案）》论证会，旨在纪念中华民族抵御侵略、奋勇抗战的历史，弘扬伟大的民族精神和抗战精神，揭露日本法西斯侵略者的罪行，保护松山战役旧址。

党的十八大以来，国家和省级层面加大了对优秀传统文化和红色文化资源保护开发和利用的力度，习近平总书记、李克强总理也多次对此问题进行指示、批示，出台了若干个专门文件和规划纲要，并下拨了多期不同类型的保护扶持资金，各省也对应出台了若干个实施方案、实施条例等专门性文件。这些为红色文化保护的立法奠定了坚实的基础，多个地市已经具备了对红色文化资源保护开发和利用的专门立法的条件，其中部分已经取得明显成效。上述有关红色文化遗存保护的地方性法规中，不乏独具匠心的科学制度，值得互相学习和借鉴。

当然，在对红色文化遗存保护的地方性立法过程中存在着诸多问题，例如价值导向不够明确、权责主体不够明晰等，导致真正的立法目的难以得到实现。鉴于我国近几年才开始重视对红色文化遗存和其所承载红色精神的保护和利用，而域外许多国家很早就意识到了历史文化、英雄烈士背后蕴含的巨大力量，并将其纳入法的调整保护体系，在不断发展的过程中日趋成熟，有比较健全的保护管理立法和司法实践，形成了一系列可复制的经验。有些国家虽然没有直接的单行法规，但在有关爱国主义条款的法律法规中间接地作了规定。我们必须正视红色文化保护地方立法过程中存在的问题，通过对域外相关制度的科学分析，适当借鉴，进一步提高我国红色文化保护的地方立法质量。

三　红色历史文化遗产地方立法保护的样本比较

（一）红色历史文化地方立法保护的典型实例

对红色文化的物化形态、空间形态等进行综合的法律保护，是红色文化传承及教化的有效途径，构成国家文化政策法律环境的基本环节，亦属于设区的市立法权限中关于历史文化保护的重要事项，是地方性的公共事务中满足和适应人民群众美好生活需要中的精神文化需要的政府职责和制度性保障内容。

2017 年 11 月 24 日，福建省十二届人大常委会第三十二次会议批准了我国第一部由设区的市制定的红色文化遗存保护地方性法规《龙岩条例》，对歪曲、贬损红色文化遗存的行为提出明确处罚措施，为革命老区龙岩①的红色文化遗存保护提供法律保障。2017 年 11 月 30 日，宁夏回族自治区十一届人大常委会第三十四次会议批准了吴忠市②人大提请的《吴忠条例》，明确提出市、县级人民政府应当按照红色文化遗址保护规划，将红色文化遗址保护列为公共文化设施建设，通过保护促进合理利用，并首次将弘扬社会主义核心价值观纳入条例，是吴忠市享有地

① 龙岩是著名的革命老区，原中央苏区核心区域，是彪炳史册的古田会议召开的所在地，是毛泽东思想的初步形成地，是红军的故乡、将帅的摇篮，有着“二十年红旗不倒”的光辉历史。

② 吴忠市是中国工农红军长征、西征和中国人民解放军解放宁夏的主要活动地区之一，也是陕甘宁边区的重要组成部分，具有丰富的红色文化资源。吴忠市现有 38 处革命遗址，在全区乃至全国都有较大影响。

方立法权后制定的第一部实体法。

这两部地方条例就红色历史文化遗产的单独立法较早，有一定的代表性。在篇章结构、法律原则、保护主体、保护机制等方面存在一定的差异，从一定程度上体现了设区的市在红色文化立法保护上的探索与经验，对推进红色文化地方立法保护具有十分重要的示范作用和借鉴意义。

（二）《龙岩条例》和《吴忠条例》的文本形态

1. 法规的篇章结构

在篇章结构的设置上，《龙岩条例》共41条，分6章，包括总则、调查认定、保护管理、合理利用、法律责任和附则。而《吴忠条例》设总则、保护与管理、保护与利用、法律责任、附则5章，共42条。两者的主要区别在于《龙岩条例》单独设“调查认定”一章，重点规定对本市行政区域内的红色文化遗存实施名录管理，并就红色文化遗存实施名录作出一系列具体的规定。《吴忠条例》对这一项仅在第2章第12条第2款简单带过，并未规定实施细则。除此之外，两者对于管理和利用的篇章分类在命名方式和条例数目上也存在差异。《龙岩条例》分列“保护管理”和“合理利用”两章，共19条，《吴忠条例》则命名为“保护与管理”“保护与利用”，两章共26条。

就篇章设置而言，《龙岩条例》更为细化，不是因为章节的数目多于《吴忠条例》，而是因为在具体划分上考虑到了调查认定的基础性地位并给予高度重视。龙岩是中央苏区的重要组成部分，红色文化遗存资源十分丰富，拥有古田会议会址等革命旧址类文保单位470余处，全市馆藏可移动文物超2万件，是福建省红色文化遗存数量最多、层次最高的设区的市。对红色文化遗存的调查和认定涉及后续保护、管理和利用的所有事项，为其单列一个章节毫不为过。在《龙岩条例》的“调查认定”这一章，第11条第1款特别规定对红色文化遗存实施名录管理，并就此细化，对红色文化遗存认定的程序、名录管理等作出了系列规定，特别指出红色文化遗存的认定主要仰赖于专家咨询委员会（详见表3），并就申报的说明材料也作出了列举，保证了认定程序的科学性和严谨性。《吴忠条例》虽也设立了红色文化遗址保护名录，但仅在第12条第2款一笔带过，并未详细展开，在对红色文化遗址的认定上欠缺考虑。

在制定法律时，必须从整体上把握其篇章结构，篇章内容的总体结构体现了篇章各个部分在内容上的宏观关系，是构成篇章整体性的重要基础。只有弄清了篇章结构，理清了立法的脉络，才能洞悉立法目的，掌握立法要点，进而提高立法的质量。这两部条例在篇章结构的设置上各有优劣，从与后文立法目的与原则的吻合度来看，《龙岩条例》的规定更为贴切，但从具体内容而言，《吴忠条例》条理清晰，每一章节的内容具体又明确，特别是在管理和利用的规定上更为系统，值得借鉴。

2. 立法目的、原则

在立法目的上，这两者均强调了对红色基因的传承，《龙岩条例》主要凸显了红色文化遗存的教育功能，《吴忠条例》则统摄为核心价值观，特别将“弘扬社会主义核心价值观”写入条文，通过对红色文化遗址的立法保护来推动社会主义核心价值观的建设，符合宪法修正案中关于实现国家倡导社会主义核心价值观的内容，体现了鲜明的时代价值取向，更具可取性，更能体现出修宪之后的地方立法是宪法的实施和实现的反映。

在保护原则上，《龙岩条例》强调“坚持保护为主、抢救第一、科学规划、合理利用的原则，按照政府主导、社会参与的要求，正确处理经济建设、社会发展与红色文化遗存保护的关系，确保红色文化遗存真实、完整和安全”。《吴忠条例》将其表述为“红色文化遗址保护应当遵循保护为主、合理利用的原则”。从字面来看，《龙岩条例》沿袭了《文物保护法》的相关规定，较之《吴忠条例》多了“抢救第一”和“科学规划”两条，强调了政府主导和社会参与齐头并进，在保护原则的设置上更为具体，更具导向性。

据查，福建省于2009年出台了《福建省文物保护管理条例》，并设“中央苏区革命文物的保护”一章，对革命文物的保护特别作出制度规定。显然，《龙岩条例》在本次立法过程中吸纳了《福建省文物保护管理条例》的相关内容，在与上位法不抵触的前提下更加切实和细化了有关规定，设置了因地制宜的创新性、操作性举措，更具科学性、针对性。

3. 立法对象、范围

从条例名称和立法目的来看，这两者在保护范围和对象上存在差异，《龙岩条例》所提出的是对“红色文化遗存”的保护，而《吴忠条例》则要求对“红色文化遗址”进行保护。遗存是指在遗址中留下的一些可见的、不可搬动的实物，一般来说，可将遗物和遗迹总称为遗存。

表 1　**《龙岩条例》和《吴忠条例》的保护范围和具体对象**

	《龙岩市红色文化遗存保护条例》	《吴忠市红色文化遗址保护条例》
保护范围	本市行政区域内红色文化遗存的调查、认定、保护、管理和利用，适用本条例 已经被公布为文物、文物保护单位或者历史建筑的红色文化遗存，相关法律、法规已有规定的，从其规定	本市行政区域内红色文化遗址的保护、利用及其管理，适用本条例 列入文物保护的红色文化遗址，文物保护法律法规已有规定的，从其规定
具体对象	本条例所称红色文化遗存，是指新民主主义革命时期，中国共产党团结带领各族人民进行革命活动所遗留的，具有纪念、教育意义或者史料价值的遗址、遗迹和实物。包括： （一）重要机构、重要会议旧址； （二）著名人物故居、旧居、活动纪念地、纪念设施及其遗物； （三）与重要历史事件、革命运动、重要战斗有关的遗址、遗迹和代表性实物； （四）反映革命历史、革命精神的重要文献资料和代表性实物； （五）其他与红色文化相关的具有代表性的遗址、遗迹和实物	本条例所称的红色文化遗址是指在中国共产党领导下新民主主义革命以来的重要历史活动场所及其纪念设施。主要包括： （一）具有纪念意义、教育意义或者史料价值的红色文化史迹、实物和代表性建筑等； （二）重大战役、战斗发生地； （三）陕甘宁边区红色政权建设旧址及其设施； （四）红色文化纪念碑、纪念馆、纪念园等

资料来源：龙岩市人大网和吴忠市人大网。

结合表 1 两部条例所规定的保护范围和具体对象来看，《龙岩条例》通过立法拓展了保护范围，采用“概括 + 列举”的方式对什么是红色文化遗存加以规定，就保护范围的具体形式列举了五个方面的内容，基本涵盖了所有范围。除此之外，如有未尽的应保护对象，还可以由专家咨询委员会根据概括式定义和所列的第五个方面加以判断，遗漏保护的可能性较小。而《吴忠条例》主要针对红色文化遗址、红色政权建设旧址、红色文化纪念设施等。

在保护对象的时间规定上，两者的表述也存在不同。《龙岩条例》第3条称其为“新民主主义革命时期”，主要把从中华人民共和国成立到龙岩完全解放的这段时间纳入其中。新民主主义革命开始的标志是1919年爆发的五四运动，中国共产党自1921年成立以来，始终代表最广大人民的根本利益，在砥砺前行的过程中涌现了无数的英雄和勇士，也留下了诸多不可磨灭的红色经典。《吴忠条例》第3条规定的是“新民主主义革命以来”，不仅涵盖了解放时期，还包括社会主义新时期。

有学者认为，“红色文化遗产是指1921年中国共产党成立后至1949年新中国成立前，主要包括土地革命、抗日战争以及解放战争时期，与重大革命运动、历史事件或者著名革命领导、英雄人物有关的以及具有重要教育意义、纪念意义、史料价值和科学研究价值的重要会议旧址、名人旧居、战斗遗址、历史陵园、革命遗物、文献资料等文物实体以及所承载的精神财富和革命文艺、革命故事、革命口号等非物质文化遗产”①。还有学者认为，“红色文化是指中华人民共和国成立之前，中国共产党在领导全国各族人民进行新民主主义革命中所形成的革命精神及其载体”②。并在此基础上按照文化遗产的自然属性，即空间闭合性和建筑功能，将红色文化遗产分为旧址、学校、故居、陵园、战场和聚落六类。

我们认为，红色文化就是党领导人民在长期的革命、建设和改革中形成的一种表明党的执政思想的文化形态，在新时期仍然以各种形式焕发着勃勃生机，其时间范围不应仅仅局限于新民主主义革命时期。具体

---

① 李晓蓉：《论红色文化遗产的地方性法律保护——以贵州长征文化遗产为视角》，《世纪桥》2012年第23期。

② 王治涛：《洛阳红色文化遗产的分类和保护》，《地域研究与开发》2014年第1期。

到红色文化的物化形态，即红色历史文化遗产，既包括有形的旧址、故居、陵园、遗物、文献等实体资料，也应包括无形的故事、口号、标语等非物质文化遗产。

在保护类型上，《吴忠条例》虽从字义上将其限定于“遗址保护”，但在附则补充了对红色文稿、图片和其他实物资料的保护管理，弥补了这一不足，但此规定仍然过于原则性，不如《龙岩条例》充分具体，在实际认定的过程中，极有可能出现存有争议或遗漏保护的情况，难以体现立法的严谨性。《吴忠条例》在后续的制度设计上并不只拘泥于红色文化遗址的保护，而将其置于整体的红色文化遗存的保护当中，红色文化遗存的保护其实也主要是以红色文化遗址的保护为其物化的载体。从表 1 中具体对象的列举形式来看，《吴忠条例》的 4 项内容在《龙岩条例》的 5 项内容里均有涉及，但缺少对反映革命历史、精神的文献资料等的保护，存在局限。在时间范围上，单从总则部分来看，这两部条例的规定相去甚远，《龙岩条例》的时间区间是新民主主义时期，是对红色文化保护的狭义解释，却又在附则中补充了新民主主义革命之后有关红色文化遗存保护的内容，可参照本条例的规定进行保护。这说明立法者认识到了中国共产党在新时期不断在丰富和发展的红色文化，其影响力不亚于革命时期遗留的红色文化，应一视同仁。由此，两者对此项的规定殊途同归，《龙岩条例》力图更具严谨性和完整性，但略显烦冗，《吴忠条例》则更具针对性和侧重性。

我们应该确立一种非孤立式的、非插花式的系统保护、生态化保护的理念，将红色文化遗存保护与文化空间营造结合起来，实现其原真性和文化生态的有机性之间的统一。这意味着，对红色文化遗存的保护应首先将红色文化遗存还原到其赋存的自然环境和社会系统中，从系统的整体角度确立保护规划和开发战略。红色文化遗存的保护不应囿于单体建筑（包括旧址、旧居、纪念设施等）的保护，也不应从时间上框定，忽略其在新时代不断进步和发展的特色化内涵。在实践中应该建立红色文化所辐射的整个地区的保护规划，同时一并纳入非物质红色文化遗存，并根据现实社会的理论创新和发展不断丰富其内容，以实现立法保护的整体性和时代性。

4. 主体职责

（1）政府主体。表 2 主要对《龙岩条例》和《吴忠条例》所规定的地方政府及相关部门的职责做了梳理，从中可以看出两部条例本质上所遵循的理念是一致的。在确定了责任主体，规定了所有单位和个人都对红色文化遗存、遗址具有保护义务后，对地方政府和相关职能部门做了详细的职责划分，就市、县、乡三级人民政府以及相关部门的主要职责作出规定，明确各方权利、责任和义务，有利于形成政府推动、部门合作的有效合力与良好氛围。

具体来说，对红色文化遗存的保护职责主要归于市、县级人民政府和文化行政主管部门，其余各职能部门的职责规定相对弱化。在相关设置上，两者存在很多相似之处，比如市、县级人民政府需将红色文化遗存、遗址的保护纳入本级国民经济和社会发展规划，将保护经费纳入本级财政预算；要求编制红色文化遗存、遗址保护名录，建立信息管理数据库；设立红色文化遗存、遗址保护标志；划定红色文化遗存、遗址保护范围和建设控制地带；加强遗址周边的生态环境建设；在合理利用的原则下，发挥公共服务和社会教育功能，建立爱国主义教育基地；推进红色文化与旅游融合发展等。不同之处在于龙岩的责任主体确立到了村委会、居委会一级，极大地改善了基层保护令人堪忧的现状。基层群众是红色文化遗存保护的重要信息来源，虽然《吴忠条例》确立了举报制度，但忽视了对信息来源的职责确认，未能体现基层保护的重要性。在各职能部门的分工上，两者都不够细化，“相关工作”的说法太过于原则性，未能很好地体现出权责主体的界限。在实践中，很可能因此出现互相推诿的情况，甚至可能出现红色文化遗存保护工作的空白区。除了文化主管部门和教育部门的职能分配明晰之外，其他各职能部门也应将具体工作列举出来，例如，发展改革、财政、国土资源、住房和城乡建设、交通、环保、消防等部门，必须严格按照职责分配做好各自的具体工作。

表2　**《龙岩条例》和《吴忠条例》规定的地方政府及相关部门的职责**

		《龙岩市红色文化遗存保护条例》	《吴忠市红色文化遗址保护条例》
保护原则		保护为主、抢救第一、科学规划、合理利用	保护为主、合理利用
保护义务		任何单位和个人	任何单位和个人
责任主体	市、县级人民政府	国民经济和社会发展规划、保护工作经费纳入本级财政预算；设立遗存保护专家咨询委员会；编制红色文化遗存专项保护规划；保护范围和建设控制地带的划定等	公共文化设施建设、国民经济和社会发展规划；建立遗址保护联席会议制度；划定遗址保护范围和建设控制地带；建立红色文化遗址保护举报制度等
	市、县级文化主管部门	负责文化遗存保护工作的指导、监督和组织实施；定期组织开展调查工作，做好红色文化遗存的认定、记录、建档工作，建立以数字技术为基础的档案等	开展遗址普查，建立信息数据库；与保护责任人签订保护协议，定期对其进行专业培训；登记报告、定期巡查、安全管理；有权进行委托保护等
	市、县级各职能部门	按照各自职责做好相关工作	按照各自职责做好相关工作
	乡镇人民政府/街道办事处	配合做好红色文化遗存的保护工作	配合县级人民政府文化主管部门开展遗址巡查及险情处置工作
	村委会/居委会	协助做好红色文化遗存保护工作	—

资料来源：龙岩市人大网和吴忠市人大网。

（2）辅助主体。除了政府主体外，龙岩市人民政府还设立红色文化遗存保护专家咨询委员会，为红色文化遗存保护工作提供咨询、论证、评审服务和专业指导（详见表3）。专家咨询委员会将充分发挥各方面专家学者的智囊作用，全面推进龙岩市红色文化遗存保护的创新繁荣发展，为之提供理论指导和智力支持，具有极强的可操作性和可复制性，值得借鉴推广。

表3　《龙岩条例》规定的专家咨询委员会制度

	《龙岩市红色文化遗存保护条例》
目的	为红色文化遗存保护工作提供咨询、论证、评审服务和专业指导
组成	由文化、民政、规划、建设、旅游、环保、教育、档案、地方志等方面专业人士和党史、文物、法律等方面专家组成
职责	对符合本条例规定的遗址、遗迹和实物进行论证，提出审查意见； 对需要调整的红色文化遗存保护名录进行论证，提出审查意见；等等

资料来源：龙岩市人大网。

《吴忠条例》则要求市、县级人民政府应当建立红色文化遗址保护联席会议制度，协调解决红色文化遗址保护、利用及其管理方面的重大问题。但是在本次立法中，吴忠市并没有就联席会议的具体实施方案作出规定，略有缺憾。

（3）直接责任主体。《吴忠条例》采取的保护责任人制度是这次立法的一大亮点（参见表4）。保护责任人制度在最近10年的时间里得到了广泛运用。2008年，海南省海口市建立文物保护责任人制度，加强对文物的保护；近期的有2017年，《潮州市历史文化名城保护条例》规定历史建筑的所有权人、代管人、使用权人均不明确的，房屋主管部门为保护责任人；2018年，安徽省芜湖县红杨镇通过签订《芜湖县古树名木养护责任书》来规范要求，明确责任，切实对全镇范围内的古树名木落实保护责任人制度。保护责任人制度细化了责任主体，能有效地针对保护对象进行科学的保护，在实践中具有很强的可操作性。

《吴忠条例》从原则、职责以及权利方面对保护责任人制度作出了一系列规定。在保护责任人的确定问题上，吴忠市采用了单一保护责任人的形式，最终托底的是县级人民政府的文化行政主管部门，从实质上解决了红色文化遗址的保护责任归属问题。但是，条例中对保护责任人的责任规定主要停留于日常维护和安全管理上，对保护责任人的权利和义务的规定并不清晰，应该考虑加入保护责任人的义务和相应的违约责任，同时还应规定保护责任人可享受的补助赔偿和咨询服务等。虽然已规定县级人民政府文化行政主管部门应当与保护责任人签订保护协议，定期对红色文化遗址保护责任人进行专业培训，但对具体培训内容、目的等尚不明确，应当加以完善。

表4　**《吴忠条例》规定的保护责任人制度**

	《吴忠市红色文化遗址保护条例》
原则	（一）红色文化遗址所依存的建筑物为国有的，管理人或者使用人为保护责任人； （二）红色文化遗址所依存的建筑物为非国有的，所有人或者使用人为保护责任人； （三）红色文化遗址的所有人或者使用人不明确的，县级人民政府文化行政主管部门为保护责任人
责任	红色文化遗址保护责任人应当建立安全保护责任制度，履行下列责任： （一）进行日常维护，保持红色文化遗址及其附属设施完整； （二）防火、防盗、防自然损害，防止安全事故发生； （三）发现红色文化遗址有安全隐患的，及时消除并报告
权利	县级人民政府文化行政主管部门应当与保护责任人签订保护协议，定期对红色文化遗址保护责任人进行专业培训，落实保护责任

资料来源：吴忠市人大网。

（4）多元职责主体的优势。在《龙岩条例》和《吴忠条例》的相关设置上，均体现了以政府为主导，由多元主体、多中心协同治理的特点。多元主体对红色文化保护工作的管理，包括了国家管理者、人民、社会组织在内的民主、参与式、互动式管理，能更有效地落实保护责任。复合主体中既有行政主体，也有参与主体，它们具有不同的监管角色，保障职责也根据各自的性质有所不同。特别还强调了保护重心的下移，从基层着手，改善红色文化遗存保护的现状，虽存在一定差异，背后的原则精神是如出一辙的，也体现了国家治理理念的转变。

5. 保护规划

客观上，红色文化遗存保护和城乡建设呈现出一定的紧张关系，破坏遗存的情况时有发生。这就必须对红色文化遗存在城乡建设规划的全局上予以保护设置。《龙岩条例》设立四项制度：首先，专项规划制度，要求当地政府编制实施红色文化遗存专项保护规划。其次，施工前文化影响评估制度，就保护范围、建设审批、保护责任等作出规定，因特殊需要进行项目建设和工程施工的，工程设计方案应当由所在地县级城乡规划（建设）主管部门征得文化（文物）主管部门同意后，予以批准。再次，财政经费保障制度，要求龙岩各级政府应将红色文化遗存保护工作经费列入本级财政预算，设立红色文化遗存保护专项资金，可通过财政拨款和接受捐赠等方式筹集。最后，名录管理制度，龙岩市行政区域内的红色文化遗存实施名录管理。市、县两级文化（文物）主管部门应当做好红色文化遗存的认定、记录、建档工作，并建立以数字技术为基础的红色文化遗存档案。

《吴忠条例》除了在第 11 条规定“市、县级人民政府文化行政主管部门应当会同有关部门编制红色文化遗址保护规划”外，还在第 13 条规定“县级人民政府应当根据红色文化遗址历史和现实状况，合理划定红色文化遗址保护范围和建设控制地带，确定保护内容和保护措施”。其实两者都规定了建设控制地带，考虑到了在城市的规划发展和红色文化遗存保护之间的冲突，并以“保护”为先，提出了应对之策。相比而言，《吴忠条例》的规定更为笼统，不够细化，未能突出权责主体。《龙岩条例》的规定显然更为全面且具体，强调保护红色文化遗存的安全性和完整性。此外，这两部条例均考虑到了生态建设规划，注重自然资源和人文资源的统一，是对红色文化遗存进行整体性保护的重要体现，对于红色文化遗存长远的保护发展具有深刻的意义。

2004 年，美国国会通过第 1687 号法案，名为“曼哈顿计划国家历史公园”（Manhattan Project National Historical Park Study Act）。曼哈顿计划（Manhattan Project）① 是第二次世界大战期间美国陆军研究核武器计划的代号，对整个第二次世界大战的进程有着举足轻重的地位。曼哈顿计划国家历史公园将横跨三个州，覆盖田纳西州橡树岭、新墨西哥州洛斯阿拉莫斯、以及华盛顿州汉福德在内的 30 处旧址。该法案的目的在于促使内政部长对涉及曼哈顿计划的历史区域进行保护和讲解，把这些

① Joel Westheimer, “Introduction-the Politics of Civic Education ”, *Political Science and Politics*, Vol. 37, No. 2, 2004, pp. 231 – 235.

研究原子弹的设施作为历史遗产妥善保护，同时建成公园方便游客参观，以便将其纳入国家公园体系。① 美国国家历史公园制度超越侧重单一资产或建筑保护层面的其他类型文化遗产类国家公园，延伸为对具有历史意义的一系列特征的保护。其注重将具有重要价值的文化遗产连同周边环境进行整体保护，更注重保护利用的协同，体现出了目前文化遗产保护领域诸多国际公约所强调的整体性原则。国家公园管理局依据文化遗产和国家公园两个领域的法律法规对之进行管理，并通过伙伴关系、特许经营、捐赠、志愿者等途径吸纳社会力量参与管理。② 这种整体性的规划保护值得我们学习和借鉴，我们不能只看到眼前有限的保护，必须重视整体历史文化空间的保护，以整体来促进局部，实现对红色文化遗存保护的完整性。

另外，在已经施行的《三明市红色文化遗址保护管理办法》（2017）中，提出要对红色文化遗址按照重要纪念意义、教育意义、史料价值及抢救需要程度分四级进行规划和保护。为逐步解决数量众多的红色文化遗存和较为有限的保护资源之间的矛盾，更加合理地使用和配置有限的保护资源，进行分级保护是良策之一。制定科学的损坏等级对保存状况进行分级，进而确定抢救中的优先顺序和操作方案，有针对性地采取预防性保护措施。使红色文化遗存保护工作更加有所侧重、有的放矢，提高有限保护资源的使用效率和效果。

6. 激励传承

立法是以强制性行为规范和法律上的激励或约束的行为导引相结合，实现法律对社会主体的调整。龙岩市和吴忠市在红色文化遗存、遗址保护上也设置了一定的激励条款。比如，《龙岩条例》规定鼓励对红色文化遗存进行合理利用，这其中包括鼓励利用红色文化遗存开展陈列、展览等形式多样的爱国主义和革命传统教育活动；鼓励社会各界加强对遗存的红色文化内涵和革命历史价值的发掘、研究；还规

---

① As ordered reported, the purpose of S. 1687 is to direct the Secretary of the Interior to conduct a study on the preservation and interpretation of the historic sites of the Manhattan Project for potential inclusion in the National Park System.

② 王京传：《美国国家历史公园建设及对中国的启示》，《北京社会科学》2018 年第 1 期。

定了具有指引意义的鼓励和支持社会资本参与红色文化遗存的保护与利用，投资建设红色文化遗存保护设施，打造红色文化多元传播平台，培育、设计和推出红色文化旅游景区、线路和产品，推进红色文化与旅游融合发展。《吴忠条例》同样鼓励单位和个人以投资、捐助、捐赠等方式参与红色文化遗址的保护利用；鼓励、支持单位和个人对红色文化遗址进行修缮维护；鼓励高等院校、科研院所、其他社会组织和个人开展红色文化遗址学术研究，创作文学、影视、音乐、美术及其他艺术作品，促进红色文化宣传和传播；发挥公共服务和社会教育功能，提出建立红色文化教育培训基地；发展红色旅游，并将其纳入全域旅游规划。

2003 年 4 月，参议员拉马尔·亚历山大（Lamar Alexander）提交《美国历史和公民教育法》（*American History and Civics Education Act of* 2003）的立法提案，要求通过公民教育让学生知晓作为美国公民的意义。[①] 2003 年 6 月，美国国会参众两院正式通过《美国历史和公民教育法》，为美国历史及公民教育的全体学生建立学院，为教授美国历史和公民教育的教师建立全国联盟。根据该法案，国家人文科学基金应该在竞争性基础上授予教育机构为学生设立美国历史和公民国会学院的款项，为美国历史和公民的优秀学生提供讲习班，旨在拓宽和加深这些学生对美国历史和公民精神的理解。[②] 这一法案为美国中小学开展美国历史教育和爱国主义教育提供了有力的法律和经费保障，体现了美国政府对于民族精神信仰和历史文化教育的重视程度。无独有偶，美国各国家历史公园都将教育作为自身重要职能，在保护与展示基础上通过多种形式开展社会教育活动，并特别重视公园的课堂作用（Park as Classroom/Park as Text）。为更直观、形象地向公众展示那些已经消失的文化元素，不少国家历史公园还对一些重要的场所进行复建，并通过静态或动态场景模拟、复原等方式来活化展示当地的重要历史事件和历史人物。在制

① Joel Westheimer, "Introduction-The Politics of Civic Education", *Political Science and Politics*, Vol. 37, No. 2, 2004, p. 231.

② *American History and Civics Education Act of 2003*, https://www.congress.gov/bill/108th-congress/senate-bill/504/te.

定红色文化遗存保护与利用的相关制度时，这同样值得我们深入思考和学习。

7. 公众参与、监督、评价制度

据查，2017 年 9 月 26 日，《龙岩条例》经龙岩市第五届人民代表大会常务委员会第四次会议通过，11 月 24 日经福建省第十二届人民代表大会常务委员会第三十二次会议批准，并于 2018 年 3 月 1 日起正式实施。2017 年 9 月 18 日，吴忠市召开《吴忠条例（草案）》专家论证会；9 月 19 日吴忠市人大常委公开征集《吴忠条例（草案）》的意见；11 月 30 日，宁夏回族自治区十一届人大常委会第三十四次会议批准了吴忠市人大提请的《吴忠条例》，于 2018 年 1 月 1 日起实施。《龙岩条例》从审议到实施耗时七个多月，《吴忠条例》耗时则不足四个月。在过渡期内，应该采取一定措施，对条例的内容、颁布的意义等做充分的普及措施，但是在长达七个多月的时间里，并没有相关记录显示龙岩市对《龙岩条例》的颁布实施进行了宣传教育，《吴忠条例》亦然。

除了在立法阶段应当通过听证会等方式对草案公开收集意见以外，在条例生效实施以后也应体现公众参与、监督的力度。纵观两部条例，关于公众参与、监督、评价的机制并不健全。就参与这一项而言，总体上尚可，《龙岩条例》在总则部分提出“任何单位和个人都有依法保护红色文化遗存的义务，有权对破坏、损毁红色文化遗存的行为进行劝阻、检举或者控告”，尽管这一原则性规定缺乏具体的行为导向，但确认了公众参与的合法性，在随后的具体规定中，也鼓励单位和个人将收藏的红色文化资料、实物捐赠或者出借给政府设立的收藏、研究等文化机构，鼓励社会各界开展与红色文化遗存有关的理论和应用研究，公众参与占了一定权重。同样，《吴忠条例》也规定了公民普遍的保护义务，鼓励单位和个人以投资、捐助、捐赠等方式参与红色文化遗址的保护利用，还规定对做出突出贡献的个人和其他组织给予表彰和奖励，对公众参与的支持力度更加强劲。

然而，目前，我国一些红色文化遗址保护的建设中虽已有志愿者参与，但多为偶然性参与，而失于常态化和制度化。公众监督、评价机制的建立情况则不尽如人意。《吴忠条例》明确了要建立红色文化遗址保护举报制度，但如何实施，公众监督的手段、途径均没有具体化。《龙岩条例》规定了政府职能机关的监督责任，却没有开放公众监督的职能。至于公众评价机制，在两部条例现有的规定中均未有体现。增强公众参与的环节方式有利于增强公众的红色文化保护意识，加强红色文化的保护宣传力度，公众监督、评价机制的确立也能更好地从根本上解决立法过程和实施过程出现的现实问题。显然，在这一制度的创设上，这两部条例均存在相当的不足之处，应引以为鉴。

在国际上，如美国民间的保护组织在地方的历史文化保护活动中具有重要作用。保护联盟以资金帮助和提供义务咨询服务的方式来支持保护活动；历史保护社团以周转基金的方式租赁或购买濒危的文化遗产；社区组织制定保护区保护条例并监督保护条例执行。[①] 美国国家历史公园在管理中也十分重视公众参与，注重通过多种方式加以吸纳，以取得公众对公园的资源支持和提高公众对公园的认识、理解。特别是其完善的志愿者参与机制，值得我国学习。

8. 违法行为及其问责

表5 **《龙岩条例》和《吴忠条例》规定的法律责任**

	《龙岩市红色文化遗存保护条例》	《吴忠市红色文化遗址保护条例》
民事责任	第35条	—
刑事责任	第35、39条	第14条
行政责任	第36、37、38、39条	第37、38、39、40条

资料来源：龙岩市人大网和吴忠市人大网。

为了更好地保护红色文化遗存、遗址，《龙岩条例》和《吴忠条例》规定了关于移动的禁止、污染的禁止、用途的禁止、重建的禁止以及损害的禁止等一系列禁止性条例。禁止的具体内容大体上保持一致，但在分布上，《龙岩条例》的禁止性条例较为分散，而《吴忠条例》则趋向集中。在法律制度体系中，禁止性法律规范的地位不容忽视。这两

① Frank K., Petersen P., *Historic Preservation in the USA*, Springer, 2002, pp. 77–79.

部条例所规定的禁止性规范基本都属于行为型禁止规范，《吴忠条例》第27条就集中对红色文化遗址及其保护范围内的禁止性行为做了列举说明。

法律责任的准确和明晰是确保法规得以顺利实施和具有可操作性的重要体现。基于文物保护、城乡规划建设、环境保护等法律、法规已对相关违法行为作出处罚规定，所以，《龙岩条例》第36条列举了九种应当承担法律责任的行为，规定由所在地公安机关和县级文化、城乡规划（建设）、环境保护等主管部门依法处理。同时，针对禁止性行为，该条例第37条、第38条设定了具体明确的行政处罚措施。特别需要注意的是，作为第一部关于红色文化遗存保护的地方性法规，《龙岩条例》对以歪曲、贬损等方式使用红色文化遗存的，专门在第38条作出规定，严格处罚，对单位最高处10万元的罚款，对个人最高处2万元的罚款，以发挥震慑力，遏制不良风气蔓延。《吴忠条例》对违反禁止性规范的行为作出行政处罚，违者由县级人民政府文化行政主管部门责令整改，给予警告，并根据情节严重程度处不同罚款，对红色文化遗址造成破坏、擅自修缮红色文化遗址明显改变原状等，造成严重后果的，处2万元以上20万元以下罚款。另外，对于国家机关工作人员在红色文化遗址保护管理工作中滥用职权、玩忽职守、徇私舞弊的，依法给予行政处分；构成犯罪的，依法追究刑事责任。

从整体而言，《吴忠条例》对于法律责任的规制更为严格，惩罚力度大，《龙岩条例》的规定趋于细致，但对红色文化遗存、遗址保护利用的监管工作流于形式，应进一步完善责任制，将对红色文化遗存的保护和利用纳入党委主体责任之内。

为了对红色文化遗存更好地进行保护，我们还应重视发挥诉讼的责任追究与价值昭示、法治教育等多重功能。日前，《法制日报》发文，呼吁用公益诉讼的手段保护英烈权益不受侵犯，以弥补英烈近亲属维权时专业知识不足的短板，从根本上改变他们维权时所面临的各种被动局面。这一思路同样可以被用于维护红色文化遗存和其背后所蕴含的民族精神之中，授权检察机关在红色文化没有所有权人或所有权人不提起诉讼时可以依法提起公益诉讼，是对其立法保护的有效完善。杭州市已有检察机关提起公益诉讼的实案，取得积极的社会效果。国外也早已有相关的案例，俄罗斯在对违反历史共识和诋毁民族英雄的人或事件，就由当地检察机关公诉，实现对英雄权益维护的最大保障。2015 年 6 月，弗拉基米尔州检察官通报对本州烈士陵园的检查结果，多个地区存在烈士陵园管理不力的现象，军事墓地损坏严重，有 2 人因此受到纪律处分。参考俄罗斯烈士保护立法，可以发现我国仍存在一定的问题，比如可以探索建立国家红色基因信息数据资源库，健全“民事—行政—刑事”三级法律责任制度。这一方面有利于红色精神及国家共同记忆的延续，另一方面是培育社会主义核心价值观、激励全国人民团结奋斗的重要保障。[①] 对红色文化遗存物质经济层面的权益和精神层面的权益以及国家价值观都应进行法律保护，二者不可分割，侵犯任一方面都应受到法律惩罚。因此，在对红色文化遗存进行法制化保护的过程中，我们也必须正视诉讼的必要性，通过公益诉讼在更大范围形成保护红色基因的浓郁氛围，真正形成全社会尊重红色文化的共识，更有助于进一步传承和弘扬社会主义核心价值观。这在《英雄烈士保护法》之中予以规定并得到实践运用，产生了良好的法治效果和社会效果。在红色文化遗存的保护中，检察机关依法提起公益诉讼，亦应得到切实开展。

（三）两部条例的共性与个性

从上文的分析可以看出，《龙岩条例》和《吴忠条例》有相似之处，也各有其特殊性，主要体现在《龙岩条例》确立的专家咨询委员会制度和《吴忠条例》设立的保护责任人制度等。在公众参与和政府保障部分，这两部条例存在着一样的缺陷，公众参与的力度远远不够，政府职责的划分过于原则性。还有，这两部条例均未确立分级保护的原则，对权责主体的确立有不利影响。

在这里需要特别指出的一个问题在于立法中是否通过产权界定，对红色文化遗产的所有权归属问题、红色文化遗产开发利用中的经营权归

① 杨清望、张磊：《俄罗斯烈士保护立法及其对我国的借鉴价值》，《邵阳学院学报》2018 年第 2 期。

属问题、红色文化遗产及其相关产品的知识产权保护问题，以及其他有关涉及红色文化遗产民事法律保护方面的基本问题等进行规范。《龙岩条例》规定了红色文化遗存的所有权和使用权受法律保护，所有权人和使用权人依法参与红色文化遗存保护的相关事务，享有相应的合法权益。这一规定可以说是一项重大突破，虽然没有具体的制度方案，但在地方立法中通过产权界定确定了红色文化遗存保护的权利义务的界限。《吴忠条例》虽在保护责任人制度确立了所有权人为保护责任人，但这只是对其义务和责任作出了界定，并未体现出相应的权利，制度构建存在缺憾。

四　红色历史文化遗产地方立法保护的法理反思与完善原则

何以对上述较早的红色历史文化遗产保护的地方法规文本例证进行比较分析，进而明确红色历史文化遗产保护的立法必要性和独特性，是因为虽然文物保护法业已有之，但这一领域的立法与文物保护法之间，不只是一般法与特别法、基准确立性质的立法与执行实施性质的立法之间的关系，而且是因为立法对象的特定性、特殊性，不足以在已有的文物保护法规定的制度如保护对象范围、积极保护制度、文化传播与教育利用功能、违法行为侵犯客体及其问责内容方式和严厉程度等方面将其完全涵纳进来。立法对象、立法理念、立法内容、立法功能的特殊性，决定了红色历史文化遗产保护的立法的相对独立性并表现在体例、结构形态上，即便在文化遗产法的总体范围之中，也不能遮蔽其存在的独特性。

比如，就立法功能而言，恰如“孔庙恰是文化力量与政治力量交汇点”,[①] 在一定意义上，国家政权确立、巩固和发展的革命、建设、改革历程所凝结的典型文化遗存及其精神表征，既是国家政权自身正当性的

① 刘勇：《〈优入圣域：权力、信仰与正当性〉述评》，《中山大学研究生学刊》（社会科学版）2005 年第 4 期。

历史流传载体，又是其存在的形象表征或者说国家形象系统，即道统的展现符码。在其客观性、历史性上，是保存；在其形象性和象征性上，是建构，即对国家主权、政权及其价值意涵认同的承载与传输。进而其中的标志性对象，被作为表达文化尊崇、信仰权威和精神教化的特定政治文化空间，成为国家祭祀、公祭的法定场所和物质构件。[①] 换言之，即广布于国土之上的国家形象符号（state image system）、国家识别系统（state identification system）。这是一般意义的文物所不能集中呈现的“基因”质素。这既是对外彰显国家主权和政权的必要构件和有形以及“无形资产”[②]，又是形成和确立公民的国家认同在认知、评价的体悟对象和涵纳指向。对其予以立法的确认并建立健全使之在教育、价值、审美等诸层次上独特功效持久发挥的法律机制，进行制度供给上的法律保障，不宜为一般的、普遍的文物保护法制所“普适”地调整，应列为特别法，毕竟意义独具。尤其在“能指”“所指”与“组合关系”“联想关系”中，作为文化符号的历史遗存相较于影像等的艺术再现而言，其在循证思维下的认可度更高，从而在被“解码”、被言说、被传播上的效果更为优越。红色历史文化遗产的人文化育应依法更为侧重。

毋庸讳言，如文化治理作为“治理”所必然具有的功效，这一立法正是对其作为“权力实践”[③] 以文化而导引、规训、整合和涵摄社会生活、社会秩序[④]，“改变治理者与被治理者之相互关系”而在内在机理上的确认和规制，这既有对其肯定即国家政权、主权以包括政权历史来源的特定文化、物化表现在内的“文化网络”[⑤] 作为其存在的必要条件

---

① 王茂福：《关于建立国家祭祀制度的刍议》，《宁夏大学学报》（人文社会科学版）2009 年第 2 期。2014 年 2 月 27 日，十二届全国人大常委会第七次会议通过决定，以立法的形式将 12 月 13 日设立为南京大屠杀死难者国家公祭日。《南京市国家公祭保障条例》于 2018 年 12 月 13 日起生效，对国家公祭场所在空间规划、交通、商业、娱乐、标志标识等均设定特别的法律义务与问责机制。

② 罗以澄、叶晓华、付玲：《〈人民日报〉（1997—2006 年）镜像下的美国国家形象建构》，《新闻与传播评论》2007 年第 Z1 期。

③ ［法］福柯：《安全、领土与人口》，钱翰、陈晓径译，上海人民出版社 2010 年版，第 101—112 页。

④ ［英］托尼·本尼特：《文化与社会》，王杰等译，广西师范大学出版社 2007 年版，第 206—216 页。

⑤ 刘拥华：《向何处寻求权力运作的正当性——兼评杜赞奇〈文化、权力与国家〉》，《社会科学》2009 年第 12 期。

和组成部分，以历史、情感、形象等多维度将主流意识形态融入国家治理和社会运行之中。同时，作为法治化的实践就不再是权力支配的个性化行为，在这一红色文化遗存保护与利用的法规范之下，也有对其实现的价值导向不至于偏离、权利自主不至于侵夺、权力边界不至于消弭的“限定”。

更为重要的，必须明确，这绝非仅仅是一种通过立法的宣示，而是因为红色文化遗存具有作为国家文化表征体系有机组成的性质和地位，发挥着体现国家主权、政权本源性、正当性和目的性并因此对国家权力的现实存在、行为主体、行使动机与实际效应的激励、拘束、矫正、自省、评判等的恒久制约与思想批评等的文化规训、政治训导之功，不是、绝不仅仅是对普通社会民众的国家向心力、民族凝聚力、集体动员力的彰显。这是必须强调的，所以，这种意义的文化治理甚至是双向的，首先是对国家权力本身的赶考路、做答卷之无声责问、史实镜鉴。

也正是在这种视角，甚至有学者将这方面的法规范、法制度作为国家构成的“基本宪制”之一。[①] 可见，这正是之所以对“红色”历史文化遗存——不论物质或非物质文化遗产——进行文物保护法基础上的特殊或特别针对性的立法之法理或价值理据所在。也是宪法尤其是2018年宪法修正案确立的核心价值观及其文化展现、教育实现的地方立法职责（义务）之担当与落实。

对红色文化的地方立法保护应遵循政府主导、社会参与、保护为主、合理利用的原则，保持红色文化遗存的历史真实性、风貌完整性和文化传承性。这对于设区的市一级的人大作为国家权力机关的权能得以充实，增强地方因地制宜、因时制宜管理地方经济社会文化的能力，对完善地方治理体系、提升地方治理能力有重要意义。通过对《龙岩条例》和《吴忠条例》这两部具有示范意义的红色文化保护地方条例的比较分析，在肯定推进地方立法对促进红色文化保护的重要作用的同时，必须正视现阶段立法存在的缺陷。为此，需要秉持的基本原则至少

---

① 吴欢：《安身立命：传统中国国宪的形态与运行》，中国政法大学出版社 2013 年版，第 141 页；余和祥：《论宗庙祭祀及其文化特征》，《中南民族大学学报》（人文社会科学版）2001 年第 5 期；余和祥：《略论中国的社稷祭祀礼仪》，《中央民族大学学报》2002 年第 5 期。

应有以下四点。

（一）地方能动立法与中央基础法制的统一

地方性红色文化遗存保护法规的编制和施行是对上位规划要求的细化展开，将国家法律与执行落实衔接，提出具体的实施措施，针对地方性红色文化遗存保护现状提出对策，填补法律空白，保证有价值的红色文化遗存都可以得到妥善保护。在立法过程中，尤其要注意遵循地方立法法律授权，保证国家的法制统一。在全党全民不断提高法治思维和法治观念的时代背景下，红色文化和革命文物的保护利用得以走上法治化轨道。《龙岩条例》《吴忠条例》等是全国设区市关于红色文化遗存和遗址保护中较早颁行的地方性法规。地方性红色文化遗存保护法规在不违背上级法律的前提下，结合地方行政管理部门结构和相关机构设置的异同，其编制内容可以有更大的自主性和发挥空间。

（二）针对性保护和生态型保护的统一

地方性红色文化遗存保护法规中具有开创性、独创性的条文，往往是对地方特有的问题的探索实践。通过实施和验证，可以改善地方法规的实施效果。而对于当地特殊情况的补充说明，可以应对未来的可预见的偶然事件。鼓励地方性法规对实施效果的尝试研究，可使现行规划逐渐走向成熟。这也是每部地方性保护法规最有价值的部分，因地制宜地从根本上解决本地的红色文化遗存保护难题。要遵循科学保护是前提，合理利用是手段，传承弘扬是目的的保护原则，有针对性地进行活态保护。

地方性法规的建设是地方法制建设不可缺少的一个重要环节，也是红色文化遗产保护的刚性依据。目前，对红色文化遗址保护的地方性法规不断出台，包括《三明市红色文化遗址保护管理办法》《贵阳市红色文化遗址保护办法》《嘉兴市南湖保护条例》等。其内容质量以及实施效果随着各市红色文化遗存保护细则的制定和其他工作的展开逐渐显现，明确落实红色文化遗存保护的法律责任，明令禁止任何对红色文化遗存的破坏和利用行为，避免了更多的红色文化遗存因法律保护的缺失而遭受不可逆的伤害。

（三）保护的专业化与公众的参与性相统一

地方性红色文化遗存保护法规将法律保护的范围和效力细化，明确各相关部门的职责安排和办事程序、红色文化遗址的保护责任人的权利与义务、修缮保护的内容与技术要求、法律责任的奖惩机制、公众参与的环节方式等，有利于增强公众的红色文化保护意识，加强红色文化的保护宣传力度，凸显红色文化保护的意义和重要性。通过专家咨询委员会制度、联席会议制度等整合红色文化资源，促进各行政职能部门实现整体性治理，建立政府引导与社会参与相统一的多领域、多层次、多元化的红色文化建设管理新机制，以有效发挥各级政府、社会各界和广大群众的积极性、主动性和创造性。

（四）分级保护与在地保护相统一

在明确保护对象的前提下，以分级保护制度来精细化不同的红色文化遗存保护措施。例如，将红色文化遗存按照其重要纪念意义、教育意义、史料价值及抢救需要程度分四级进行保护管理：一级保护为列入全国重点文物保护单位的红色文化遗址，以及具有代表性的革命领袖和将帅旧居、活动地及重要机构旧址；二级保护为省级文物保护单位中未列入一级保护的红色文化遗址，以及急需抢救保护的市、县级文物保护单位中的红色文化遗址；三级保护为市、县级文物保护单位中未列入一、二级保护的红色文化遗址，以及急需抢救保护的未核定公布为文物保护单位的红色文化遗址；四级保护为其他未核定公布为文物保护单位的红色文化遗址。针对不同级别的红色文化遗存确立相应的权责主体，在地方性立法中进一步细化认定后的保护利用方式，甚至通过立法确立多元化保护模式。同时更应当注重在地化的基层一线保护合力的形成。由于红色文化遗存的地方性保护法规仍旧处于起步阶段，针对群众参与度不够、部分权责主体模糊的现状，有待确立专家咨询制度、保护责任人制度等，引入预先保护机制、红色文化遗址修缮保护机制，强化保护的在地化与实效性。

五 结语

基于上述两个法规文本实例的共识与差异，结合《关于实施革命文物保护利用工程（2018—2022 年）的意见》，既要肯定红色历史文化遗产保护地方探索的切实进展与经验累积，又要明确红色历史文化遗产保护不仅在于尊重和延续其之存在，而且要揭示和传递其何以存在以及未来如何存在的规律与价值，即要展示的不仅是“是什么”“怎么来”，而且还是“为什么”“怎么办”，所以，红色文化的保护与利用、传承与弘扬的法律保障和法制规范，在本质上，是国家文化主权的自我宣示和制度实现，是在历史时序上以文化的方式对自己正当、合法的肯定、赓续、剖析与诠释，即文化自信、制度自信的叠加形态和融合版本，是道路自信、理论自信的历史再现和事实呈现。有鉴于此，除去适时修改《文物保护法》，将红色历史文化遗产保护在其中作为相对独立的章节之外，在红色历史文化遗产保护的法律制度精准化、精细化、协同化的规范设计上，凸显其特殊性、针对性和实效性，或可有如下选项作为配置权利义务、职责责任之所需：首先，明确规定红色历史文化遗产之主体单位负有展示展现红色文化中的精神成分的义务和职责。“红色文化是在理论与实际的互动中被创造出来的。”① “广义上的红色资源，包括红色传统和红色精神在内”依存于“狭义上的红色资源”如“红色历史遗物、遗存、建筑、旧址和场所等等”。② 精神要素是其不可割裂的内涵、质地。应当将历史文化遗存及其思想精神的解释两方面并举、合一。由此，在口述资料的调查征集与展示等方面的法律规范应有补足。其次，应充分体现红色历史文化遗存空间的人民属性，在保证其基本功能的前提下，多样化地使之作为公众观瞻学习、科学研究、宣传教育、仪式体验、文化艺术等所适宜的场所。为切实避免开放性、群众性不足的窘境与缺陷，建议规定责任单位与文化、教育等领域的联席会议制

① 陈晋：《红色文化是中国共产党人的鲜明政治标识》，《党建》2019 年第 5 期。

② 高翔：《充分认识红色文化的深刻内涵》，《党建》2019 年第 5 期。

度、协同工作机制，强化责任单位对合理社会需求的回应义务，发挥其资政育人、全民教育的法定功能。最后，注重红色历史文化遗产保护、开发、利用与《文化产业促进法》有关规定之间的衔接、一致，确立积极而又审慎地进行红色历史文化遗存要素基础上的创意产品开发、文学艺术创作的原则与规范，既要有激励规范，又要有着眼该文化遗存的限制和禁止规范以及责任规范。在物质遗存、传承活动和文艺表现等多层面构设各个法律主体在尊崇尊重、严肃庄重、客观求实的立场上对待红色历史文化遗存的行为准则。

红色文化地方立法的新样本、新特点与新趋势*

——以《山西省红色文化遗址保护利用条例》为对象

石东坡　叶霈文**

（浙江工业大学文化与法制研究中心）

摘要　红色文化是在中国共产党领导革命建设改革进程中创造累积传承的思想价值和精神文化样态。具备科学性、前瞻性、持续性的红色文化保护的法治化，对红色文化的传承弘扬具有重要意义。评析对红色文化遗产的地方立法保护，揭示红色文化地方立法的特点、规律和趋势，有利于实现红色文化保护创新发展的法治规范与引领。《山西省红色文化遗址保护利用条例》是我国第一部省级层面的地方红色文化遗址保护条例，具有创新性、探索性、先进性和代表性，同时，其中或存在红色文化保护范围与对象有待明晰、公众参与力度不够、保护利用制度规范性有待增强、法律约束精细化、激励性不足等局限。红色文化保护事项的地方事权属性决定了地方立法应具有的必要性、适切性与可及性，以此样本解析，有助于提炼红色文化地方立法的特点与特质，从而提升其立法质量与效能。

关键词　红色历史文化遗产；红色文化遗址；红色文化传承；地方事权；特别法

---

* 2021年度杭州市哲学社会科学规划课题基地项目阶段成果。

** 石东坡，法学博士，浙江工业大学文化与法制研究中心主任，教授。叶霈文，浙江工业大学文化与法制研究中心助理研究员，《中国文化法学评论》编辑。

引 言

共和国是红色的。红色文化蕴含着丰富的革命精神和厚重的历史文化内涵，同时也是重要的物质文化和非物质文化资源。红色文化是指中国共产党在领导中国人民实现民族的解放与自由以及建设社会主义现代中国的历史实践过程中凝结而成的观念意识形式。新时代，必须大力传承革命精神，弘扬红色文化，才能为实现“两个一百年”奋斗目标、实现中华民族伟大复兴的中国梦提供强大的精神动力①。红色文化资源包括了中国共产党成立以后、新中国成立以前，包括中国共产党创建初期、大革命时期、土地革命时期、红军长征时期、抗日战争时期、解放战争时期等历史时期的遗址踪迹类红色文化资源、建筑与设施类红色文化资源、重要革命历史文物、重要文艺作品。我国的红色文化资源多分布于东部、中部、西部，具有广泛性、区域性、主题性及多处偏远地区的特征。党的十八大以来，各地普遍加强了对红色文化资源的保护重视，但许多地处偏远的红色文化资源面临着保护、开发难度大，基础设施落后，缺乏科学规划，损毁灭失不可逆等危及其存续的问题。红色文化立法是新时代对红色文化资源保护的必然产物，是红色文化资源保护的底线与护身符。不少地区依法运用地方立法权，使红色文化资源保护与开发走向法制化、规范化、科学化。2019 年 9 月 27 日，山西省第十三届人民代表大会常务委员会第十三次会议通过的《山西省红色文化遗址保护利用条例》（以下简称《山西条例》），自 2019 年 10 月 1 日起施行，系全国首部省级层面的红色文化遗址保护条例。本文拟对这一省级地方性法规样本进行实证分析、规范分析，与先前同类地方性法规进行比较分析，评估红色文化地方立法保护的科学性、合法性、规范性，从而感知和揭示红色文化资源地方立法保护的理路、逻辑、特点及其趋势。

---

① 《新时代要大力弘扬红色文化》，党建网，http：//www. wenming. cn/hswh/yw/201905/t20190511_5109988. shtml。

一　红色历史文化遗产立法保护的挑战与进展

（一）红色历史文化遗产立法保护的意义

“革命传统资源是我们党的宝贵精神财富，每一个红色旅游景点都是一个常学常新的生动课堂，蕴含着丰富的政治智慧和道德滋养”。习近平总书记一系列关于弘扬红色文化的重要论述，深刻阐明了保护利用红色历史文化遗产的重要意义。红色历史文化遗产立法保护的重要性体现在红色文化资源的物化形态在底数不清的情况下损毁严重亟须系统保护，新时代下红色文化的精神内涵更需要顺应时代变化进行传承与发展焕发出其新的活力与创造力，红色文化资源的开发利用需要更具科学性、可持续性。新时代要大力弘扬红色文化就需要更有针对性的地方红色资源保护立法，不仅保护红色资源的物化形态，还需要有针对性的保护红色资源的精神形态。

（二）红色文化保护地方立法的新进展

2018 年 8 月 15 日，盐城市第八届人民代表大会常务委员会第十四次会议制定《盐城市革命遗址和纪念设施保护条例》，2018 年 9 月 21 日江苏省第十三届人民代表大会常务委员会第五次会议批准，是盐城市行使地方立法权以来制定的首部历史文化保护方面的地方性法规，也是江苏省首部红色文化资源保护方面的地方性法规。

2018 年 9 月 10 日，汕尾市第七届人民代表大会常务委员会第十六次会议通过的《汕尾市革命老区红色资源保护条例》。该地方性法规立足于传承红色基因，鼓励对红色资源进行合理利用，规定市、县级人民政府应当加强与红色资源有关的理论和应用研究，深入挖掘和展示海陆丰革命老区红色资源的文化内涵和历史价值，将红色资源利用纳入本区域旅游发展规划，完善基础设施，发展红色旅游。

2019 年 3 月 1 日，赣州市第五届人民代表大会常务委员会第二十次会议通过《赣州市革命遗址保护条例》。条例要求对革命遗址实行名录管理，对革命遗址实行原址保护，同时划定了革命遗址保护范围和建设控制地带，明确了革命遗址的维护修缮责任。规定文物、自然资源、住房和城乡建设等主管部门的监督管理职责和革命遗址所有人、使用人、管理人要依法履行日常维护义务。

2017 年 8 月 29 日，巴中市第四届人民代表大会常务委员会第五次会议通过《巴中市红军文物保护条例》（2019 年修正），条例自 2018 年 1 月 1 日起施行。

2019 年 7 月 24 日，中央全面深化改革委员会会议审议通过了《长城、大运河、长征国家文化公园建设方案》。国家有关部门要以《长城、大运河、长征国家文化公园建设方案》实施为契机，加强全国范围的中央立法，统筹地方协调做好长征文物保护和红色旅游线路建设工作。

2019 年 9 月 24 日，中共中央政治局审议《新时代爱国主义教育实施纲要》。会议指出，爱国主义是中华民族精神的核心。中国特色社会主义进入新时代，必须大力弘扬爱国主义精神，把爱国主义教育贯穿国民教育和精神文明建设全过程。在庆祝新中国成立 70 周年之际，制定印发《新时代爱国主义教育实施纲要》，对于引导全体人民弘扬伟大的爱国主义精神，为实现中华民族伟大复兴的中国梦不懈奋斗，具有非常重要的现实意义和深远的历史意义。

党的十九大报告指出：“文化是一个国家、一个民族的灵魂。文化兴国运兴，文化强民族强。没有高度的文化自信，没有文化的繁荣兴盛，就没有中华民族伟大复兴。要坚持中国特色社会主义文化发展道路，激发全民族文化创新创造活力，建设社会主义文化强国。”国家和省市级层面加大了对红色文化资源保护开发和利用的法治力度，红色文化遗存保护的地方性法规陆续颁行，是对红色文化资源保护进行的积极探索。当然，鉴于我国对红色文化资源保护尚未建成一套完备的保护体系，在地方立法过程中仍然存在一些问题需要补足，需要在发展中不断完善。我们必须正视红色文化保护地方立法过程中存在的问题，适当借鉴域外优秀制度，取其精华，进一步提高我国红色文化保护的地方立法质量、能力和水准。

二 红色历史文化遗产地方立法保护的解析与比较

（一）新近样本：《山西条例》

2019 年 9 月 27 日，山西省第十三届人民代表大会常务委员会第十三次会议通过中国首部省级红色文化遗址保护利用条例，《山西省红色文化遗址保护利用条例》，并自 2019 年 10 月 1 日起施行。

（二）《山西条例》的文本形态

1. 法规的篇章结构

在篇章结构的设置上，《山西条例》共 6 章 38 条，包括总则、调查和认定、保护和管理、合理利用、法律责任和附则。

就篇章设置而言，《山西条例》对第三章保护和管理进行了详细的设置。山西是近现代响应五四运动、传播马克思主义、建立共产主义青年团、建党等活动较早的省份之一，也是山西主力红军北上的战略通道和重要的前进基地，是华北抗战的战略支点和支撑敌后抗战的主战场。据有关部门初步统计，山西省红色文化遗址有 3400 余处①，且红色文化遗址大多分布在太行、吕梁等边远山区，点多面广，因此对红色遗址的保护制度就红色文化遗址实行分级保护、规划的引领作用、明确保护范围内禁止的行为、明确保护范围内禁止的行为进行了明确的规定。

2. 立法目的、原则

在立法目的上，《山西条例》强调了对红色资源的合理利用、红色传统的发扬和红色基因的传承，特别将“太行精神、吕梁精神”写入条文，通过立法明确对山西省具有代表性的革命精神进行挖掘弘扬，突出了立法的针对性和地方特色。

---

① 《山西省革命遗址通览》，中国发布网：http：//www. chinafabu. com/a/dujiabaodao/20190702/52500. html。

表 1　　《山西条例》与各条例的保护原则

《巴中市红军文物保护条例》	贯彻保护为主、抢救第一、合理利用、加强管理的方针，遵循统一规划、分类保护、属地管理、专业管理与群众管理相结合的原则
《赣州市革命遗址保护条例》	贯彻保护为主、抢救第一、合理利用、加强管理的方针，维护革命遗址本体安全和特有的历史环境风貌，保持历史真实性、风貌完整性和文化延续性
《汕尾市革命老区红色资源保护条例》	遵循保护为主、科学规划、合理利用、加强管理的原则
《盐城市革命遗址和纪念设施保护条例》	遵循保护为主、抢救第一、统筹管理、合理利用的原则
《吴忠市红色文化遗址保护条例》	应当遵循保护为主、合理利用的原则
《龙岩市红色文化遗存保护条例》	应当坚持保护为主、抢救第一、科学规划、合理利用的原则，按照政府主导、社会参与的要求，正确处理经济建设、社会发展与红色文化遗存保护的关系，确保红色文化遗存真实、完整和安全
《山西省红色文化遗址保护利用条例》	坚持全面保护与整体保护、抢救性保护与预防性保护、遗址本体保护与周边环境保护相结合；坚持合理利用，强化教育功能，突出社会效益，确保红色文化遗址的历史真实性、风貌完整性和文化延续性

资料来源：山西省人大网。

在保护原则上，《山西条例》将其表述为“坚持全面保护与整体保护、抢救性保护与预防性保护、遗址本体保护与周边环境保护相结合；坚持合理利用，强化教育功能，突出社会效益，确保红色文化遗址的历史真实性、风貌完整性和文化延续性”。从字面来看，与《文物保护法》的相关规定和先前出台的各地方条例不同的是，《山西条例》根据山西省红色文化遗址分布“广多散”的特点，存在保护开发难度大的问题，因此需要进行更为具体全面且更因地制宜的“分级保护”规定，创设性地提出了：强调全面和整体，抢救和预防，将遗址本体保护与周围环境保护相结合，并且还规定了合理利用，教育功能，社会效益几方面的作用来保护红色文化遗址的历史真实性、风貌完整性和红色文化延续性。较以往的相关保护条例而言，《山西条例》的规定更具有创新性、科学性、针对性、延续性，为地方红色文化遗址的保护提供了可借鉴的经验。

3. 立法对象、范围

从条例名称和立法目的来看，《山西条例》在保护范围和对象所提出的是对“红色文化遗址”的保护。遗址是指人类活动的遗迹，属于考古学概念，既包括人类为不同用途所营建的建筑群体，也包括人类对自然环境利用和加工而遗留的一些场所。指保存下来的前代遗迹或遗物。在《山西省“十三五”红色文化传承保护与发展规划》的“加强红色文化资源整理保护”的第六点“建设红色文化重点保护区”中专栏二规定了对红色文化遗存保护工程，列明山西省内的 14 处国保、16 处省保红色遗存以及支持和指导红色文化聚集区抗战遗存保护，加强重大战役遗址的保护工作。

表 2　**《山西条例》的保护范围和具体对象**

保护范围	本省行政区域内红色文化遗址的调查、认定、保护、管理和利用
具体对象	本条例所称红色文化遗址，是指下列反映中国共产党领导各族人民进行新民主主义革命，具有历史价值、教育意义、纪念意义的遗址、旧址和纪念设施等： （一）重要机构、重要会议、重要事件、重大战役、重要战斗的遗址或者旧址； （二）重要人物和具有重要影响的烈士的故居、旧居、活动地、墓地； （三）烈士陵园和纪念堂馆、纪念碑亭、纪念雕塑、纪念塔祠等纪念设施； （四）反映新民主主义革命的其他遗址、旧址和纪念设施等

资料来源：山西省人大网。

结合表 2《山西条例》所规定的保护范围和具体对象来看，立法的保护范围主要针对红色文化遗址、红色文化旧址、红色文化纪念设施等，并通过四类划分列举，详尽地概括了遗址保护的具体对象。

在保护对象的时间规定上。《山西条例》第 3 条称其为“新民主主义革命”，主要把从新中国成立到山西完全解放的这段时间纳入其中。新民主主义革命早期，山西是建立党组织最早的省份之一，在土地革命时期、抗日战争时期、解放战争时期、社会主义改造和建设时期、改革开放以来，山西省都扮演了非常重要的角色，拥有丰富的红色文化资源。

（三）《山西条例》的制度设计

1. 主体职责

（1）政府主体。《山西条例》在确定了责任主体，规定了所有单位和个人都对红色文化遗址具有保护义务后，对地方政府和相关职能部门做了相关的职责划分，增加了新闻媒体的公益宣传责任，明确各方权利、责任和义务，有利于形成政府推动、部门职能明确协调合作的红色文化遗址保护氛围。具体来说，对红色文化遗址保护的责任主体主要在各人民政府和文物行政主管部门，其余各职能部门的职责规定相对弱化，山西省创设性地在责任主体中增设了退役军人事务行政部门。

《山西条例》与之前出台的各地方红色文化遗址保护条例有很多相似之处，比如县级以上人民政府应当将红色文化遗址保护利用纳入本级国民经济和社会发展规划，所需经费列入本级财政预算；要求编制红色文化遗址保护名录，建立信息管理数据库；设立红色文化遗址保护标志；划定红色文化遗址保护范围和建设控制地带；确保遗址周边的环境风貌；在合理利用的原则下，发挥公共服务和社会教育功能，建立爱国主义教育基地；推进红色文化与旅游融合发展等。不同之处在于，山西的责任主体中增加了退役军人事务行政主管部门。将红色文化遗址保护的主要职责明确至退役军人事务行政主管部门能展示其部门的使命担当和良好风貌，更能激发“学习英烈、崇尚英烈、传承精神”的热情。在各职能部门的分工上，《山西条例》吸取先前各条例不够细化的反面经验，细化明确了县（市、区）人民政府文物行政主管部门会同同级退役军人事务行政主管部门、史志研究机构的具体责任。但在县级以上人民政府发展和改革、财政、文化和旅游、教育、公安、自然资源、规划、新闻出版、广播电视等有关部门以及史志研究机构的规定中“相关工作”的说法仍然同之前的各规定一样过于原则性，未能列举出各部门的具体工作和职责范围。

（2）辅助主体。与《龙岩条例》中规定的专家咨询委员会制度不同的是，山西省人民政府则是将专业指导的职责交由史志研究机构。由其为红色文化遗址保护工作提供认定标准和办法、调查研究、认定、提出建议名单和核实等工作（详见表3）。史志研究机构的参与有利于拟定科研规划并组织实施，组织开展学术研讨、学术交流；拟定党史遗址、纪念设施、革命文物、党史类非物质文化遗产普查和保护利用规划，更有利于红色文化遗址的保护。

表3　《山西条例》规定的史志研究机构的目的和职责

目的	对山西省红色文化遗址保护工作制定认定标准和办法、开展调查与认定、提出保护意见名单、名单审查等
职责	制定全省红色文化遗址认定的标准和办法； 根据全省红色文化遗址认定标准和办法，开展本行政区域内的红色文化遗址调查、认定工作，提出本行政区域红色文化遗址保护建议名单； 对设区的市人民政府文物行政主管部门报送的红色文化遗址保护建议名单进行审核； 等等

资料来源：山西省人大网。

《山西条例》第6条中规定了应当建立红色文化遗址保护利用工作联席会议制度，加强统筹规划、协调指导，研究解决保护利用工作中的重大问题。联席会议日常工作由同级文物行政主管部门负责。若在红色文化遗址保护的工作实践中建立落实了该制度，将在红色文化遗址保护工作中发挥重要的作用。首先是起到了规范相关部门监督行为及监管相关部门保护工作的作用。其次是联席会议有利于解决在红色文化遗址保护中出现的具体问题，具有指导性强，解决问题快捷迅速的特点。最后，联席会议有利于解决监督者与被监督者之间的矛盾。有利于红色文化遗址保护的各个责任主体在参与会议的过程中就具体问题进行充分讨论，在其基础上产生最后决定，使各方达成的共识，有利于各方自觉遵守，以达到红色文化遗址保护工作的真正落实。较《吴忠条例》而言，《山西条例》明确了联席会议日常工作由同级文物行政主管部门负责，但仍然未对该规定提出具体的操作方案，仍有遗憾。

（3）直接责任主体。《山西条例》与《吴忠条例》都采用了保护责任人制度。但两者在规定上不尽相同（详见表4）。《山西条例》从原则、职责两方面对保护责任人制度作出了一系列规定，而《吴忠条例》则是从原则、职责和权利三方面对保护责任人制度作出规定。从保护责任人制度的框架构成上来看，二者存在相似之处，但在具体规定上存在差异。在保护责任人的确定问题上，山西省采用了多种保护责任人的形式，将红色文化遗址分为国家所有、集体所有、个人所有、组织或个人认养和权属不明的由所在地乡（镇）人民政府、街道办事处为保护责任人。吴忠市采用了单一保护责任人的形式，权责归属于县级人民政府的文化行政主管部门。两者都从实质上解决了红色文化遗址的保护责任归属问题，但是山西省的分类更为明晰几乎涵盖了红色文化遗址归属方式的所有形式，确定了保护责任人的产生办法，明确的保护责任人制度有利于把遗址保护的日常工作落到实处。在保护责任人的规定方面。山西省对保护责任人的责任规定内容包括落实保护规划中的要求、日常维护、配合相关部门工作、安全管理、突发事件应急和维护补助。而吴忠市对保护责任人的责任规定主要停留于日常维护和安全管理上。两者均未考虑到保护责任人若未落实保护义务应当负担的责任。此外吴忠市还规定了定期对红色文化遗址保护责任人进行专业培训，但对具体培训内容、目的等尚不明确，略有遗憾。

表4　　**《山西条例》和《吴忠条例》规定的保护责任人制度**

	《山西省红色文化遗址保护利用条例》	《吴忠市红色文化遗址保护条例》
原则	（一）国家所有的，其使用人或者管理人为保护责任人； （二）集体所有的，该集体组织为保护责任人； （三）个人所有的，其所有人和使用人为保护责任人； （四）由组织或者个人认养的，认养人为保护责任人； （五）权属不明确的，所在地乡（镇）人民政府、街道办事处为保护责任人	（一）红色文化遗址所依存的建筑物为国有的，管理人或者使用人为保护责任人； （二）红色文化遗址所依存的建筑物为非国有的，所有人或者使用人为保护责任人； （三）红色文化遗址的所有人或者使用人不明确的，县级人民政府文化行政主管部门为保护责任人

续表

	《山西省红色文化遗址保护利用条例》	《吴忠市红色文化遗址保护条例》
责任	（一）落实保护规划中涉及该红色文化遗址的保护要求； （二）按照日常保养、维护办法，做好红色文化遗址的日常保养、维护； （三）配合有关部门进行日常监测、监督检查、维修保养、宣传教育等工作； （四）采取防火、防盗、防坍塌等安全措施，发现重大安全隐患，立即向有关部门报告并采取相应抢救保护措施； （五）发生危及红色文化遗址安全的突发事件，及时采取有效抢救保护措施； （六）法律、法规规定的其他保护责任。 保护责任人承担日常养护费用确有困难的，可以由核定公布该红色文化遗址的人民政府给予补助	（一）进行日常维护，保持红色文化遗址及其附属设施完整； （二）防火、防盗、防自然损害，防止安全事故发生； （三）发现红色文化遗址有安全隐患的，及时消除并报告
权利	—	县级人民政府文化行政主管部门应当与保护责任人签订保护协议，定期对红色文化遗址保护责任人进行专业培训，落实保护责任

资料来源：山西省人大网和吴忠市人大网。

（4）多元职责主体的优势。在《山西条例》和先前各地方出台的保护条例的相关设置上，均体现了以政府为主导，由多元主体、多中心协同治理的特点。值得一提的是在《山西条例》出台之前，山西省就出台了《山西省社会力量参与文物保护利用办法》（省政府令第 261 号）①。习近平总书记强调："广泛动员社会力量参与，努力走出一条符

① 2019 年 1 月 2 日，山西省政府第 20 次常务会审议通过《山西省社会力量参与文物保护利用办法》，在省级层面是国内首次。《办法》共 6 章 36 条。首次系统规定了不可移动文物认养的范围、程序、年限，明确了不可移动文物认养后的用途、认养人的权利和义务。

合国情的文物保护利用之路。”2018 年10 月，中办、国办印发了《关于加强文物保护利用改革的若干意见》，要求探索不可移动文物使用与管理，健全社会参与机制，积极引导鼓励社会力量投入文物保护利用工作。利用政府主导，让更多的社会力量参与到红色文化遗址的保护利用中，有利于扩大红色文化遗址保护工作的群众基础，增添生机和活力。

2. 保护与管理制度

在一些城市建设工程推进的过程中，城乡建设会与历史文化遗产的保护对立起来，认为对文化遗产保护影响了推进，提高了难度，增加了成本，不难发现二者在客观上呈现一定的紧张关系。保护级别越低，或者还未被普查发现的革命遗址被破坏的概率就越大。因此就需要通过立法的设置，对红色文化遗址及其周围进行保护设置。对于红色文化遗址，《山西条例》规定实行分级保护制度，即在山西省全省红色文化遗址保护名录范围内，根据其历史价值、教育意义、纪念意义，确定省级、市级、县级红色文化遗址保护名录。条例将保护职责落实到省人民政府文物、退役军人事务行政主管部门及同级城乡规划等有关主管部门，并根据行政区域内红色文化遗址的类别、内容、规模以及周边环境的历史和现实情况，编制全省红色文化遗址保护总体规划，并根据名单划定保护范围，建设控制地带，明确保护范围内的禁止行为，对红色文化遗址保护范围内的施工建筑物风格进行规定，制定保养、维护方法。条例的第 22 条规定了：“县级以上人民政府可以根据保护需要，在自愿、平等协商的基础上通过购买或者置换等方式对红色文化遗址进行保护。”重大修缮需审批，日常修缮最小干预保留风貌的原则，并通过政策引导、资金扶持和公开表彰等方式鼓励社会力量参与红色文化遗址的保护。

3. 利用与传承制度

为留住“红色记忆”，各地立法全方位保护革命遗址。《山西条例》中规定，应当加强对太行精神、吕梁精神等革命精神的挖掘，开展红色文化遗址及相关文物史料文化内涵、历史价值的研究，制作红色文化知识读本、理论书籍、影视作品，推进数字化保护利用。通过将“太行精神、吕梁精神”等具有山西特色的革命精神写入保护条例中体现了红色文化保护的地方特色与针对性，有利于红色精神的代代传承。为了发掘利用红色文化遗址的价值和内涵，发挥红色教育职能，条例明确，鼓励社会各界开展对红色文化遗址历史文化的宣传、学术研究交流以及红色文化创意产品的研究开发。国家机关、企业事业单位、社会组织应当利用红色文化遗址及相关博物馆、纪念馆，组织开展爱国主义和革命传统教育。教育行政主管部门、各级各类学校应当利用红色文化遗址及相关博物馆、纪念馆，组织开展现场教学、主题教育、社会实践等教育教学活动。县级以上人民政府应当将红色文化遗址的利用纳入本行政区域旅游发展规划，加强基础设施和生态建设，发展红色旅游。《赣州条例》中规定在保证革命遗址安全和不破坏历史风貌的前提下，整合有条件的革命遗址资源，与教育培训、扶贫开发、乡村振兴和旅游发展相结合，纳入相应发展规划，开展红色文化教育培训，开发、推广具有红色文化特色的旅游产品、旅游线路和旅游服务。鼓励将革命遗址与当地其他文物史迹、自然景观和非物质文化遗产等文化和自然资源相整合，拓展展示路线和内容，形成联合展示体系。《盐城条例》规定政府加强文物、史料的收集、保护和陈列展示工作，组织开展新四军等革命史料的研究、编纂和宣传工作；国家机关、企业事业单位、社会组织以及教育行政部门、各类学校利用革命遗址和纪念设施开展爱国主义教育和革命传统教育，传承弘扬新四军铁军精神。各地立法明确了通过丰富多彩的各类形式与日俱进地宣传红色精神，可以达到感召、凝聚和净化人心的目的。通过条例明确规定的多种形式不再因循守旧地强化灌输红色精神而是使用了更符合时代需求的方式，更有利于红色精神的传承和发扬。

4. 公众参与、监督、评价制度

据查，2018 年 9 月 25 日，山西省十三届人大常委会确定立法项目 102 个，在文化建设方面中提出了《山西省红色文化遗址保护利用条例》。2019 年 1 月 27 日，山西省第十三届人民代表大会第二次会议上提出通过立法加强红色文化遗址和传统村落传统院落传统建筑的保护和利用。2019 年 7 月 30 日至 31 日，山西省十三届人大常委会第十二次会议举行第二次、第三次全体会议和联组会议听取关于《山西省红色文化遗址保护利用条例（草案）》的说明。2019 年 9 月 27 日，山西省十三届人大常委会第十三次会议举行第三次全体会议表决通过了《山西省红色文化遗址保护利用条例》。2019 年 9 月 29 日上午，《山西省红色文化遗址保护利用条例》新闻发布会在山西省人大常委会会议厅召开。于 2019 年 10 月 1 日起施行。从 2018 年 9 月确定立法到 2019 年 9 月表决通过的这一年时间里，查到了山西省对辖区内各地进行了调研并召开了座谈会。

除了在立法阶段应当通过听证会等方式对草案公开收集意见以外，在条例生效实施以后也应体现公众参与、监督的力度。纵观两部条例，关于公众参与、监督、评价的机制并不健全。就参与这一项而言，总体上尚可，《山西条例》在总则部分的第 9 条提出“任何单位和个人都有保护红色文化遗址的义务。县级以上人民政府应当对在保护利用红色文化遗址工作中做出突出贡献的单位、个人给予表彰和奖励。”这一规定确定了公众参与的合法性，也具有一定的激励作用。在随后的具体规定中，在保护责任人的相关规定中也将单位和个人规制其中，并制定了相关补助措施。条例第 24 条规定：“县级以上人民政府应当通过政策引导、资金扶持和公开表彰等方式鼓励社会力量参与红色文化遗址的保护。”也鼓励社会各界开展对红色文化遗址历史文化的宣传、学术研究交流以及红色文化创意产品的研究开发。鼓励与红色文化遗址有传承关系的单位和个人同红色文化遗址管理单位共建共享，公众参与拥有一定权重，但对公众监督未做出相应的规定。在公众监督、评价机制的创设上，《山西条例》与先前出台的条例一样均存在不足，应引以为鉴。

5. 违法行为与法律责任制度

表 5　**《山西条例》与各条例规定的法律责任**

	民事责任	刑事责任	行政责任
《巴中条例》	—	—	第 47、48、49、50、51、52 条
《赣州条例》	—	第 36 条	第 36、37、38、39 条
《汕尾条例》	—	第 32、35 条	第 32、33、34、35 条
《盐城条例》	第 36 条	第 40 条	第 35、36、37、38、39、40 条

续表

	民事责任	刑事责任	行政责任
《吴忠条例》	—	第40条	第37、38、39、40条
《龙岩条例》	第35条	第35、39条	第36、37、38、39条
《山西条例》	—	第36、37条	第32、33、34、35、36、37条

资料来源：山西省人大网与各地方人大网。

明确的执法主体有利于明确执法部门的职权，具有的相应权限和相关责任，有利于红色文化遗址保护的执法职责和责任分解落实到具体履行法定职能的执法机构和相应的岗位。《山西条例》中第33条明确了“擅自拆除、改（扩）建红色文化遗址”和第34条规定的“在红色文化遗址保护范围内从事采石、采矿、爆破、开荒、挖掘、取土活动的”执法主体为县级以上人民政府文物或者退役军人事务行政主管部门，第35条“在红色文化遗址及其附属设施上刻画、涂抹，或者损毁、擅自移动、拆除红色文化遗址保护标志、纪念标志的”和第36条“以歪曲、贬损、丑化等方式利用红色文化遗址的”执法主体为公安机关。《盐城条例》中的执法主体主要为文物主管部门或者烈士褒扬主管部门，在违法行为达到“违反治安管理”时的执法主体为公安机关。《龙岩条例》中的执法主体为所在地公安机关和县级文化、城乡规划（建设）、环境保护等主管部门，其他条例中规定的执法主体多为县级人民政府文化行政主管部门和公安机关。各部地方条例对行政执法主体的规定除托底的文化主管部门和公安机关相同之外，山西省加入了退役军人事务行政主管部门，盐城市加入了烈士褒扬主管部门，将退役军人事务部与烈士褒扬主管部门列为执法主体更具有社会导向性，使法条转变为看得见、摸得着的行为规范，真正发挥法律的指引和规制作用。而龙岩市基于当地文物保护、城乡规划建设、环境保护等法律、法规已对相关违法行为作出处罚规定，将执法主体交给上诉相关部门，有利于执法的相互协调，有法可依。

在法律责任的规定方面，《山西条例》中规定了擅自拆除、改（扩）建红色文化遗址的，由县级以上人民政府文物或者退役军人事务行政主管部门责令限期改正；造成严重后果的，处5万元以上50万元以下罚款。在红色文化遗址保护范围内从事采石、采矿、爆破、开荒、挖掘、取土活动的，由县级以上人民政府文物或者退役军人事务行政主管部门责令限期改正；造成严重后果的，处5万元以上50万元以下罚款。另外对县级以上人民政府文物、退役军人事务等行政主管部门及其工作人员在红色文化遗址保护利用工作中滥用职权、玩忽职守、徇私舞弊的，对直接负责的主管人员和其他直接责任人员依法给予处分；构成犯罪的，依法追究刑事责任。作为第一部省级层面的保护条例，山西省对破坏红色文化遗址的行为进行了严格的处罚。《巴中条例》的第49条对在红军文物保护单位的保护范围内进行建设工程或作业的规定则是根据全国重点文物保护，省级文物保护单位，市、县级文物保护单位进行了分级罚款的机制。在罚款数额上更为明晰具体。对擅自破坏红色文化遗址的处罚额度方面也应当考虑到红色文化遗址及其文物的破坏数量和破坏面积。

通过上述的分析，可知《山西条例》在调查认定、保护管理、合理利用、法律责任等方面与先前出台的各地方条例存在着相似之处，也有其特殊性。主要体现在将退役军人事务行政主管部门加入托底的主管部门，对红色文化遗址实行分级保护，突出规划的引领作用，实行保护责任人制度，工作联席会议，明确将太行精神、吕梁精神等写入条例等。在条例中就红色文化遗存的归属权问题也做了一定的划分，这是较之前地方立法更为具体的地方。但条例中规定的红色文化遗址认定名单并未公布，在条例贯彻落实方面还存在一定的疑问。在奖励和补助的规定方面又过于原则性，不明确的奖励和补足在实践过程中可能引发相关争议，影响保护的积极性。

三　红色历史文化遗产地方立法保护的反思与完善

（一）充实红色文化资源的合理开发利用

1. 将红色精神融入地方文化血脉与文明建设

一方水土养一方人，地域文化不断发展变化又具有相对的稳定性。在红色文化发展的过程中如“坚定信念、艰苦奋斗，实事求是、敢闯新路，依靠群众、勇于胜利”的井冈山精神；“艰苦奋斗的精神；全心全意为人民服务的精神；理论联系实际、不断开拓创新的精神；实事求是的精神”的延安精神；“开天辟地、敢为人先的首创精神，坚定理想、百折不挠的奋斗精神，立党为公、忠诚为民的奉献精神”的红船精神等。这些革命精神都是具有地方特色和特性的，具有相同的历史背景和独特的地方特征，融合在地方血脉之中，“天地有大美而不言，四时有明法而不议，万物有成理而不说”。因此，在继续发扬光大优秀革命精神的同时，应当根据革命精神所在地的地理位置、空间特点、人文风貌等地域性的特点，加强地方特色，而非照搬照抄，从群众中来到群众中去，传承本地人民认同的革命精神。

2. 加强红色旅游与红色文化创意产业的融合

部分地区的革命历史遗迹存在不够重视、保护不到位、开发不合理的情况，造成红色资源的严重浪费。在红色旅游方面，存在红色文化遗址周边环境及配套设施建设不完善、红色旅游产品存在同质化、项目结构存在不合理等问题。在发展地方红色文旅时应当注重产业融合，将具有地方特色的产品和红色文旅线路融合，部分地区推出了“红色旅游+”多种项目，以红色文化为核心，综合开发利用项目地红色革命资源。例如结合当地的乡村特色，推出“红色+乡村”同样对脱贫攻坚和实现乡村振兴起到重要作用①。同时应当全面整合红色旅游资源，推出具有当地特色的红色文创纪念品，加强区域合作，2019 年中国旅游协会组织了首次全国范围的红色旅游文创产品和红色旅游演艺创新成果征集活动，并公布了优秀名单②，不可否认的是该征集活动有利于红色文创产业更加专业、规范、焕发新活力，红色文化和红色旅游创新融合发展。也应将科技手段融入旅游发展中，利用时下流行的 VR 虚拟现实、AR 增强现实、3D 体验等先进技术，增强游客在红色研学旅游中的过程体验。如上海市文旅部因新冠脑炎疫情的影响推出“云看展”，其中包

① 《乡村旅游观察丨红色旅游+引领乡村旅游新发展》，央广网，http：//country. cnr. cn/focus/20190625/t20190625_ 524663107. shtml。

② 《全国红色旅游文创产品和红色旅游演艺创新成果即将揭晓》，中国青年报客户端，http：//news. cyol. com/app/2019 -10/16/content_ 18196867. htm。

含了中共一大会址纪念馆、上海革命历史博物馆、上海四行仓库抗战纪念馆等博物馆中珍藏的革命展品，各博物馆、纪念馆在了解到市民需求后，积极整理推出各自特色数字展示和网络活动整合 18 个三维展览、25 个远程教育、3 个网上展览、5 个珍品介绍等数字资源①，让红色文化生动起来，看得见摸得着。

3. 促进红色精神的教育传播与现代传承

正如习近平总书记所说，“中国革命历史是最好的营养剂，多重温我们党领导人民进行革命的伟大历史，心中就会增添很多正能量”。沧桑巨变七十载，民族复兴铸辉煌，因此革命精神的当代转化至关重要。文化对个体价值观的塑造，往往不是“疾风骤雨”，而是“润物细无声”般的教化，逐渐将文化内含的精神力量转化为个体的情感认同和行为习惯。红色文化能通过新技术、新媒介更好地展现自身的精神力量，发挥自身的功能作用。② 文学史上有一句行话叫“三红一创，山青保林”；红色影视作品从《冰山上的来客》《林海雪原》到如今的《建党伟业》《薪火相传》；红色歌曲记录岁月口口相传；国画、油画等各种形式记录的红色美术作品，这些红色文化作品通过丰富的形式浪漫与现实相结合，立足于新时代重温历史，“让文物活起来”运用新的表现形式、表现手法、表现技巧，焕发新时代的魅力。红色文化是“根”与“魂”，在地方立法中应当鼓励通过各种形式的红色文艺作品的创作、再创作，借助多种渠道宣传弘扬红色精神，润物细无声营造全社会弘扬和传承红色文化精神的良好氛围。

（二）实现红色文化资源的全面保护发掘

1. 加强红色文化人才队伍建设与理论研究

党的十八大以来，国内红色文化的研究整体呈上升趋势，理论成果

---

① 《上海市博物馆推出“云看展”丰富市民文化生活》，上海市文化和旅游局，https：//www. sogou. com/link？ url = hedJjaC291OFbgLRSDIybojgkjmF28oAa93qN1GaB-UupfhZVD3apJCLhg3 EioN-NjvOWwNDxHHAB8_ QdUWFOegZFJ5UQUXQ3。

② 《让红色文化成为铸魂育人的精神动力》，光明日报，http：//www. china. com. cn/opinion/theory/2019 －09/20/content_ 75225481. htm。

研究颇丰，一方面创造了许多研究成果，推动了红色文化研究热潮；另一方面，存在研究成果质量不高、对红色文化概念探讨不深、缺乏红色文化对不同职位主体作用的研究的不足。① 以新时代、新思路、新发展、新方法，综合运用各种手段、各种视角维度，开展对红色文化的研究与深入挖掘其内涵。对红色文化的宣传也不应仅仅依靠传统的、官方的手段，应顺应时代特点结合“互联网+”注重宣传的氛围营造、宣传内容的丰富多样以及对红色精神的凝练升华。② 加强红色文化人才的队伍建设，红色文化资源存在分布广、地势偏、多流落民间的特点，应当建立重心下移、力量下沉的管理体制。打造一批基层的红色文艺工作者、志愿者。同时注重红色文化的专家团队打造，通过学术研究、交流、各地研学，扎根红色文化土地坚持原真性、整体性和系统性保护原则，为其注入新的理论血液，打造具有地方特色同时可在全国推广借鉴的红色文化理论研究、艺术创作、保护管理、传播推广的地方经验和人才培养办法。同时制定科学的编制规划明确保护范围、保护要求和建设管控措施，科学确定重点项目、实施计划。

2. 加强地方红色教育基地的效能评价考核

面向青少年、社会公众、党政干部等不同群体，以培育和践行社会主义核心价值观为主线，打造一批以爱国主义教育、革命传统教育、党风廉政教育等为主要功能的红色文化教研基地。因地制宜对重点教育基地进行合理改造，运用现代展陈手段再现历史场景、事件，强化思想教育功能。科学合理地规划重点红色教育基地，通过基层党建，建立群众家门口的红色教育基地，引导更多群众认知、感受和参与红色文化建设。

3. 增强红色文化地方立法的科学性与规范性

在梳理红色文化资源的时候，既要看到地方独特的革命文化资源，更要放到近百年的中国共产党历史中去把握红色文化资源的“地域性”。这要求地方按照新民主主义革命、土地革命、抗日战争、解放战争、社

---

① 蔡兴诚：《十八大以来红色文化研究综述》，《法制与社会》2019 年第 34 期。

② 周艳红：《“90 后”大学生红色文化认同路径探究》，《毛泽东思想研究》2019 年第 3 期。

会主义改造和建设、改革开放以来的各个时期梳理好不同历史史迹和重大遗存，特别要重视有全国价值的地域红色资源，同时梳理普查地方未在名单上的红色文化资源，抓紧建立保护名单，对已损毁不可修复的设置标识，通过立法建立相关电子档案，明确城乡规划冲突时的矛盾解决方法。不同地区的红色文化资源分布具有不同的特征，山西省红色文化资源大多分布在太行、吕梁等边远、贫困山区，点多面广、保护开发难度大；湖南红色资源有着数量多、品质高、分布广泛又相对集中；杭州红色资源在地域分布上，具有分布广但不均衡的特点等。纵观全国各地的红色资源分布既有分布较广、多为农村偏远地区的共性，又有各地地理人文环境的不同形成的红色文化资源保护损毁等程度不同的个性。针对各地的城乡规划开发，偏远地区的遗存保护，结合当地的实际情况量力而行，不可照搬照抄，需要一切从实际出发，制定因地制宜的法规。

对红色文化资源的地方立法应力求以“顶层设计＋试点示范”的方式系统推进、整体推进。法律具有制度化、规范化、程序化的特点，这些特点有利于将对红色资源的有形化、无形化的保护落到实处。通过地方法规制度的合理配置行政权力、界定保护主体的权利边界，建立不同部门之间与不同区域之间的协调制度、监管制度、公众参与制度、奖惩制度等，形成系统性、整体性运行机制。红色文化资源保护的主体不应当是片面的、单一的。由于我国对红色资源的立法保护时间较短，基础设施落后，缺乏科学规划，各类研究没有形成大的规模和影响，许多红色文化遗址尚未得到有效保护，这些都需要通过地方先对红色文化遗址进行立法保护实践，并对实践中发现的问题、遗漏之处进行补足。红色文化资源分布在全国各地，这些资源分布各地既有个性又有个性，通过学习先行立法的顶层设计中的共性，结合地方个性推出相关立法。

结　语

基于上述山西省与有关地方法规文本实例的共识与差异，结合《关于实施革命文物保护利用工程（2018—2022 年）的意见》《关于加强文物保护利用改革的若干意见》，地方对红色文化资源保护专门立法的初步实践，突显了红色文化资源保护的必要性与重要性，为红色文化资源应由谁保护、应该怎么保护、破坏由谁承担相应责任等的法律机制不断健全提供了可借鉴的范本。虽然，地方性法规或存在一定的缺陷与遗漏，对红色文化资源的保护不仅需要对可见的红色文化遗存进行保护、制定名录、设置标识等措施，而且更应充分体现对红色基因、红色精神的传承传播、创新发展，使红色文化资源朝着稳定性、可持续性、全面性保护利用弘扬的方向发展。

红色文化保护立法：现状与完善

——基于14个地方立法的实证研究

张西恒　江奕辉[*]

（上海政法学院）

摘要　红色文化保护立法是用好红色资源、讲好红色故事、搞好红色教育的必然要求。14部地方立法文本为加强红色文化保护立法的推进与完善提供了实证基础。当前红色文化保护立法集中反映了创制性立法、政府本位立法以及管理型立法的基本模式及相应不足。因此，需要基于红色文化保护的实践进行模式重构，即立法体系上出台中央立法，保护主体上从"政府本位"转向"全民参与"，立法功能上从管理型立法转向促进型立法，保护路径上从静态保护转向动态保护。在具体完善上，应当统一各地立法标准，明确红色文化保护法的保护对象的时间范围和形式范围；应当减少法律文本中"有关部门"等模糊语言的使用，增加红色文化保护立法语言的明确性，增强法的执行性；应当加强立法的针对性和问题导向性，结合各地红色文化的具体内涵和实践完善红色文化保护法，体现特色立法。

关键词　红色文化地方立法；法律保护；实证研究

---

* 张西恒，上海政法学院副教授、硕士生导师，法学博士，上海政法学院调解研究室主任；江奕辉，司法部调解理论研究与人才培训基地研究人员（上海政法学院）。

红色文化是指中国人民在中国共产党领导下，自五四运动以来经历新民主主义革命时期、社会主义革命和建设时期、改革开放和社会主义现代化建设新时期、中国特色社会主义新时代所创造和形成的，能够彰显当代价值的革命精神以及物质载体的总和，包括精神文化与物质文化。红色文化是社会主义先进文化的重要组成部分，是植根于我国社会主义伟大实践之中的。因此，进行爱国主义和革命传统教育，弘扬社会主义核心价值观，离不开对红色文化的传承弘扬和保护利用，正如2020年9月习近平总书记在视察郴州市汝城县沙洲瑶族村时所说“要用好这样的红色资源，讲好红色故事，搞好红色教育，让红色基因代代相传”①。但是，目前红色文化的保护情况并不乐观，红色文化受到历史虚无主义的冲击越来越强烈，尤其是近几年烈士被诋毁、英雄被亵渎等现象时有发生；与此同时，随着红色旅游的开展，不文明的旅游行为也给红色文化造成了许多难以估量的损害。红色文化保护与利用遭遇的种种困境，表明加强红色文化保护立法的推进与完善具有必要性。

自2015年《立法法》修改，将“历史文化保护”方面的立法权限下放至各设区的市的人民代表大会后，不少地方积极运用相关立法权限相继出台了关于红色文化保护的法律法规，对加强红色文化保护发挥了一定的积极作用，但也存在诸多问题。地方立法实践为我们总结经验，明晰不足，加强红色文化保护立法的推进与完善提供了素材与依据。

一　现有红色文化保护立法的梳理

截至2021年5月，笔者在法律法规数据库以及中国司法部法律法规数据库等法律法规检索平台，以“红色”“红色文化”以及“红色资源”等为关键词进行标题检索，共检索出14部关于红色文化保护的地方法律规范，具体如表1所示。

① 雷东瑞：《红色资源，习近平高度重视》，共产党员网，http://www.12371.cn/2021/04/02/ARTI1617363444248913.shtml。

表 1　**红色文化地方立法简表**

省/市	地方法规	地方行政规章
山西省	《山西省红色文化遗址保护利用条例》（2019）	
山东省	《山东省红色文化保护传承条例》（2020）	
贵阳市		《贵阳市红色文化遗址保护管理办法》（2016）
三明市		《三明市红色文化遗址保护管理办法》（2017）
龙岩市	《龙岩市红色文化遗存保护条例》（2017）	
吴忠市	《吴忠市红色文化遗址保护条例》（2017）	
固原市	《固原市红色文化遗址保护条例》（2019）	
长治市	《长治市红色文化遗址保护利用条例》（2020）	
宁德市	《宁德市红色文化遗存保护条例》（2020）	
临沂市	《临沂市红色文化保护与传承条例》（2020）	
汕尾市	《汕尾市革命老区红色资源保护条例》（2020年修订）	
梅州市	《梅州市红色资源保护条例》（2020）	
广元市	《广元市红色革命遗址遗迹保护条例》（2020）	
牡丹江市	《牡丹江市红色文化遗存保护利用条例》（2020）	

（一）立法主体的层级

14 部现行有效的关于红色文化利用与保护的法律法规共有 14 个不同的立法主体。立法主体的行政层级包括省和设区的市两级。其中，省级立法主体仅有山东省和山西省 2 个，占 14. 3%；市级立法主体包括贵阳市、三明市、龙岩市、吴忠市、固原市、长治市、宁德市、临沂市、汕尾市、梅州市、广元市以及牡丹江市 12 个，占 85. 7%（见图 1）。总体而言，当前的红色文化利用与保护条例的立法主体主要是设区的市在没有上位法的情况下制定的。

（二）立法时间

从立法时间上来看，第一部关于红色文化保护的地方立法是 2016

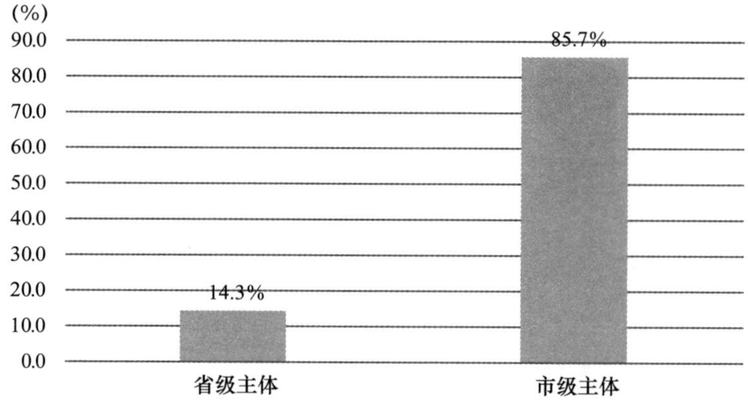

图1　立法主体层级

年出台的以地方行政规章的方式制定的《贵阳市红色文化遗址保护管理办法》。以立法时间为线索，可以看出2016年出台的红色文化利用与保护的地方立法，共1部；2017年，共计出台了3部；2018年，则没有相关的地方立法出台；2019年，共计出台了2部；而2020年共计出台了8部。从总体上来看，红色文化利用与保护的地方立法数量呈现上升趋势，在2020年达到了相关立法的高峰，出台的相关立法，占57.1%。这显示关于红色文化保护的地方立法越来越得到地方立法者的重视，成为地方立法的重点关注领域。

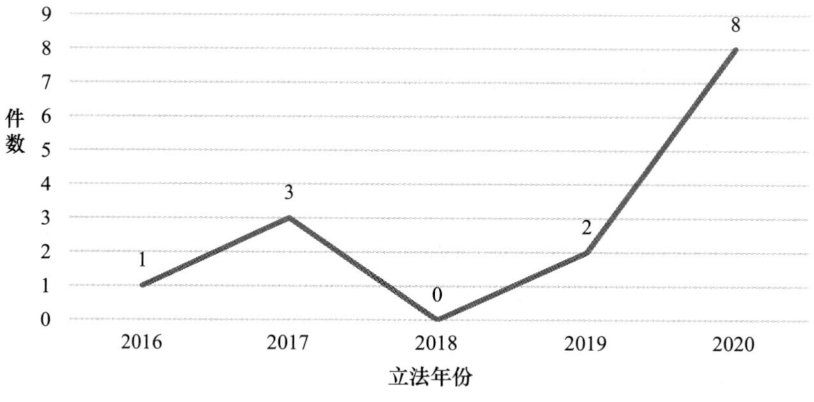

图2　立法时间

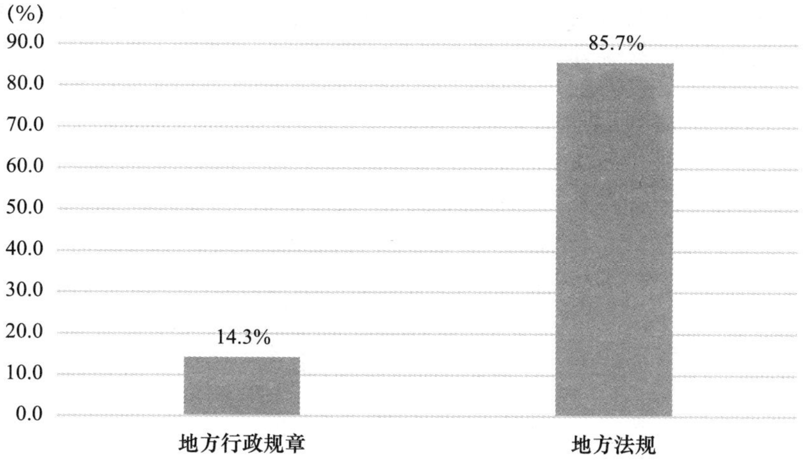

图 3　法律规范的性质

（三）法律规范的性质

从法律规范的性质来看，已经出台的 14 部地方法律法规，仅有 2 部属于地方政府出台的地方行政规章，且集中在 2016 年与 2017 年，占 14.7%，分别是于 2016 年出台的《贵阳市红色文化遗址保护管理办法》和 2017 年出台的《三明市红色文化遗址保护管理办法》；有 12 部是地方人民代表大会出台的地方法规，占 85.7%（见图 3）。从总体上看，关于红色文化保护的法律规范以地方法规为主，而以地方行政规章方式出台的仅存在于地方立法的早期。

（四）法律规范的名称

从法律规范的名称来看，现有的 14 部红色文化保护的法律规范，在名称上存在的差异较大，主要体现在对“红色文化”的具体表述上。其中，有 1 部地方法律规范，在名称中采用的是“红色革命遗址遗迹”，占 7.1%；有 2 部地方法律规范，在名称中采用的是“红色资源”，占 14.3%；有 2 部地方法律规范，在名称中直接采用的是“红色文化”，占 14.3%；有 3 部地方法律规范，在名称中采用的是“红色文化遗存”，占 21.4%；有 6 部地方法律规范，在名称中采用的是“红色文化遗址”，占 42.9%（见图 4）。从总体上来看，在现行有效的 14 部红色文化利用与保护的地方法律规范中，使用“红色文化遗址”作为名称的法律规范最多，在地方红色文化保护立法中具有代表性。

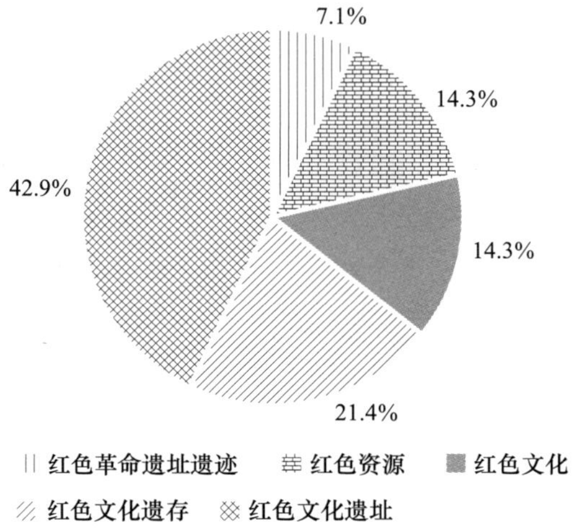

图4　法律规范的名称

（五）篇章结构

从篇章结构来看，对现有地方红色文化保护与利用的地方立法进行梳理，具体如表2所示。

表2　红色文化保护与利用地方立法的篇章结构

名称	篇章结构
《山西省红色文化遗址保护利用条例》（2019）	共六章三十八条，分别是总则、调查和认定、保护和管理、合理利用、法律责任和附则
《山东省红色文化保护传承条例》（2020）	共五章四十七条，分别是总则、保护和管理、传承和弘扬、法律责任和附则
《贵阳市红色文化遗址保护管理办法》（2016）	共三十一条，未区分章节
《三明市红色文化遗址保护管理办法》（2017）	共三十二条，未区分章节
《龙岩市红色文化遗存保护条例》（2017）	共六章四十一条，分别是总则、调查认定、保护管理、合理利用、法律责任和附则

续表

名称	篇章结构
《吴忠市红色文化遗址保护条例》（2017）	共五章四十二条，分别是总则、保护与管理、保护与利用、法律责任和附则
《固原市红色文化遗址保护条例》（2019）	共六章四十二条，分别是总则、申报认定、保护管理、合理利用、法律责任和附则
《长治市红色文化遗址保护利用条例》（2020）	共二十一条，未区分章节
《宁德市红色文化遗存保护条例》（2020）	共三十条，未区分章节
《临沂市红色文化保护与传承条例》（2020）	共五章五十六条，分别是总则、保存与保护、传承与弘扬、法律责任和附则
《汕尾市革命老区红色资源保护条例》（2020年修订）	共三十六条，未区分章节
《梅州市红色资源保护条例》（2020）	共六章四十四条，分别是总则、保护名录、保护与管理、传承与利用、法律责任和附则
《广元市红色革命遗址遗迹保护条例》（2020）	共六章四十一条，分别是总则、调查认定、保护管理、合理利用、法律责任和附则
《牡丹江市红色文化遗存保护利用条例》（2020）	共五章三十七条，分别是总则、保护管理、合理利用、法律责任和附则

从梳理的情况来看，现有的红色文化保护与利用的地方立法在篇幅上主要集中在30条至50条左右，而在篇章结构上则共有三种立法例。

具体从篇章结构上看第一种是没有进行篇章划分，主要是《贵阳市红色文化遗址保护管理办法》（2016）、《三明市红色文化遗址保护管理办法》（2017）、《长治市红色文化遗址保护利用条例》（2020）和《宁德市红色文化遗存保护条例》（2020）四部地方法律规范。第二种是将法律规范的内容划分为总则、保护管理、合理利用（传承与弘扬）、法律责任以及附则五个章节，主要是《山东省红色文化保护传承条例》（2020）、《牡丹江市红色文化遗存保护利用条例》（2020）、《临沂市红色文化保护与传承条例》（2020）以及《吴忠市红色文化遗址保护条例》（2017）四部法律规范。第三种是将法律规范的内容划分为总则、调查认定（保护名录）、保护管理、合理利用、法律责任和附则六个章节，分别是《山西省红色文化遗址保护利用条例》（2020）、《龙岩市红色文化遗存保护条例》

（2017）、《固原市红色文化遗址保护条例》（2019）、《梅州市红色资源保护条例》（2020）以及《广元市红色革命遗址遗迹保护条例》（2020）五部法律规范。总体而言，在现有的立法中采用六章结构的地方法律规范数量最多，而采用五章结构和六章结构的立法例的差别主要体现在是否将"调查认定"作为一个独立的章节进行设置。

二　当前红色文化保护立法的基本模式

从上文对现有的14部红色文化保护法的梳理中可以得出当前的红色文化保护立法呈现出的三个基本模式。首先，当下的红色文化保护法是各地在没有上位法的情况下，自主运用立法权根据本地的实际需要进行的立法，属于创制性立法模式。其次，当下的红色文化保护法强调以政府职责为立法的出发点，在法律文本中更多考虑为政府设置权力与义务，属于政府本位型立法模式。最后，当下红色文化保护法更注重对于红色文化保护领域内秩序的管理和维护，属于管理型立法模式。

（一）创制性立法

创制性立法是立法学范畴上，根据立法的目的对地方立法的分类，在我国2015年新修订的《立法法》的第73条也有明确的界定，即"除本法第八条规定的事项外，其他事项国家尚未制定法律或者行政法规的，省、自治区、直辖市和设区的市、自治州根据本地方的具体情况和实际需要，可以先制定地方性法规"①。也就是说，"创制性立法是指享有地方立法权的国家机关，为了弥补法律、行政法规等上位法的空白或不足，解决地方出现的具体问题或满足某种需求，就不存在上位法或上位法尚未规定的事项，运用自主立法权制定地方性法规或政府规章，创制新的权利义务规范的活动"②，而与其相对的概念是执行性立法。执行性立法是指在有上位法的情况下，立法者为了更具体地执行上位法，而

① 《中华人民共和国立法法》第73条。

② 曹瀚予：《地方创制性立法研究》，博士学位论文，山东大学，2021年。

针对上位法的细化和补充。

从当前我国的红色文化保护立法来看，我国并没有一个关于红色文化保护的中央立法。所以，当前各地出台的红色文化保护法是在没有上位法的前提下，各地为了填补本地区红色文化保护领域的法律资源空白而制定的法律规范。那么，各地出台的红色文化保护法也就自然属于创制性立法。

（二）政府本位型立法

政府本位型立法是各地红色文化保护法的另一个鲜明属性。在当前各地出台的红色文化保护法中，立法者主要是从政府职责的角度出发去看待红色文化保护，将红色文化保护作为政府的“私事”，在红色文化保护法中大量设置政府职责，意欲通过政府的行政行为保护红色文化。因此，为政府设置权力与责任也就成了红色文化保护法的主旋律。以《龙岩市红色文化遗存保护条例》为例，在41条的立法全文中仅有4个法条的义务主体是普通法人和个人，仅占全文的10%左右，其余90%的条文则是对政府的相关部门的关于红色文化保护工作的责任划分，这也就使得其更像是政府内部的工作方案。

各地的立法者将政府的权力与责任作为立法的主旋律在当下的法治环境中具有一定必然性。一方面，从表面上看，各地关于红色文化保护的立法权，是来自《立法法》修订后中央赋予各地的关于“历史文化”事项的立法权，但从根本上而言，其权力是来源于《宪法》中对政府关于文化事业促进职责的规定。并且，红色文化作为我国执政党在革命年代以及和平建设时期形成的一种特殊性质的文化，其本身也与政府密不可分。另一方面，文化保护行业的发展规律也和其他市场领域的发展规律存在本质差异。在市场经济条件下，基于社会主体追求盈利的特性，导致其并不愿意在公共领域内的文化行业投入过多，也就使得红色文化保护的责任自然而然地落到了政府的肩上。

（三）管理型立法

管理型立法是指将法律的主要功能和目的定位为对相关领域秩序的

管理，通过政府调控、管理的手段对社会生活中的经济、文化以及教育等各个领域进行干涉，建立和维护相关领域的秩序。在上文梳理的14部红色文化保护法中，区分章节的9部立法中有8部都直接设置了“保护管理”章节（或采用与之相似的名称），未区分章节的5部立法也在法条中设置了大量的管理性条款，体现出极强的制度建构性，他们都将立法资源投入到红色文化的“调查—认定—保护—管理—利用—责任”的整个制度体系。如《长治市红色文化遗址保护利用条例》直接规定了“本市行政区域内红色文化遗址的调查、认定、保护、管理和利用，适用本条例”①，显示了鲜明的管理型立法的特点。在这种立法模式下，立法者将政府作为管理的主体，红色文化资源作为被管理的对象，强调对红色文化资源的控制，并为管理主体设置禁止性目标，以保证红色文化保护的目的得以实现。

三 红色文化保护立法的模式重构

从宏观视角观察，当前红色文化保护法的立法模式与红色文化保护实践并不相匹配，甚至在某种意义上存在脱节，并不能为红色文化保护提供充足的制度供给。基于红色文化保护的实践考察，对当下的红色文化保护法立法模式进行重构，是使红色文化保护法成为良法的必要前提。

（一）立法体系：出台中央立法

当前我国中央立法中并没有关于红色文化保护的专门法。从法律（狭义的法律，仅指由全国人民代表大会及其常务委员会制定的法律规范）的层面来看，与之相关的立法主要有《公共文化服务保障法》《非物质文化遗产法》《文物保护法》《档案法》以及《英雄烈士保护法》等法律。其次从国务院制定的行政规章层面来看，对于红色文化保护的行政规章主要有《历史文化名城名镇名村保护条例》以及《公共文化服务保障条例》等。

---

① 《长治市红色文化遗址保护利用条例》第2条。

在这种情况下，各地出台的红色文化保护法也就自然地具有了上文所述的创制性立法的特征。创制性立法在没有上位法的基础上，由各地立法主体先行先试，根据本地的实际需要而进行立法，其本身具有实验或试错的意味，在一定程度上为上位法和其他地方法律规范的制定积累宝贵经验，具有一定的价值。但是，也自然就导致在没有上位法的前提下，各地囿于立法资源的限制、立法能力的不足致使目前各地方红色文化保护立法在制定过程中出现立法进程缓慢、标准不统一、质量参差不齐、发展不够均衡等问题，与海量的红色文化遗产相比，红色文化立法无论是在数量、广度还是深度上都有明显不足。[①]

而且，由于法律体系并不完善导致上位法和基本法的缺位，致使现有的地方立法将大量的立法资源投入对基本概念、基本原则的制定之中，占据消耗了大量的立法资源。一是，使得各地立法忽视了红色文化保护领域的新问题、新现象。二是，导致应该是以特色为导向的地方立法，无法充分结合自身的特色进行立法，进而导致现有的地方立法互相重复，同质化严重。也与我国现行的“一元多级”的立法体制并不相称，法律体系的不完善和缺乏上位法与基本法的依据，在很大程度上妨碍了我国的红色文化的保护与利用。

同时，从当前我国对红色文化保护的需求和形势来看，全国各地都已经出现了对红色文化保护法的需求，红色文化保护也已经不是局限于某地的特殊需要了。况且，红色文化保护的具体样态虽然可以因地制宜，但是其产生的共性问题却需要中央立法提供解决方案。因此，出台中央层面的红色文化保护法，加强红色文化领域的法治供给，将各地立法机关并不富裕的立法资源从解决红色文化保护领域的基本定义等问题中解放出来，投入到实践中产生的具体问题中去，突出保护重点，形成分层分类分级的保护机制，使得红色文化得以充分保护。

（二）保护主体：从政府本位转向全民参与

正如上文所述，我国现有的红色文化保护法，更多的是从政府职责

① 参见邓凌月《加强红色文化遗产保护地方立法研究》，《理论学刊》2018 年第 4 期。

视角出发，以政府为本位，在法律文本中更多地强调相应政府部门的职责，而忽视了对其他社会主体的关注，因此使得其从实质上来看更像是一份政府的工作方案。

诚然我国各级政府是红色文化保护首要的责任人，但是红色文化保护却不仅仅是各级政府的责任，也更是社会各个主体的责任，在保护的过程中也更需要全社会全民的参与。诚如单霁翔所言“每一处文化遗产的兴衰，都应和民众的利益息息相关，都应牵动着千家万户。只有大量当地民众积极投入到维护自己的文化遗产的事业之中，才能变‘少数的抗争’为‘共同的努力’，文化遗产保护事业才能取得实效”①，这一点在红色文化保护中更应得到重视。

红色文化虽然是中国共产党带领中国人民在革命年代、和平建设时期以及改革开放以来形成，是中国各阶级社会主体共同拥有的宝贵财富。但是随着时间的推移，有些红色文化已经慢慢地远离人们的视野，失去了其生存的土壤，人们对于红色文化的内涵已经难以理解。最为典型的表现就是前几年对黄继光、董存瑞等英烈的质疑，怀疑其事迹的真实性，更有甚者公然通过互联网散布谣言侮辱英烈。在这种环境下，人们对红色文化的内涵产生了质疑，与红色文化产生了疏离。此时，强调政府单方面的保护也仅仅只能是保护红色文化的“形”，而无法保护红色文化资源的“神”，而且政府的单方面保护还会起到刺激效应，引起人们的逆反心理，使得最后关于红色文化的保护效果事半功倍。

因此，如何激发人们对红色文化发自内心的认同，重新找回红色文化生存的土壤才是当下立法者应该关注的问题。那么，在红色文化立法的过程中，立法者就应该主动引导人民群众参与立法、融入立法，将立法本身作为一种宣传红色文化的契机，避免出现“闭门立法”“专家立法”。以此，使得人们认识到红色文化保护事业的重要作用，使他们明白家乡的红色文化之于全国革命、建设以及改革开放的重要意义，让他们发自内心地产生自豪感，使其自觉地成为家乡红色资源的守卫者。并且，立法者应当在立法中考虑到社会主体参与红色文化保护的可能性，为多元社会主体参

① 单霁翔：《城市文化遗产保护与文化城市建设》，《城市规划》2007 年第 5 期。

与红色文化保护留下路径，促进更多的社会主体融入红色文化保护当中，使得红色文化保护法从“政府本位”转向“全民参与”。

（三）立法功能：从管理型立法转向促进型立法

促进型立法是与管理型立法相对应的一种立法模式，两者的差异主要体现在立法的目的上。管理型立法模式对所要调整的对象以“管理”为目的，并且多使用“限制与禁止”手段，而促进型立法对所要调整的对象则以“促进”为目的，主要是采用“鼓励与促进”手段。诚然，这两种立法目的与调整方式在任何一部法律规范中都会出现，不可能完全割裂，但是两者占据比例的不同是促进型立法与管理型立法的分野。

基于计划经济时代的遗风，管理型立法在改革开放的前期占据十分重要的地位，但是随着改革开放的日渐深化，市场经济的日渐成熟，在面对一些发展薄弱、涉及公共利益抑或个人自由的领域，管理型立法逐渐“失灵”。此时为了促进和推动基础薄弱领域的发展，促进型立法应运而生，国家往往扮演循循善诱的引导者去培育相关市场。①

基于红色文化保护的特殊属性，传统的管理型立法手段自然无法满足该领域的实际需要。因此在这种情况下，红色文化保护法的立法者，应当摆脱传统立法模式的惯性，在红色文化保护法中调整“促进与鼓励”手段和“限制与禁止”手段的占比，将立法重心放置于“促进与鼓励”上。

具体而言，立法者应当在红色文化保护法中加入各种奖励与优惠制度，一方面是加大精神奖励，例如设置相关荣誉称号，定期评选，并通过当地公开发行的报纸等方式公开表彰，以期在社会上形成一种积极的红色文化保护氛围，改变以往的刻板宣传模式。另一方面则是物质奖励与优惠，对获得荣誉称号，或是做出突出贡献的个人与单位，给予财政优惠（如财政补贴、专项转移支付）、税收优惠（如税收减免）、金钱奖励等。通过上述“软法”的方式调动人们的积极性，使得人们主动地参与红色文化的保护之中。同时，在对社会公众采用“促进与鼓励”手段的同时，也应当对相关负有义务的单位设置责任，以此督促它们及时

① 陈昶屹：《论“促进型立法”的形成背景》，《北京行政学院学报》2005年第1期。

履行“促进与鼓励”的义务，使红色文化保护进入良性循环。

（四）保护路径：从静态保护转向动态保护

所谓静态保护是指主要采用限制性的保护措施，以保护文化资源的历史原貌为直接目的，以禁止对文化资源历史原貌的破坏为主要方法。与之相对应的动态保护是指在保护的过程中强调持续性“将历史—现状—未来联系起来加以考察，使之处于最优化状态”①。

从我国目前各地的红色文化保护法来看，各地立法中对红色文化保护的模式，主要是选用了静态保护。以《山东省红色文化保护传承条例》为例，其明确构建了以第19条为核心的禁止性规范群，采取列举的方式表明不得在红色文化单位保护范围从事的事项。这种面向历史的静态保护路径，保护手段较为单一，着重强调对红色文化的形式保护，将其变成一个个孤零零的遗址、遗迹或是博物馆，忽视了文化是蕴含在人民生活中的特性，也与红色文化保护的目的并不相符。红色文化保护最根本的目的是使红色文化在新时代重新焕发生机，以此指引我们实现中华民族的伟大复兴，因此红色文化保护是具有鲜明未来指向的，而这是面向历史的静态保护所不能涵盖的。因此立法者，在进行红色文化立法的时候，必须将目光从静止的过去转向发展的未来，将静态保护理念转为动态保护理念，而不仅仅局限于对红色文化历史原貌的保护，立法者应该积极推动新时代的文化元素与红色文化相融合，在立法中构建红色文化产业的法律规范制度，为红色文化产业提供充足的法律供给，依托文化创意产业，鼓励红色文化保护单位运用话剧、电影、游戏以及旅游展现红色文化，促进社会主体利用动画与游戏产业、文博产业等新兴文化产业形式参与红色文化弘扬，以此构建红色文化在新时代的新面貌。

四　红色文化保护立法的具体完善

（一）统一保护对象的范围

保护对象的范围是红色文化保护立法的基础，更是核心问题，对红

---

① 参见郑利军《历史街区的动态保护研究》，博士学位论文，天津大学，2004年。

色文化的保护起着导向性作用。各地出台的红色文化保护法虽然都对保护对象进行了规定，但是对界定保护对象的范围却标准不一，这也直接体现在目前千差万别的红色文化保护法的名称之中，致使红色文化保护法出现了一定程度的混乱。具体来说，关于界定保护对象的范围的差异主要体现在时间范围和形式范围两个层面。

1. 时间范围

保护对象的时间范围是指红色文化所涵盖的具体时间范围。具体而言现有的立法例对红色文化的时间范围界定主要存在以下两种不同的界定方式，一种是将保护对象的时间范围局限于新民主主义革命时期，这种界定标准是目前地方立法中的主流界定方法。在 14 部地方立法中《固原市红色文化遗址保护条例》《广元市红色革命遗址遗迹保护条例》《梅州市红色资源保护条例》《牡丹江市红色文化遗存保护利用条例》《宁德市红色文化遗存保护条例》《三明市红色文化遗址保护管理办法》《汕尾市革命老区红色资源保护条例》以及《山西省红色文化遗址保护利用条例》等 10 部法律规范采用这种界定方式，占 71.4%。第二种则是将保护对象的时间范围界定为自新民主主义革命时期以来至今，在现有的 14 部立法中只有《临沂市红色文化保护与传承条例》《山东省红色文化保护传承条例》《吴忠市红色文化遗址保护条例》以及《贵阳市红色文化遗址保护管理办法》4 部地方立法采用这种界定方式，占 28.6%。

上述的这种分歧带来的混乱在吴忠市和固原市这两个城市格外引人注意，它们不仅同属于宁夏回族自治区的地级市，而且在法律规范的名称上都同时使用“红色文化遗址”一词，但是在对保护对象的时间范围的界定标准上却采用了截然相反的态度，《固原市红色文化遗址保护条例》的第 3 条将保护对象的时间范围限于新民主主义革命时期[①]，而《吴忠市红色文化遗址保护条例》第 3 条则将时间范围扩张至新民主主义革命以来至今。[②] 不难想象，假如在这两个城市之间发生红色文化保护的协调工作，那么相关工作人员无疑会出现“沟通障碍”。这种差异

① 《固原市红色文化遗址保护条例》第 3 条。

② 《吴忠市红色文化遗址保护条例》第 3 条。

无疑是给红色文化保护实践带来了消极影响，体现了当前的红色文化保护地方立法的混乱和矛盾。

因此明确保护对象的时间范围，是红色文化保护首先要解决的问题。在上述的两种不同界定方式中，将保护对象的时间范围明确为从新民主主义革命时期以来至今，中国共产党领导全国人民革命、改革以及建设的各个阶段的界定方式更具有合理性，也更符合对于红色文化的保护实践。因为文化是一种连续性的存在，连续性决定了文化具有一种跨时间的一致性，使得它在不同的时间段内具有高度的同一性。[①] 而红色文化的跨时间一致性来源就是"红色"，"红色"是中国共产党的底色，中国共产党自新民主主义革命以来就领导中国人民革命、改革与建设。虽然在这长达100年的时间内，具体的革命、改革和建设的方式、具体内容有所变化，但是中国共产党全心全意为人民服务的宗旨不曾发生过丝毫变化，这也是红色文化不变的精神内核。因此，无论是新民主主义革命时期的"五四精神""井冈山精神""延安精神"，还是和平建设和改革开放时期的"雷锋精神"以及"抗洪精神"等都属于红色文化。

2. 形式范围

保护对象的形式范围是指对红色文化的具体表现形式的界定，具体而言保护对象的具体形式是实物、遗址还是精神文化，抑或是三者兼备。在这个问题上，当前的立法主要体现出以下三种选择。

第一种是将保护对象的具体形态仅仅局限于遗址，即将保护范围局限于旧址、遗迹以及纪念设施等，在14部地方立法中采用这种界定方式的主要有《三明市红色文化遗址保护管理办法》《山西省红色文化遗址保护利用条例》《长治市红色文化遗址保护利用条例》《贵阳市红色文化遗址保护管理办法》以及《吴忠市红色文化遗址保护条例》5部法律规范。

第二种是将保护对象的具体形态扩展至整个物质范畴，即在旧址、遗迹和纪念设施的基础上加入实物和文献资料等作为保护对象，在现有的14部地方立法中采用这种方式的有《固原市红色文化遗址保护条例》《龙岩市红色文化遗存保护条例》《广元市红色革命遗址遗迹保护条例》

---

① ［美］爱德华·希尔斯：《论传统》，傅铿等译，上海人民出版社2014年版，第134页。

《梅州市红色资源保护条例》《牡丹江市红色文化遗存保护利用条例》《宁德市红色文化遗存保护条例》以及《汕尾市革命老区红色资源保护条例》7 部法律规范。

第三种是将精神文化也加入保护对象之中，采用这种立法例的主要集中在山东省，即《山东省红色文化保护传承条例》和《临沂市红色文化保护与传承条例》这 2 部地方法律规范，其中《临沂市红色文化保护与传承条例》的第 2 条第 2 款中更是直接明确红色文化的具体形式包括了“以水乳交融、生死与共为核心特质的沂蒙精神”[①]。

结合红色文化保护的实践来看，将保护对象的形式范围涵盖遗址、遗迹以及精神是最为合理的。当前大多的地方立法是将保护对象的具体形式限于物质形态，但是这种保护范围是没有办法满足当前红色文化的实际需要的。这是因为文化是物质和精神的总和，物质是精神的载体，而精神才是文化的实质内核，因此对于精神层面的保护是红色文化保护的应有之义，并且我国也已经有了《非物质文化遗产法》这样比较成熟的对非物质文化保护的法律规范。在这个基础上，将红色精神作为红色文化保护的具体内涵也自然顺理成章。

（二）增加法的可执行性

法的可执行性是评价立法的重要维度。诚如法谚语所说“法律的生命在于实施”，而实施的重要前提之一，就在于法律必须具有可执行性，否则必将被束之高阁。随着我国立法技术的日益完善，对于法律的可执行性要求也不断提高，这也就导致粗放式立法必然被淘汰。同时，对于法律可执行性的要求，也被写入了 2015 年新修订的《立法法》之中。在新的《立法法》的第 6 条的第 2 款中明确规定“法律规范应当明确、具体，具有针对性和可执行性。”[②]

增强法律的可执行性，首要的是增加立法语言的明确性，立法语言的明确与否是法律的可执行性的重要维度。法律语言的规范使用可以减少法律条文中语言文字的歧义和错误，对于提高法律条文的准确性和明

---

① 《临沂市红色文化保护与传承条例》第 2 条第 2 款。

② 《中华人民共和国立法法》第 6 条第 2 款。

确性具有重要意义。[①] 反之，如果立法语言使用的是模糊的、含混的词语，那么在具体实施的过程中，执行者就会对法律出现误解，造成执行中的混乱，甚至会造成法律被搁置。

以法律文本中使用的语言确定性为观察视角，对现有的立法进行检视，不难发现现有的14部地方立法在一定程度上都存在法律语言模糊问题。以“有关部门”一词为例对现有立法进行检索，检索结果具体如图5所示。

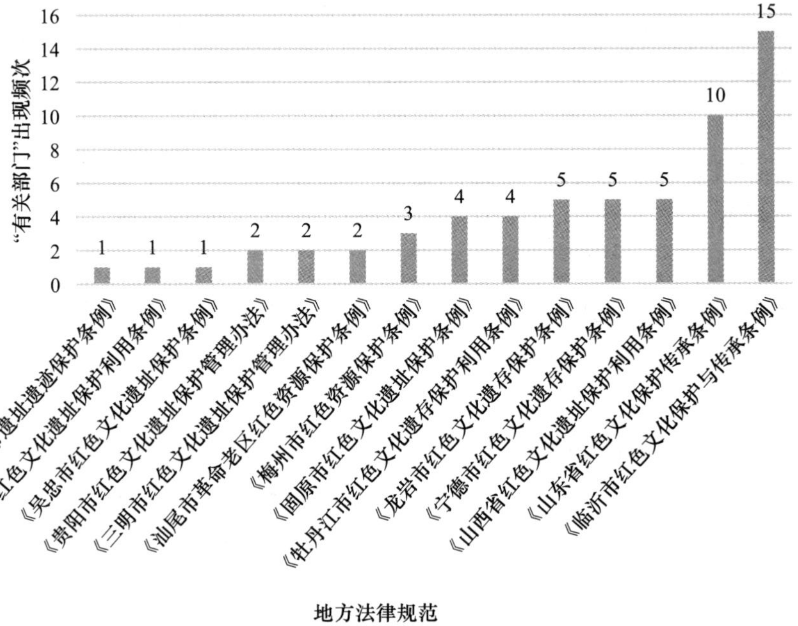

图5　“有关部门”在14部地方法律规范中出现的频次

从总体上来看，“有关部门”这一模糊的表达在14部现有立法中全部出现，其中以《临沂市红色文化保护与传承条例》使用“有关部门”这一词语次数最多，达到15次，出现这一词语的条文共计14条，而该条例全文仅56条，也就意味着仅仅因为“有关部门”一词而造成缺乏

① 武志：《法律规范可执行性的理论诠释与实现路径》，《长春理工大学学报》（社会科学版）2019年第12期。

可执行性的模糊条文就占该条例的25%。立法者使用“有关部门”这种模糊的立法表达，虽然在立法过程中为立法者减轻了工作量，但在实际适用法律的过程中，就会导致责任部门缺位，分工不清以及互相扯皮的现象出现，极有可能导致“九龙治水”的现象出现。

关于立法语言的使用，全国人大法工委分别在2009年和2011年下发了《立法技术规范（试行）》（一）和《立法技术规范（试行）》（二）。这两份文件针对全国立法工作中经常遇到的立法问题进行了整理，主要对法律条文的表述、法律常用词等做出明确的规定，重点分析了现行法律中涉及立法技术方面的条文和语词，总结梳理语言文字专家在审校法律草案过程中提出的有关语言文字方面的立法技术问题，但是各地在立法的过程中往往会忽视这两份文件。因此各地立法的时候首先就应该组织从事立法的工作人员对全国人大法工委出台的《立法技术规范（试行）》等规范立法技术的文件进行学习，并运用相关立法技术解决立法中出现的语言问题，减少法律条文的模糊性，将现有红色文化保护法中的“有关部门”“做好”等模糊表达祛除，以此增加法的可执行性。

（三）增强地方立法特色

“有特色”是地方立法的基本原则之一。地方立法的特色原则来自对地方立法能够实事求是、因地制宜地解决本地区出现的问题的要求。在评价立法质量时，地方立法是否具有特色也是重要的评价标准。从上文的分析来看，目前各地的红色文化保护法“千篇一律”，立法体例相互模仿、部分条文相互抄袭，忽视地方红色文化保护的具体问题，与各地红色文化保护的实践相脱节。

增强红色文化保护地方特色立法，应当从以下两个方面进行。一是提高立法的针对性，结合各地实际蕴含的红色文化进行立法。从红色文化的具体内涵和特征来看，红色文化在我国的各地体现的具体样态并不相同，例如在江西井冈山地区表现出的是在土地革命战争时期形成的“井冈山精神”，而在陕西延安地区表现出的则是在抗日战争中形成的“延安精神”，在和平建设时期也形成了“雷锋精神”“载人航天精神”等新时代的红色文化。根据红色文化这一特点，也就自然而然地要求各地在进行红色文化立法保护时，要根据当地具体的红色文化的表现形式和具体特征，制定具有特色的法律规范。例如，对于以红色遗存为主要载体的红色文化，应当增加对遗存的管理规范，根据遗存的存在位置、环境以及特点，规划其与周围社区的关系，因地制宜地保护。而对以具体人物事迹为载体的红色文化，则应当通过立法促进相关文化产业的繁荣，结合电影、话剧等具体艺术形式使其鲜活生动地呈现在人们的面前。二是以问题为导向进行立法，在红色文化保护法制定的过程中，一定要通过问卷调查，实际走访等形式的立法技术对本地红色文化保护领域出现的具体问题进行规范，这样才能保证红色文化保护法是有的放矢，而不是流于“宣传”。

五 结语

红色文化是中国共产党领导中国人民在近百年的奋斗的过程中形成的优秀文化，这种优秀的先进文化在过去的一百年中为中国人民战胜帝国主义、封建主义、和平建设国家以及改革开放等奋斗历程提供了巨大的精神力量，在将来也是中国人民努力奋斗实现中华民族伟大复新的精神支柱。保护与利用红色文化不仅是对中国共产党本身具有重要意义，对于中华民族和全体中国人民也具有十分重要的意义。但是，当下随着历史虚无主义和文化虚无主义等思潮的侵蚀，对英雄烈士、革命先驱的侮辱和诋毁屡见不鲜，红色文化的生存状态面临严重的危机。同时，随着红色旅游的展开，红色文化遗存也不断受到不文明的旅游行为的破坏。因此构建一套涵盖中央—省（直辖市、自治区）—设区的市三个层面的法律体系，为红色文化保护事业供应充足的法治资源，是当前红色文化保护事业对于法治的呼唤。

通过上文对当前 14 部红色文化的地方立法的梳理，可以看出我国红色文化保护法完成从“无”到“有”的转变，红色文化保护进入到了有法可依的时代，但是这些法规和红色文化保护的实际需要尚有差距。因此，进一步推动红色文化保护法从“有”向“精”的转化，织密红色文化保护的法制网络是下一步立法工作的中心任务。

全面依法治国背景下红色遗址保护地方立法：价值意蕴、现实困境和优化向度

曾哲彪*

（湘潭大学法学院）

摘要　红色遗址是红色革命文化和红色革命精神的重要载体，随着全面依法治国的不断推进，建设社会主义文化强国战略的实施对红色遗址保护地方立法提出了新的时代要求，红色遗址保护地方立法基于深化改革、完善法制、德法并进的理念也成为支持全面依法治国战略的重要保障，而当前我国红色遗址保护地方立法仍然存在法治意识滞后、权责划分混乱、保护方式粗放等问题。因此，应当从强化法治理念、明确各方权责、规范保护方式三方面入手完善红色遗址保护地方立法工作，加快推动实现我国社会主义文化强国建设的目标。

关键词　依法治国；红色遗址；保护；地方立法

引　言

党的十八届四中全会通过的《中共中央关于全面推进依法治国若干重大问题的决定》明确指出，法治是新时代我们党治国理政的基本方式，要实现国家治理体系和治理能力现代化就必须全面推进依法治国。

---

* 曾哲彪，湘潭大学法学院硕士研究生。

自党中央提出全面推进依法治国重要战略以来，全国人大贯彻落实中央决策部署，十二届全国人大三次会议通过了《关于修改〈中华人民共和国立法法〉的决定》，进一步拓宽了地方立法权的主体，赋予了所有设区的市在历史文化保护等三个方面的立法权。虽然新《立法法》实施后，各地在“不抵触、有特色、可操作”的原则上加快了红色遗址地方立法保护的步伐，但红色遗址保护的效果却收效甚微。究其原因，是由于新的历史时期推进社会主义文化强国建设对红色遗址地方立法保护提出了新的更高要求，当前的各地红色遗址地方立法保护的模式无法满足立法科学化、产业市场化、监管多元化的现实需要。因此，在全面推进依法治国背景下，挖掘红色遗址地方立法保护的价值意蕴，探究红色遗址地方立法保护的现实困境，优化红色遗址地方立法保护的模式对于贯彻落实习近平总书记“利用红色资源、发扬红色传统、传承红色基因”重要指示具有重要的历史和现实意义。

一　全面依法治国与红色遗址保护地方立法的逻辑演进

（一）红色遗址保护地方立法与全面依法治国的目标任务高度一致

《中共中央关于全面推进依法治国若干重大问题的决定》指出“全面推进依法治国总目标是建设中国特色社会主义法治体系，建设社会主义法治国家，这就是，在中国共产党领导下，坚持中国特色社会主义制度，贯彻中国特色社会主义法治理论，形成完备的法律规范体系、高效的法治实施体系、严密的法治监督体系、有力的法治保障体系，形成完善的党内法规体系，坚持依法治国、依法执政、依法行政共同推进，坚持法治国家、法治政府、法治社会一体建设，实现科学立法、严格执法、公正司法、全民守法，促进国家治理体系和治理能力现代化。”① 故而，全面依法治国的目标任务就是在坚持依法治国、依法执政、依法行政协同推进和法治国家、法治政府、法治社会一体建设的基础之上，促

① 《中共中央关于全面推进依法治国若干重大问题的决定》，《中国法学》2014 年第 6 期。

成“科学立法、严格执法、公正司法、全民守法”四大局面。而红色遗址保护地方立法的目标任务，就是各设区的市依据《宪法》《立法法》等上位法，在“不抵触、有特色、可操作”的原则上立足于当地特殊情况，加快推进红色遗址保护的法制建设步伐，充分发挥红色遗址保护地方立法的能动性和针对性，进行创新性、试验性立法，进一步加强对红色遗址的开发与保护，实现改革决策和立法相衔接。概言之，红色遗址保护地方立法的目标任务与全面依法治国的目标任务高度一致，都竭力于实现法律规范的体系化、法治实施的高效化、法治监督的严密化和法治保障的有力化，努力实现“科学立法、严格执法、公正司法、全民守法”的法治局面。

（二）红色遗址保护地方立法是实现全面依法治国的重要组成部分

《中共中央关于全面推进依法治国若干重大问题的决定》不仅指出了全面依法治国的目标任务是建设中国特色社会主义法治体系和建设社会主义法治国家，而且还明确了实现这一目标任务的指导思想和具体工作内容。即：在中国特色社会主义法治理论的指导下，形成“完备的法律规范体系、高效的法治实施体系、严密的法治监督体系、有力的法治保障体系以及完善的党内法规体系”五大体系。其中，置于五大体系之首的是“形成完备的法律规范体系”。不难得出，“形成完备的法律规范体系”是实现“五大体系”统筹推进的前提和基础。虽然时任全国人大常委会委员长吴邦国在十一届全国人大四次会议第二次全体会议上宣布，中国特色社会主义法律体系已经形成，但是法律体系的形成并不意味着法律规范体系已经完备。① 实际上，我国法律规范体系中还存在诸多空白之处，部分领域还存在无法可依的情况。尤其是在文化、社会生活等较为特殊的领域，由于我国幅员辽阔，地域差异较大，国家层面统一进行立法难以满足不同地区之间文化和社会生活等领域的特殊性和差异性，这就决定了地方立法能在诸如红色文化、红色遗址保护等方面

① 张文显：《全面推进依法治国的伟大纲领——对十八届四中全会精神的认知与解读》，《法制与社会发展》2015 年第 1 期。

具备更多的灵活性和可能性。简言之，地方立法可以对我国文化、生活等特殊领域的法律规范起到“拾遗补缺”以及补充、延伸、细化的作用。在新的历史时期，地方立法作为国家立法体制的重要组成部分，将在完善中国特色社会主义法律体系，全面推进依法治国，形成完备的法律规范体系的历史进程中扮演十分重要的角色。

（三）红色遗址保护地方立法为实现全面依法治国注入精神之内核

除了目标任务和具体工作内容，《中共中央关于全面推进依法治国若干重大问题的决定》还强调全面推进依法治国必须坚持依法治国和以德治国相结合的原则。全会指出“国家和社会治理需要法律和道德共同发挥作用。必须坚持一手抓法治、一手抓德治，大力弘扬社会主义核心价值观，弘扬中华传统美德，培育社会公德、职业道德、家庭美德、个人品德，既重视发挥法律的规范作用，又重视发挥道德的教化作用，以法治体现道德理念、强化法律对道德建设的促进作用，以道德滋养法治精神、强化道德对法治文化的支撑作用，实现法律和道德相辅相成、法治和德治相得益彰。”① 而红色遗址作为中国共产党和中国人民、改革和社会主义建设的重要足迹，是中国共产党人团结带领中国各族人民在实现民族解放与国家独立以及建设新中国的历史实践过程中所形成的，承载着丰厚共产主义精神和红色文化的载体，凝结了中国共产党百年的光荣历史。红色遗址中所积淀的宝贵红色文化不仅是社会主义核心价值的思想源泉，更是推动中华民族伟大复兴的精神动力，蕴含了中国特色社会主义的治国理论、民族精神和制度文化，具有极强的内涵与教育意义。习近平总书记也多次强调，历史是最好的教科书。学习党史、国史，是坚持和发展中国特色社会主义、把党和国家各项事业继续推向前进的必修课。这门功课不仅必修，而且必须修好。申言之，加强红色遗址保护地方立法对于社会主义精神文明建设和全员素质的综合提升具有至关重要的作用，能够为实现全面依法治国提供内在保障。

---

① 习近平：《中共中央关于全面推进依法治国若干重大问题的决定》，《中国法学》2014 年第 6 期。

二 全面依法治国背景下红色遗址保护地方立法的意蕴价值

习近平总书记指出：法律是治国之重器，良法是善治的前提。① 由此，全面依法治国背景下，红色遗址保护法治化以其法制化为前提和基础，而其法制化，以立法需求为导引和依归。红色遗址保护地方法制的增进并不仅仅是法律规范数量规模和涵射范围的扩张，而且是对红色遗址保护法价值的彰显、法规范的融贯、法体系的完善以及法效力的强化。尤其是在全球化、信息化的当下，利益冲突和思想碰撞进一步加剧，完善红色遗址保护地方立法对于提升国家“软实力”，建设社会主义现代化强国有相当之助益。

（一）国家层面：契合国家文化领域立法体制的改革逻辑

文化是一个国家、一个民族的灵魂。在全面依法治国背景下，文化自信的塑造、文化活力的迸发、文化前景的开拓都离不开法制的引导、保障和推动。党的十八大以来，习近平总书记对加强文化领域立法工作做出了一系列重要指示，提出了文化领域改革的新定位、新方向和新要求，强调“要加强重点领域立法，坚持立法先行，坚持‘立、改、废、释’并举，加快完善法律、行政法规、地方性法规体系”②，这都为文化领域立法提供了立法原则和根本遵循。目前，国家层面的文化立法已经取得了重大进展和突出性成果，先后形成了《文物保护法》《公共文化服务保障法》《旅游法》等多部相关法律。但是应当看到，国家层面的文化立法存在许多固有缺陷，盲点较多，现有法律的内容比较单一片面，更为偏重于文化行政管理和宏观政策指导两方面，涉及红色遗址的发展和保护的内容较少，难以完整涵盖红色文化和红色遗址发展与保护的需求，有明显的局限性，此外，从现有立法的系统性上看，操作性和

① 习近平：《关于〈中共中央关于全面推进依法治国若干重大问题的决定〉的说明》，《求是》2014 年第 4 期。

② 习近平：《加快建设社会主义法治国家》，《求是》2015 年第 1 期。

针对性都比较欠缺，与新形势下的地方红色文化遗址保护、管理、发展要求不匹配。我国红色遗址种类繁多，分布广泛，各具特色，并且地区文化的差异性明显。针对这些不同类型、不同文化、社会环境的红色遗址，各个地区的保护方式必然会有所差异，国家层面的文化立法难以有效涵盖，致使红色遗址保护地方立法具备更广阔的空间和前所未有的机遇。2015 年 3 月，十二届全国人大三次会议通过了关于修改《立法法》的决定，赋予了所有设区的市在城乡建设与管理、环境保护、历史文化保护三个方面的地方立法权，将享有地方立法权的主体由原有 31 个省（区、市）和 49 个较大市，扩张到 273 个设区的市或自治州。《立法法》的修改将党和国家在文化领域的改革政策扩张覆盖到设区的市和自治州，起到了充分释放这些地区地方立法的能动性和主动性的效果。加快推进红色遗址保护地方立法的步伐，加强地方历史文物保护领域立法工作，建立、健全和促进地方文化领域创新发展的法律体系，对国家层面现有文化领域的法律“查漏补缺”，实现文化政策落地至关重要的“最后一公里”，不仅高度契合国家文化领域立法体制的改革方向，也为地方的社会经济发展和民主法治建设起到有力的促进作用。

（二）社会层面：服务社会主义精神文明建设的现实需要

人民有信仰，国家有力量，民族有希望。社会主义精神文明建设中尤为重要的就是思想品德建设，其解决的是整个民族的精神支柱和精神动力问题。故而，加强社会主义精神文明建设是全面推进依法治国，实现国家富强、民族复兴的奠基石和助力器。《中共中央关于全面推进依法治国若干重大问题的决定》明确推进全面依法治国必须坚持依法治国和以德治国相结合的基本原则，强调要一手抓法治、一手抓德治，培育“四德”，重视发挥道德的教化作用，以法治体现道德理念、强化法律对道德建设的促进作用，以道德滋养法治精神、强化道德对法治文化的支撑作用，使法律和道德在国家和社会治理中共同发挥作用。[①] 习近平总书记也多次强调，历史是最好的教科书，优秀传统文化是最深厚的文化

---

① 《中共中央关于全面推进依法治国若干重大问题的决定》，《中国法学》2014 年第 6 期。

软实力，红色基因、红色传统、红色资源是中国共产党人创造的宝贵思想和文化财富。红色遗址作为我们党在百年的革命进程中所积攒的红色遗产，镌刻着伟大的中国共产党同中国人民革命、改革和社会主义建设的光辉足迹，承载了大量珍贵的红色文化。这些红色文化是社会主义核心价值的思想源泉，也是推动全面依法治国的精神动力，更是补充全社会精神之“钙”的滋补佳品，其所蕴藏的道德品质和内在精神具有深刻的历史意义和时代内涵。红色遗址的红色精神，形式上可以简单归纳为“人、事、物、魂”四个方面，其主要以三种表现形态为核心，即：物态文化形态、制度文化形态、精神文化形态，具备物质文化和非物质文化相统一的特点。[①] 这些以红色遗址为基础孕育出的“人、事、物、魂”四个方面的红色精神始终贯穿于我国革命和社会主义现代化建设全程，凝结了我们党无数共产党员以鲜血和生命前赴后继地把马克思列宁主义同中国自身实际的革命、建设、改革的伟大实践相结合，团结带领全国各族人民在革命、建设和改革的伟大历史进程中所创造的民族精神和时代精神，对于全国人民来说都是一笔弥足珍贵的精神财富。因此，加强红色遗址保护地方立法，将完善红色遗址的地方立法作为各地人大立法工作中的紧迫任务和重要课题，充分发挥地方先行和自主的优势，对于进一步保护红色遗址、弘扬红色精神、发扬文化引领，更好地推动社会主义精神文明建设具有重要功效。

（三）个人层面：树立文化自信传承红色基因的有力抓手

人无精神不立，国无精神不强。文化自信和文化认同是国家和民族发展中最基本、最深沉、最持久的力量。人作为社会群体的一部分，具有较强的社会属性，故而，树立文化自信和传承红色基因需要优秀的社会文化风尚来引领。亘古通今，任何一个国家和民族要想实现繁荣富强，前提基础是民众要认可自己的国家和民族的文化并且对该文化充满自信。也就是说，一个国家、民族的民众是否高度地认可本国文化，不仅决定着该国家和民族文化自身的繁荣昌盛，而且关系国运兴衰、民族

① 邓凌月：《加强红色文化遗产保护地方立法研究》，《理论学刊》2018 年第 4 期。

沉浮。当前，我国正处于世界百年未有之大变局，不稳定性和不确定性明显增强，文化认同危机日益凸显，文化主权的发展安全受到冲击。[①]中国特色社会主义进入新时代，随着互联网技术的飞速发展，信息传播任意性、开放性的特点不断放大，多元化和多极化国际文化碰撞日趋激烈，如何树立文化自信，有效应对文化入侵和文化冲击问题，增强民众对国家和民族的认同感和归属感，是当前我国文化工作的首要难题，我们比以往任何时候都更加需要坚定的信心、统一的意志，更加需要红色文化的引领和革命精神的支撑。正因如此，从红色遗址中汲取红色文化不仅是坚定文化自信、激发精神动力的科学路径也是弘扬革命精神、传承红色基因的有效方法。在全面推进依法治国的背景下，红色文化的传承、弘扬，红色精神的继承、保护，红色遗址的开发、利用，都必须在法制规范内落实、引领、导向和调控。通过完善红色遗址保护地方立法，各地市人大可以从本地实际情况出发，针对本地区不同类型、不同自然、社会环境的红色遗址，兼顾经济和人文环境特点，充分发挥红色遗址保护地方立法的针对性、实用性、可操作性，以红色遗址为依托，培育和滋养全社会的红色文化、红色精神，树立强大文化自信，传承优秀红色基因，进一步激发全体人民爱党、爱国、爱社会主义的巨大热情，增强全民族的凝聚力、向心力，建设好中华民族共有精神家园，为中华民族伟大复兴凝魂聚力。

三　全面依法治国背景下红色遗址地方立法保护的现实困境

在文化遗产传承与发扬的历史演进过程中，法制化一直是文物遗址保护的重要议题，将法制贯穿红色遗址保护的全过程，重视红色遗址保护法治体系的构建，是实现红色遗址科学长效保护的必要抉择。由于红色遗址保护地方立法起步晚、经验少、质量低等原因使得部分红色遗址

---

① 石东坡、尹学铭：《红色历史文化遗产保护地方立法评析与前瞻》，《地方立法研究》2019 年第 6 期。

保护现状仍不容乐观。

（一）法治意识滞后、保护立法缺乏

法治意识滞后是当前我国红色遗址频遭肆意破坏、立法保护缺位最重要的原因之一，其主要表现在两个层面。一是地方红色遗址保护立法定位迷失。《地方组织法》《立法法》实施至今，截至2021年6月我国当下具备立法权的地市已经制定地方性法规共11300余项，现行有效的地方性法规6100余项，其中涉及文物文史方面的立法文件260余项，而涉及红色遗址保护地方立法的法律文件仅50余项，虽然红色遗址保护地方立法已经逐渐步入法治轨道，初步形成法制保护体系。但总体而言，红色遗址保护地方立法所占比例过低，甚至从整个文物文史方面的立法来看，其相对于城乡建设管理及环境保护等其他地方立法事项来说都只是九牛一毛。在地方立法的优先级上，部分地方人大往往将工作重心放在经济效益、社会管理、环境保护等收效更为直接的事项上，主观割裂了红色文化同社会发展的紧密联系，忽视了红色文化保护、传承和发展的现实性和紧迫性，从而导致红色遗址保护地方立法处于地方立法工作的尴尬地位。二是地方“等、靠、要”立法思维严重。虽然自2004年中共中央宣传部将制定文化产业促进法编入《关于制定我国文化立法十年规划（2004—2013）的建议》以来，制定文化产业促进法立法不仅获得了社会各界的普遍支持和期待，而且也已经成为中央和各地方立法机关的共识，相关的调研和立法工作也取得了阶段性成果，但由于种种原因，作为我国首部文化产业立法顶层设计的《中华人民共和国文化产业促进法》自2014年12月底开始草拟至今尚未成功制定出台，其余涉及文化产业的相关法律规范又体系较为分散、杂乱，缺乏系统性。文化产业基本法缺失，各地市人大缺乏可直接借鉴上位法的具体指导，又加之各地方受人力、财力、精力等多重因素的限制，从而致使地方怠于着手调研、制定此类前期工作投入较大、中期工作耗时较长、后期工作收效较缓的成本高、收益低、见效慢型立法工作，最终导致红色遗址保护地方立法工作搁置。

（二）权责划分混乱、政府监管缺位

由于文化产业基本法缺位、红色遗址保护地方立法滞后以及文化产业相关法律规范杂乱、分散、缺乏体系化等现象突出，所导致的紧迫问题是，当下红色文化产业形成了管理上的死角，部分红色遗址管理、保护的权责划分混乱，相关管理部门和责任主体模糊，具体保护举措无法得到有效落实，生活中大量针对珍贵红色遗产的诸多不当行为，甚至是违法行为都得不到及时有效的处理。一方面，部分地区红色遗址由于地处偏远，旅游资源开发难度大，经济价值较小等客观原因，导致这些直接收益不明显的红色遗址九龙治水无人管理的情况普遍。多数情况下，往往地理位置越偏远的红色遗址，所在的地方就更容易忽视对其的保护。由于经济、社会两方面的收益见效慢，地方相应的资金投入有限，就导致相应的保护力度不足，其破坏就越严重。与之相伴随的是，破坏越严重就越放之任之，越放之任之就越易受到破坏，如此往复恶性循环，最终致使大量宝贵的红色遗产在自然侵蚀和人为破坏中逐渐破败消亡。另一方面，部分地理位置较好的地区由于可以通过旅游开发、红色教育等形式获得较高的地方经济收益，致使当地相关部门争相管理，甚至出现了多头管理、政出多门的现象。虽然相较于偏远地区的红色遗址来说，地理位置较好的红色遗址其相应的保护状况定然会有较大改善，但这也仅限于一般常态下。同样因为缺乏相应的规定，责任主体不明，一旦发生重大事故而导致责任承担问题时，各部门之间又会出现推诿扯皮、推卸责任的情况，难以实现对监督、保护责任主体的有效惩处。相较于刑事司法的惩罚性和滞后性来说，政府行政管理部门对红色遗址的监管和保护应当是保护红色遗产、捍卫红色精神的重要途径和首选方法。现阶段关于红色遗址监管和保护的立法空白显然是纵容针对红色遗址诸多破坏行为以及行政管理部门的慢作为、不作为及乱作为现象的重要原因之一。

（三）保护方式粗放、资金渠道缺失

经济效益和社会效益通常被放在红色遗址开发与保护天秤的两端，

地方在经济效益和社会效益之间的权衡往往会导致红色遗址的保护与开发产生明显差异。目前，全国各地针对红色遗址的保护方式主要采取两种保护思路。其一是，对于地理位置较差、资源开发较少、经济价值较低的红色遗址，除少数地方对此类红色遗址采取封闭式“放养”以外，多数地方政府都是采取与当地纪念馆博物馆相结合的形式进行保护。应当说，对于地处偏远、资金有限的地区，采取此种方法既可以通过共享城市管理专项资金来解决红色遗址保护彻底缺位的问题，又可以借助纪念馆博物馆畅通市民和旅游者瞻仰、观摩当地红色历史的渠道问题，不失为保护偏远地区红色遗址的一种合理选择。但从另外一个角度来看，采取此种单一的保护方式也是资金短缺条件下的无奈之举，其方式呆板、代入感差，不利于扩大当地红色遗址的影响力，无法有效改善当地红色遗址现状，也间接影响了其红色文化、红色精神进一步的传承和发扬。其二是，对于地理位置较好、资源开发较全、经济价值较大的红色遗址，当地通常实施“以市场促保护，以保护助经济”的保护策略，意图采取以红色资源为主要依托，围绕当地红色遗址和红色文化打造红色旅游景区。但实践中，在财政对红色遗址保护资金投入不足的情况下，通过红色旅游景区所获得的单一经济收益多数难以维持景区长期的资金运营。这就迫使地方为了获得更多的经济收益，对红色遗址进行过度商业开发，以榨取最大商业价值，弥补财政资金投入的不足。资金渠道缺失，保护方式粗放，片面地追求红色遗址所带来的经济效益，使得地方在红色遗址开发和保护的过程中，背离了初衷，忽视或扭曲了红色文化和红色精神的本质，最终，“以市场代保护”成为红色旅游景区规划的主流意识，侵蚀甚至严重损害红色遗址所蕴含的革命精神。

四　全面依法治国背景下红色遗址地方立法保护的优化向度

从现代社会发展的特征来看，全面依法治国的背景下，完善红色遗址保护必须坚持立法先行。故此，当下我国红色遗址保护现状既给红色遗址保护的地方立法提供了无限机遇和留下了广阔空间，也使得红色遗址保护地方立法面临巨大责任和繁重使命。

（一）强化法治理念，加快红色遗址保护地方立法

法治意识对红色遗址保护地方立法工作来说是法制建设之基，遗址保护之本。就目前而言，一方面地方人大应当着眼全局，放眼未来，以强烈的政治担当和政治责任加快推进红色遗址立法保护步伐，以高度的政治自觉充分认识到完善红色遗址保护地方立法对于继承和发展红色文化、传承和发扬红色精神所具有的重要历史、现实意义。习近平总书记多次强调，伟大、光荣的革命文化积淀着中华民族最深层的精神追求，代表着中华民族独特的精神标识。[①] 面对全球化进程中大量不符合甚至背离社会主义主流价值的外来文化思潮的入侵，光辉的革命征程是全社会最好的营养剂和强心针。红色遗址的开发和利用能够为红色革命基因薪火相传提供思想源泉和精神动力，也可以为繁荣中国先进文化提供精神养分和实践土壤。通过针对性红色遗址保护立法，实现将国家整体红色精神共性和地方区域红色文化个性的有机统一，从而推进红色文化的继承和发展以及红色精神的传承和发扬，推动社会主义精神文明在理论研究中实现进步，在历史实践中进行创新，促使包括红色旅游等在内的现代文旅产业的绿色健康发展，这也为现代市场经济体制下，既保障红色遗址商业化、产业化，又不违背社会主义核心价值观导向划清合理分界线。另一方面，地方人大应当根据党的十九届五中全会关于“推进社会主义文化强国建设”的战略部署，以《中华人民共和国文化产业促进法（征求意见稿）》为指导，充分学习借鉴国内先进城市的优秀立法成果加快推动本地区立法工作。虽然目前作为我国首部文化产业立法顶层设计的《中华人民共和国文化产业促进法》仍未制定出台，但《中华人民共和国文化产业促进法》的草案征求意见稿已经正式对外发布，作为文化领域的基本法，该草案可以为红色遗址保护地方立法提供法律指导和遵循依据，地方立法机关应当迅速抓住这一契机，积极开展本地区

① 习近平：《决胜全面建成小康社会　夺取新时代中国特色社会主义伟大胜利——在中国共产党第十九次全国代表大会上的报告》，《理论学习》2017 年第 12 期。

红色文化、红色遗址的摸底调查，进行充分调研论证，推动本地开展红色遗址保护地方立法工作。此外，在国家层面的立法相对空白的情况下，主动借鉴国内先进城市的优秀立法成果，不失为当下红色遗址保护地方立法的明智之选。事实上，针对地方文化的立法实践早就已经开始，可供借鉴的优秀立法成果丰富。例如早在 2001 年 6 月陕西省人大常委会就通过了《延安革命遗址保护条例》，并且在 2004 年 8 月对该条例做了进一步的修订完善；2008 年 7 月广东省深圳市人大常委会颁布实施了《深圳市文化产业促进条例》，并于 2019 年 8 月对该条例做了修订完善；2017 年 7 月浙江省嘉兴市人大常委会通过《嘉兴市南湖保护条例》；2017 年 9 月福建省龙岩市人大常委会制定出台《龙岩市红色文化遗存保护条例》等。“他山之石，可以攻玉”。上述法规条例的制定，对红色遗址的认定、保护、管理、开发、利用提供了较为细致的法律规范、保障和依据。其他地区在开展红色遗址保护立法工作时，可以学习借鉴这些法规条例的结构和内容，设计出切合本地区实际情况的法律文本，服务当地红色遗址保护和发展的现实需要。

（二）明确各方权责，强化红色遗址保护政府监管

红色遗址保护牵涉多个部门的利益博弈，其中的关系盘根错节，导致在实际执行的过程中很容易出现“公地悲剧”。究其原因，主要在于现存的法律规范没有明晰不同主体间的权责分配，从而给相关部门争权夺利或者推诿卸责提供了空间。而要解决这一问题，应当通过地方立法，因地制宜，明确不同主体的职权与责任，解决红色遗址保护中出现的重叠执法以及空白执法现象。

一是要明确以政府为核心的监管职责。将红色遗址的保护主要责任归于市、县级人民政府和文化体育旅游主管单位。通过地方立法规定，把红色遗址保护纳入本级政府国民经济和社会发展规划，相关经费纳入本级财政预算，由市、县级人民政府承担红色遗址保护的职责，编制地方红色遗产、遗址保护名录，建立相应信息管理数据库，划定保护区域和规划地带。具体指导、监督和实施由文旅局负责贯彻执行，并定期进行文物状况的调查评估和记录归档。除此之外，要加强居委会、村委会等基层群众自治组织的责任，要求其协助做好相关部门做好红色遗址的常态化巡查、监管等保护工作。

二是要形成多主体协同管理体系。红色遗址保护需要多个部门共同协作。因此，地方人大在立法时，应当在明确责任主体的基础上，对地方政府及相关部门的职责做进一步的梳理，因势利导、量体裁衣，聚焦当地红色遗址保护法律实践的现实需要，拟定契合本地区实际情况的红色遗址保护协同管理工作细则，从横向上对地方政府和相关职能部门做详细的职责划分，将各部门相对应的主要职责予以明确，以此倒逼各部门主动肩负自身责任，相互监督、相互督促，凝聚保护合力，推动形成政府主导、部门合作的协同治理体系。

三是要建立遗址保护责任人制度。通过地方立法建立保护责任人制度，将红色遗址保护的具体权利和责任落实到具体的单位或个人。具体来说，如果红色遗址所依附的建筑物属于国有资产的，则该红色遗址的管理人或使用人为保护责任人；如果红色遗址所依附的建筑物不属于国有资产的，则该红色遗址的所有人或使用人为保护责任人；如果该红色遗址的所有权人、代管人、使用权人均不明确的，则由该红色遗址所在地文化体育旅游主管部门为保护责任人。在确定责任人后，市、县政府要与相应的责任人签订保护责任书，详细告知责任人所应当承担的义务以及享有的权利，以及违反对应条款所应当承担的法律后果，按约定向红色文化遗址保护责任人提供资金支持、专业培训、咨询服务等。

四是要拓展公众参与及监督途径。红色遗产是中华民族共同的财富，保护红色遗址不仅是政府的责任，也是每个公民共同的义务。地方人大可以通过立法拓展公众参与红色遗址保护的监督建议渠道，鼓励社会大众对破坏、损毁红色遗址的行为进行检举和揭发并对取得优异贡献的公民给予表彰和奖励，逐步促成政府引导同公众参与相结合的多角度、多层次、多主体的红色遗址保护与管理新机制，不断提升社会大众的积极性和主动性。此外，地方人大也可以积极向全国人大建言献策，推动在红色遗址保护中效仿英烈权益维护中的公益诉讼制度，当红色遗址遭到人为破坏且所有权人不提起诉讼或者所有权人不明时，授予检察机关依法提起公益诉讼的权力，积极呼吁将红色遗址纳入公益诉讼的范围。

（三）规范保护方式，畅通红色遗址保护资金渠道

红色遗址保护本身无法产生直接经济利益，而完全依赖政府财政拨款的“供养式”保护也难以长期持续。从现代社会市场经济的角度来看，红色遗址保护需要坚持以社会效益为主、经济效益为辅，通过着力发展文化产业反哺文物保护领域，促进红色遗址保护工作健康发展。虽然当前红色文化产业仍然存在诸多问题，但也不可因噎废食，而应在立法上赋予红色文化产业反哺红色遗产保护的责任，完善配套法律法规，规范保护方式，通过行业盈利、周边利润、企业税收等方式引导红色文化产业经济效益向红色遗址保护领域回流，最终实现红色遗址保护与经济健康发展相互依存、共生共赢的血肉关系。具体立法工作可以从以下三个方面展开。

一是整合红色革命资源形成红色产业集群。一方面，红色文创产品和红色品牌是偏远地区红色遗址实现经济创收和对外展示的优秀名片。地方人大可以根据本地区红色文化的特色、特点，通过立法以税收优惠、政府购买或金融支持等形式，给予红色遗址周边文化产业经济支持。在此基础上建立健全产业指导制度，定期开展产业培训、产业指导和行业座谈，帮助优秀产品、企业与市场对接，推动企业相关项目顺利孵化落地，促进当地红色文创产品、红色文化影视等产业融合发展，打造出一批具有典型性、示范性和代表性的红色文创产品和红色品牌，完善红色经济业态支撑体系，提升当地红色遗址的知名度和影响力。另一方面，健康发展的红色旅游行业不仅能够生动传播地区革命历史和革命文化，而且还能将革命资源转化为地方经济收益，将地区红色历史、文化以及红色资源优势转化为经济优势。故而，地方人大可以通过地方立法规范、指导红色旅游行业，避免地方政府或者企业以经济效益为先，对红色遗址资源进行过度商业化、市场化开发。同时，我国红色遗址分布广泛，地方人大也应当在充分尊重本地历史背景以及发展脉络的前提下，根据当地红色遗址不同历史、风貌和类型等方面的特点，将旅游线路、景点及当地文化、自然风貌等巧妙地融入旅游总体规划框架内，拟

定能够合理反映当地历史和文化特色的旅游产业指导意见，优化旅游发展战略布局，打造红色旅游特色景点和精品路线，推动红色旅游、文化旅游、生态旅游融合发展，培育复合型旅游产业集群，依靠市场促进红色遗址保护。

二是修缮红色革命设施推进红色主题基建。地方人大可以通过立法把红色遗址保护纳入市政基础设施建设范围，以政府转移支付或者专项拨款的形式解决部分资金问题。一方面，政府可以在城市建设规划的过程中，充分整合利用当地具备重大革命历史意义的红色遗址，围绕其修建红色主题公园、红色景点小镇、红色文化广场或者红色创意产业园等。将其打造成既能以潜移默化、寓教于乐的方式实现红色教育入脑入心的新场所，又能改善本地基础设施建设的城市红色旅游新名片。另一方面，政府也可以围绕红色遗址建设红色教育培训基地。挑选出最具有本地区红色文化精华的红色遗址，建设红色教育培训基地，推出一系列红色精品课程、红色精品讲解，嵌入 AR、5D 等科技新型手段，让静止的红色遗址、呆板的红色故事“活”起来。把红色遗址打造成特色爱国主义教育基地和红色革命精神培育器皿，使其既可以作为全国各地省、市、区党校或者团校等各类单位党性教育培训班的主要接待场所，又可以作为青少年红色游学夏令营的学习天地。引导和推动红色遗址保护健康发展，为青年爱国爱党工作和党性教育事业发展提供精神家园。

三是精研红色革命知识发展红色远程教育。在科技变革日新月异的今天，红色文化和红色基因的传承不能依然拘泥于传统观念，必须通过创新形式，丰富载体，依靠互联网、新媒体、物联网、AR 技术等新型传播媒介，提升红色文化的传播力和渗透力。地方人大可以通过立法，采取专项资金拨款或者政府财政购买等形式，鼓励、支持、推动个人或者组织，结合实际，深挖资源，开展本地红色遗产的收集与研究工作。同时，制定法规条例，指导个人或者组织精细梳理各个历史时期与本地区有关的红色故事，推进红色遗产收集、研究和创新工作制度化、规范化和常态化。在此基础之上，开辟互联网红色讲堂，推出红色精品课程，充分运用当下自媒体的优势，投放微党课、微视频、微讲解、AR 情景教学、两微一端等现代化方式，提高红色资源的利用率，以流量变现的形式为红色遗址保护补血输氧。

五　结语

完善红色遗址保护地方立法工作是红色文化、红色遗址保护和发展的关键要素。随着全面推进依法治国战略的不断深入和社会主义文化强国建设的不断推进，社会各界逐步认识到地方立法在红色遗址保护中的重要作用，立法机关制定红色遗址保护地方性立法的积极性显著提高。但是当前我国红色遗址保护地方立法在权责划分、保护方式、融资渠道等方面仍存在许多缺陷。文化产业具有特殊性，在地方立法中要坚持社会效益和经济效益相统一的原则，明确各方权责，规范保护方式、畅通融资渠道，以法的稳定性、规范性及其特殊强制性，实现对红色遗址全方位、多角度的保护，推动红色文化产业成为地方经济支柱性产业。

文化治理

文化视域下的当代中国犯罪现象及其治理

冯卫国*

（西北政法大学）

摘要 文化一词是一个内涵极为丰富、难以精确界说的复杂概念。正如美国学者库利所言："文化本身是一个渗透生活所有方面的复杂的有机过程，但它永远不能被还原为简单的规则。"① 本文侧重于从精神层面理解文化一词，即文化是由人的价值、信仰、思维方式、行为规范、风俗习惯等组成的一套观念体系。人是文化的动物，犯罪现象作为特殊的人类行为，必然会打上一定的文化烙印。虽然在犯罪个案的发生中，文化因素的作用力大小和表现方式各有不同，但其存在和影响是客观事实。改革开放以来，我国社会日益开放，经济迅速发展，与此同时，一直面临刑事犯罪高发的困扰。犯罪增长有着复杂的原因，是多种因素综合作用的结果，而文化因素是其中不可忽视的因素之一。从文化的维度观察当代中国的犯罪现象，有助于更深入地了解和把握犯罪的成因与规律，进而推动犯罪的有效治理。

关键词 文化；犯罪；治理；刑事政策

---

* 冯卫国，西北政法大学刑事法学院教授，博士生导师。

① ［美］查尔斯·霍顿·库利：《社会过程》，洪小良译，华夏出版社1999年版，第62页。

引 言

文化一词是一个内涵极为丰富、难以精确界说的复杂概念。正如美国学者库利所言："文化本身是一个渗透生活所有方面的复杂的有机过程，但它永远不能被还原为简单的规则。"本文侧重于从精神层面理解文化一词，即文化是由人的价值、信仰、思维方式、行为规范、风俗习惯等组成的一套观念体系。人是文化的动物，犯罪现象作为特殊的人类行为，必然会打上一定的文化烙印。虽然在犯罪个案的发生中，文化因素的作用力大小和表现方式各有不同，但其存在和影响是客观事实。改革开放以来，我国社会日益开放，经济迅速发展，与此同时，一直面临刑事犯罪高发的困扰。犯罪增长有着复杂的原因，是多种因素综合作用的结果，而文化因素是其中不可忽视的因素之一。从文化的维度观察当代中国的犯罪现象，有助于更深入地了解和把握犯罪的成因与规律，进而推动犯罪的有效治理。

一 当代中国犯罪现象的文化阐释

（一）西方学者关于犯罪现象的文化解释

在西方，从20世纪初开始，古典学派的社会学家如迪尔凯姆、齐美尔和韦伯等，就开始关注工业革命和城市化带来的文化和人际互动的巨大变化，以及由此对犯罪的发生和演变所产生的影响。20世纪上半叶，西方犯罪学界兴起了对犯罪的文化解释理论，大量的犯罪学研究成果从文化视角解释犯罪现象及其原因，认为犯罪和越轨行为是文化机制的产物，并在此基础上形成了不同的理论流派。

早期的芝加哥学派从文化变迁与社会转型的角度研究犯罪问题，他们的研究突出强调了那些与外来移民相关的难题，以及具有不同文化传统的农村居民迅速迁移到正在工业化的城市后，这种巨大变化所带来的生活迷失。

塞林在分析移民犯罪的发生原因基础上，提出了文化冲突理论，他认为作为文明生长过程的一种副产品，社会中必然存在文化冲突，这种文化冲突是不同社会价值、利益、规范和文化准则的冲突。因而，文化冲突易造成个人行为规范的矛盾和社会的不稳定，文化冲突是犯罪发生的原因之一。[①]

默顿提出了文化结构的概念，将文化理解为一种宏观层次结构，认为人类的行为只能从他所处的具体的社会文化环境中理解，而制度层次的失范和个人层次的紧张是导致犯罪的重要原因。

科恩和米勒从亚文化的视角，解释犯罪帮伙的存在以及犯罪行为的发生。沃尔夫冈将阶层与文化联系起来解释严重犯罪的社会根源，在他看来，“暴力亚文化”存在于部分下层社会中，在这些下层社会中，对暴力的容忍或者鼓励是其规范结构的一部分。[②]

以奥格本、库利、科恩豪泽、桑普森等为代表的社会解组论认为，社会解组的根本原因是社会的快速变迁，最强有力的变量是工业化、都市化、移民、科技发展等。社会解组导致社会原有的价值体系和规范体系陷于混乱，引发文化冲突，对个人产生压力，使个体更加情绪化、冲动化。对社会问题最有效的解决办法就是尽快重建社会规范和秩序。

以富勒、迈尔斯、鲁宾顿、温伯格等为代表的价值冲突认为，造成社会问题的根本原因是处于竞争中的不同群体之间价值和利益上的冲突，而解决冲突的基本路径在于促使对立群体接受更高层次的共同价值，凝聚社会共识。

以上各种观点都从文化视角解释犯罪问题，虽然见解各有不同，也都存在一定的局限性，但都有助于深化犯罪原因的认识，为我们分析当前中国的犯罪问题提供了有益的理论资源。

（二）从文化视角审视转型期中国社会的犯罪问题

改革开放以来，我国进入一个急剧变化的社会转型期，伴随着经济

---

① 单勇、侯银萍：《犯罪的文化冲突论——基于中国转型社会的分析》，《法制与社会发展》2008年第2期。

② ［美］亚历克斯·皮盖惹主编：《犯罪学理论手册》，吴宗宪主译，法律出版社2019年版，第320—353页。

体制深刻变革、社会结构深刻变动、利益格局深刻调整、思想观念深刻变化，社会矛盾冲突加剧，这是犯罪现象滋长的宏观背景。我国学者实际上很早就开始从文化角度观察犯罪现象，但在20世纪90年代之前，对犯罪的文化解释过分受制于当时的意识形态，呈现一定的片面化、简单化的倾向。如当时主流的观点把犯罪产生的主要原因归结于两个方面，一是封建社会剥削阶级思想流毒的影响，二是西方资产阶级腐朽文化的腐蚀。正如储槐植教授指出，这一观点实则把我国当前社会中的犯罪原因推给古人和洋人，而不是立足当前，从中国社会自身中寻找原因。直到进入20世纪90年代后，随着思想的解放与认识的深入，加之国外一些有价值的理论的引入和借鉴，我国学界对犯罪原因的认识才逐步走向纵深。

借鉴国内外学者的相关研究成果，笔者认为，由社会转型引发的文化冲突与不良文化的侵蚀，是当代中国犯罪现象激增的重要原因。在市场经济与开放社会背景下，传统的价值观与伦理道德体系受到相当程度的冲击。利益主体与利益格局多元化导致人们价值选择的多样化，改革开放前主流文化与传统道德一统天下的格局不复存在。应当说，价值观的多元化本身并不是坏事，这是社会开放、包容和进步的表现；社会的伦理道德体系也并非一成不变的，每一个时代的价值观与道德体系都包含着一定的时代特色。市场经济的发展也带来诸如平等观念、权利意识、参与精神等现代理念。但是，维系人类社会生存发展的道德底线，或者凝聚社会成员基本共识的某些价值观念，如诚实守信、遵守规则、家庭和睦、与人为善、同情弱者等，在任何时候都不会过时，更不能被抛弃。

但以往一定时期内，由于文化建设与社会建设滞后于经济发展，对物质利益的过分追求导致某些最基本的社会价值受到动摇，社会在一定范围出现了价值错位、道德沦丧、信仰危机、信任缺失等问题。例如，“自我中心”“利益至上”“一切向钱看”成为不少人的生活信条，炫富、“笑贫不笑娼”等畸形观念成了一些人的社会时尚；由此引发普遍的信任危机问题，个人诚信、商务诚信、政务诚信都不同程度地出了问题。据商务部统计，中国企业每年因信用缺失导致的直接和间接损失高达6000亿元。2013年中国社会科学院的一项研究显示，中国社会总体信任度已经跌破60分的及格线，社会处于“基本不信任”状态，这为社会问题与社会矛盾的爆发埋下了隐患。[①] 社会上弥漫着迷茫、焦虑、浮躁、暴戾、“仇官”“仇富”等不健康的社会心态，拜金主义、享乐主义、投机主义、虚无主义、极端主义等不良思想甚嚣尘上，这成为许多社会乱象的思想根源，也是刑事犯罪高发态势的文化动因。例如，暴戾之气和“仇官”“仇富”心理助长了屡屡发生的群体性泄愤事件和个人极端暴力犯罪；拜金主义、享乐主义、投机主义等催生了层出不穷的电信诈骗、非法集资、制售假冒伪劣产品、“黄赌毒”等方面的犯罪。此外，在我国一些边疆少数民族地区，由于历史的原因和外部敌对势力的渗透和影响，宗教极端主义与民族分离主义恶性膨胀，成为滋生暴力恐怖犯罪的温床，对国家安全构成严重威胁。

二　刑事政策制定与运用中的文化考量

刑事政策即国家为了防范与控制犯罪而设计的对策和措施。刑事政策是刑事法律的灵魂，对刑事立法、刑事司法和刑事执行都具有导向作用。这种导向作用主要体现在三个方面：一是关于犯罪圈的划定，也就是从立法层面看，如何合理地确定刑事惩治范围，哪些行为应当入罪？哪些行为应当出罪？二是惩治重点的确定。即通过研判，确定哪些犯罪不仅性质严重，而且在实践中高发频发，对社会威胁更大，从而作为刑事司法打击的重点目标，在司法资源的配置上给予倾斜。三是惩治力度的设定。即从实体或者程序出发，对哪些犯罪的处理从严，对哪些犯罪的处理从宽。

由于犯罪同文化因素有紧密关联，刑事政策的设计中也应当考虑文化因素。例如，关于犯罪圈的划定，绝不仅仅是一个立法技术问题，需要综合考虑一国当前的犯罪态势、文化传统、国民素养、大众心理、司

---

① 张宗林、郑广淼主编：《中国信访》，中国民主法制出版社2013年版，第6—7页。

法资源等因素。例如，关于通奸、卖淫、赌博、堕胎、安乐死、见危不救、“亲属相隐”等行为是否犯罪化，各国立法态度不尽相同，其中，文化因素是影响立法态度的重要因素。例如，近年来，鉴于生活中见死不救的现象屡屡发生，有人建议在我国刑法中增设针对一般公民的见危不救罪，一些国家的刑法中也有相关的罪名，但在我国目前的国情下，考虑到整体国民道德状况，规定这样的罪名并不现实，即使规定下来也难以有效地实施，刑罚的惩戒与预防功能很难实现。当然，不排除随着国民道德素质的提高、社会观念的变化，见危不救罪在将来列入立法议程。文化观念不是永恒不变的，而是动态发展的。例如，通奸的行为在我国曾经是作为流氓罪处理的，但 1997 年刑法修订后，流氓罪罪名被取消，通奸行为不再作为犯罪处理，虽然这种行为仍然属于违背伦理道德的行为，也违背了《婚姻法》关于夫妻之间的忠实义务，但随着社会的发展和人们观念的演变，通奸行为的危害性有所下降，因而不需要再用刑罚手段加以制裁。除了在立法层面外，在某些行为罪与非罪或者罪轻与罪重的司法认定方面，也应当适度考虑主流价值观、伦理、情理等文化因素。例如对于婚姻正常存续期间发生的所谓“婚内强奸”行为，一般不应对丈夫以强奸罪论处；对于大义灭亲、义愤杀人等行为，在量刑时应当酌情从宽处理，在法律范围内融入情理因素，追求法律效果与社会效果的统一。

从文化角度考虑，当前我国在刑事政策的设计上，要特别关注犯罪现象背后的文化归因，把文化建设纳入犯罪预防的对策体系，实现犯罪治理与文化治理的有机贯通与顺畅对接；同时，要夯实刑事政策的文化根基，通过吸收古今中外一切有益的、先进的文化成果，促进刑事政策的科学化、合理化。为此，应当注意以下几点。

（一）积极发掘和传承传统法律文化中的精华元素

以中华法系为代表的我国传统法律文化历经几千年的历史积淀，形成了鲜明的特色和丰富的内涵。虽然由于时代变迁，传统法律文化中的很多内容同现代法治文明不能相容，因而失去了其生命力，但其中也有不少积极因素，蕴含着厚重的思想与先进的理念，对于今天的法治建设与社会治理具有启迪意义。例如，早在西周时期，就有了“明德慎刑”“德主刑辅”的思想，主张慎用刑罚，注重道德教化的作用，同现代的刑罚谦抑理念有异曲同工之处；春秋时期孔子就提出了“宽以济猛，猛以济宽，政是以和”的思想，体现了对刑罚的严和宽的辩证关系的认识，可以说是当代我国“宽严相济”基本刑事政策的思想萌芽。此外，我国古代还有“以和为贵”“情理法统一”等思想，这些思想至今仍有强大的生命力。应当在理性鉴别的前提下，吸收传统法律文化的精髓，将其创造性转化和运用到现代刑事法治建设之中。

（二）善于吸收借鉴国外有益的法治文化成果

在刑事法学研究与刑事法治实践等方面，一些国家形成了大量的前沿性的理论成果，或者在立法、司法实践中积累了行之有效的做法和经验，应当采取开放的态度，吸纳国外一切有益的成果和经验，服务于我国的犯罪治理事业。当然，前提是必须结合我国的国情，不能盲目引进，更不能不加甄别地以英美或德日马首是瞻。例如，进入新世纪后我国大力推动的社区矫正制度，在一定程度上借鉴了西方国家的做法，但是又没有照搬照抄，而是结合我国的基层群众自治制度与“枫桥经验”等予以推进，体现了中国特色，也取得了良好效果。

（三）努力发挥中国特色社会主义法治文化的资源优势

中华人民共和国成立七十余年来，尤其是改革开放四十余年来，我国法治建设和文化建设都取得了长足发展，中国特色社会主义法治体系初步形成，而法治文化是其中的重要组成部分，在法治建设中发挥着支撑和引领作用。刑事政策的制定和运用，应当充分依托和利用社会主义法治文化的资源优势，以取得最佳的犯罪治理效果。例如，“法治和德治相结合”“法治德治自治融合”等具有中国特色的社会治理理念，以及“枫桥经验”等基层社会治理经验，在新时代的社会治理和犯罪治理中具有重要价值和意义，应当将这些理念与经验贯穿于刑事政策之中，推动刑事政策的合理化，将资源优势转化为治理效能。

三　通过文化治理促进犯罪治理

所谓文化治理，是指统治者在其权力运作的相关场域，通过各种观念意识的表达和实施，对社会资源进行分配、对政治生活参与主体的思想和行为施加影响，借以达到维护社会稳定、巩固政治统治，最终实现整个社会有序运转的一种治理机制。[①] 党的十九届四中全会决定指出，“发展社会主义先进文化、广泛凝聚人民精神力量，是国家治理体系和治理能力现代化的深厚支撑”。这实际上把文化治理在国家治理体系中的地位和作用提升到前所未有的高度。

犯罪治理和文化治理都是国家治理体系的重要方面，二者密切相关，互相促进。一方面，犯罪治理对于文化治理具有保障作用，即通过刑事法律的适用，依法打击相关犯罪行为，如极端主义犯罪、文物犯罪、涉“黄赌毒”犯罪、侵犯知识产权犯罪等，维护国家文化安全，加强文物保护，守护社会公序良俗，促进文化产业、文化市场的健康发展。另一方面，文化治理对于犯罪治理具有助推作用。如前所述，社会转型导致的文化冲突、不良文化的影响和传播等，是催生犯罪现象的重要成因，因而犯罪治理必须考虑文化因素，通过加强文化建设、优化文化治理，提升犯罪治理的效果。具体而言，从推动犯罪治理的角度看，文化治理工作可以从以下方面发力。

（一）加强全民道德建设

重塑适应新时代的道德体系，推进全民道德建设，提升公民的文化素养与精神境界，是新时代文化治理的基本内容。党的十九届四中全会决定明确提出：“坚持以社会主义核心价值观引领文化建设制度”。文化治理的核心就是培育和弘扬社会主义核心价值观、弘扬中华传统美德。

青少年是道德养成的关键阶段，道德建设必须从娃娃抓起。无论是家庭教育、学校教育还是社会教育，都应当把培养青少年健康的人格、

① 邓纯东：《当代中国文化治理体系和治理能力现代化的理论反思》，《湖湘论坛》2018 年第 6 期。

正确的生活态度作为教育的重点内容。长期以来，我国青少年教育中存在重应试教育、轻素质教育，以及思想道德教育流于形式等问题。许多家庭在孩子刚懂事的时候，就灌输“考名牌大学、将来出人头地”的思想；而从小学到大学乃至从学前教育开始，成绩、排名、升学率等成为压倒一切的指挥棒，而孩子们功课之外的生活和成长却被忽略了。正如李玫瑾教授所言，“我们现在的教育当中最值得反省的是，我们一直有一种精英教育的思维模式，我们的教育是金字塔型的，这有一个什么特点呢？就是过了塔身一半以上，人就越来越少，下面的人全是挫折感。还有一个问题就是，选拔性教育不能解决人最基本的生存问题”①。

青少年教育改进的方向之一，就是应当把生活指导引入思想品德教育体系，把培养健全人格、合格公民作为教育的首要目标。生活指导的主要内容包括：1. 生活态度指导。帮助青少年正确认识人生的意义和价值，培养积极向上的生活态度。2. 品行与礼仪指导。帮助青少年掌握社会的基础文明规范和基本的道德准则，包括明文规定的和约定俗成的标准、规则、礼仪等。3. 人际关系指导。指导青少年建立和谐的人际关系，包括正确处理家庭关系，尊重和体谅父母；正确对待友谊、爱情，尊重和关心弱者，理性地解决人际冲突等。4. 健康卫生与安全指导。帮助青少年获得维持和保护身心健康、保障安全等方面的知识和能力，尤其要重视保持心理健康，正确面对挫折方面的能力培养。

（二）提升国民法治素养

现代文明社会同时应当是法治社会。我国正在大力推进法治国家、法治政府、法治社会一体化建设，而法治社会的形成，不仅仅有赖于一套严密的法律制度和法律规范，更重要的是全民的法律意识和法治信仰。我国党和政府高度重视全民普法教育活动，早在 1985 年就启动了全民法制宣传教育活动，至今已先后制定了七个“五年普法规划”。我国的普法教育取得了显著成效，公民的法律知识水平和用法律维护自身权益的能力有普遍提升，但多数公民对法律的认识还停留在工具价值的

① 李玫瑾：《幽微的人性》，北京联合出版公司 2019 年版，第 100 页。

层面，法律思维、法律信仰还没有普遍形成，距离法治国家、法治社会的应有要求还有相当距离。今后的普法宣传教育活动，在普及法律常识的同时，应更加注重培养和提升全民的法治素养，引导公民理解和接受现代法治蕴含的人道信念、民主思想、平等精神、公正价值、诚信原则、理性态度等，从而逐渐将法治内化为一种思维方式、生活信条，不仅学法、守法、用法，而且信法、尊法、崇法，为法治发展奠定良好的社会基础。

（三）阻断不良文化传播

不良文化是亚文化的表现形式之一。我国当前表现最为突出、容易诱发犯罪的不良文化，主要有暴力文化、复仇文化、色情文化、腐败文化、黑帮文化、邪教文化以及民族与宗教极端主义等。在加紧源头治理，遏制不良文化滋生蔓延的同时，必须有效地净化文化市场、合理地约束大众传媒，阻断不良文化的传播路径。尤其是在网络社会背景下，网络成为不良文化传播的主要途径，加强网络空间治理是文化治理的重点。另外，有必要强化新闻媒体的伦理与法律责任，以规范犯罪案件的报道。大量事实表明，对犯罪案件的不适当的报道，会产生不利于犯罪控制的副作用，例如，对某些犯罪的报道角度和尺度把握不好，会造成一些人因模仿而实施犯罪；对恐怖犯罪活动的报道完全不加限制，可能会加剧公众的恐慌心理，妨碍反恐工作；对某些底层人员实施的严重暴力犯罪过分渲染行为人的生活际遇和犯罪的社会因素，会导致美化犯罪、颠倒是非的不良后果。

这里重点讨论"暴力文化"的防治问题。在我国，传统文化心理中广泛存在着"复仇情节"的"暴力崇拜"，如"有仇不报非君子""君子报仇，十年不晚"等耳熟能详的话语就反映着这种文化积淀。这种"复仇文化"主要源于中国几千年来的历史因素。在漫长的历史中，兵戎相见、国仇家恨的血腥事件屡见不鲜，大到国家层面的宫廷斗争、朝代更迭，社会层面的暴民作乱、农民起义，小到百姓生活层面的恩怨情仇，通常都是以暴力开始，以暴力终结的。暴力不仅是封建政权最有效的统治手段，也是寻常百姓解决纠纷和恩怨的重要选择。这种"以暴制暴”观念被一次次地重复和施加，最终累积成民族文化传统中的“暴力崇拜”心理和“复仇情节”的习惯思维。在建设现代化的今天，这样的心理和思维虽然很难在现实中找到兑现的机会，但它仍隐藏在人性的心底深处，并时时会蠢蠢欲动。[①] 2018 年发生的张扣扣杀人案及其引发的民间对该案定性处理方面的巨大争议，再一次证明了“暴力文化”与“复仇情节”在许多国人头脑中仍然根深蒂固，从某种意义上讲，暴力文化可谓是暴力产生的不绝源泉。从迄今发生的大量个人极端暴力犯罪案件看，可以发现，相当多的行为人受到了暴力文化的浸染，张扣扣、赵泽伟、杨佳等就是暴力文化造就冷血杀手的典型个案，而底层失意群体更容易信奉暴力文化、产生暴力倾向，这也在一定程度上验证了暴力亚文化理论的效用。

值得警惕的是，直至今日，“暴力文化”借助于文学、影视、网络游戏等媒介而传播蔓延。据有关部门统计，我国目前市场上的网游 95% 是以刺激、暴力和打斗为主要内容，而我国上网人群中 50% 以上是青少年。暴力文化导致一些青少年对生命的麻木，对暴力的崇尚，由此带来日益严重的校园欺凌行为，催生了大量的违法犯罪现象。据上海警方的调查，80% 以上的青少年犯罪案件中，网游成为他们违法犯罪的直接或间接诱因。应当采取有针对性的措施，净化文化娱乐市场，抵御和消除暴力文化对青少年的不良影响。在青少年的教育培养过程中，不论是家庭教育、学校教育还是社会教育，都应当注重怜悯、同情、理解、尊重、关爱、宽容这些良好情感与品行的养成，努力使青少年摆脱仇恨思维、暴力思维的侵扰。即使对于社会上存在的暴力现象，也应当理性地面对，寻求合法的解决方式，除非在正当防卫等合法情形下，不能轻易鼓励以暴制暴的方式，更应当避免非理性的“仇恨教育”。据报道，2010 年福建南平校园凶杀案发生后，当地一所学校让学生以写信的方式谈对血案的看法，有学生在给凶手郑民生的信中写道：我看着那些无辜的小伙伴受到伤害，就想把你碎尸万段，你要真忍不住仇恨，你就去杀那些贪官。这一事例反映出仇恨思维、暴力思维对于幼小心灵所产生的

① 吴锡平：《暴力文化与文化暴力》，《社会观察》2004 年第 12 期。

深刻影响。如果一个社会中埋下了大量仇恨的种子，那社会必然处于危险的境地。“从心理学的角度讲，当一个人陷入仇恨思维，他们必然会脱离秩序的轨道和道义的原则，容易把每一个人，甚至整个社会当成敌人，那么，每个无辜的人，都将有可能成为仇恨思维的受害者”。[①]

在抵御和防范暴力文化的同时，应在青少年当中强化以非暴力形式来解决争端方面的教育。国外一些国家的学校里专门开设了这方面的课程，还有的民间组织致力于这方面的宣传教育。如“理解冲突和倡导非暴力青年组织”（YOUCAN）是加拿大的一个青年组织，旨在对有冲突的青年进行培训，它走进校园，培训了超过1.6万名儿童和青年，教他们不诉诸武力来解决冲突，发展健康的社区关系。[②] 国外的研究表明，如果一个人在年少时在家庭受虐待或者目睹家庭暴力、不接受适当教育、曾经受到过暴力威胁，就很容易有暴力倾向。因此，减少家庭暴力、校园暴力现象，提高家长的养育能力和学校的管教水平，促进青少年的健康成长，有助于预防暴力犯罪的发生。国外开展了一些旨在预防青少年暴力犯罪的“蓝图项目”，值得我们借鉴。这些项目的主要内容包括：引导家长科学地养育子女，关心和促进孩子的身心发展；帮助未成年人提高沟通技巧和情感水平，以正确理解、表达和控制情感；为单亲家庭中的青少年提供家庭顾问，提供心理和行为辅导；推动家长、孩子和校方一起共同应对校园暴力等。[③]

（四）加强社会心态建设

社会心态是一个社会中多数成员表现出的普遍性的心理特点、思维模式、社会认知、行为倾向和情绪情感体验等。积极健康的社会心态具有降低社会交往成本、减少矛盾冲突、维护社会秩序等功能，是良好的社会“黏合剂”。[④] 党的十九大报告中提出：“加强社会心理服务体系建

---

① 李松：《中国社会病》，华夏出版社2013年版，第4页。

② ［加拿大］欧文·沃勒：《有效的犯罪预防：公共安全战略的科学设计》，蒋文军译，中国人民公安大学出版社2011年版，第61页。

③ ［加拿大］欧文·沃勒：《有效的犯罪预防：公共安全战略的科学设计》，蒋文军译，中国人民公安大学出版社2011年版，第34—44页。

④ 王华：《培育积极健康的社会心态》，《人民日报》2018年11月1日。

设，培育自尊自信、理性平和、积极向上的社会心态”。社会心态建设同文化建设密不可分，应当成为文化治理的重要内容。

随着我国经济的发展与社会建设的不断加强，人民群众的安全感、获得感和幸福感在逐步提升，社会心态总体上呈现良性发展的态势。但是，由于收入分配不公、经济社会发展不均衡等问题尚未得以彻底解决，住房、医疗、教育等领域的改革还没有完全到位，普通民众仍然面临较大的生活压力，负面社会心态仍在相当范围内存在。例如，非理性的仇富、仇官、仇警等社会敌意情绪；非此即彼的简单判断，不合即骂的暴戾心态；追求娱乐至上，恶意地“拒绝崇高”“消解权威”“颠覆传统”“解构英雄”；盲目地怀疑一切，社会中蔓延着的“信任危机”等。这些负面的社会心态，冲击着社会的主流价值观，腐蚀了社会风气，助长了一些越轨行为乃至违法犯罪行为的产生。

社会心态建设的首要内容，应当是建立健全社会心理预警体系。社会心态虽然具有动态性和复杂性，但作为一种客观的社会现象，在一定程度上是可以感知、测量并加以把握的。例如，通过开展民意调查、分析网络舆情、对信访矛盾的梳理和研判等途径，可以监测和发现社会心理、社会情绪的变化状况与趋势，从而进行社会风险预警，为实施有效的社会治理提供决策参考。社会心理预警体系的建设，应当整合公安、信访、宣传、网信等相关部门的力量，并明确责任主体，同时，应当吸纳社会组织的力量，如委托专业的调查公司、社会智库等进行相关的调查与研究。

在健全社会心理预警体系的同时，应当推动建立常态化的社会心理预防与干预机制。社会心理问题的特殊性，决定了这一机制应当是服务导向的一种柔性管理机制，应当纳入有关政府部门的日常管理工作，强化部门联动和社会协同，致力于动态地疏导社会情绪，面向社会各界培育积极健康的社会心态，促进社会风气与社会心理环境的改善。

社会心态建设是潜移默化的长期过程，作用不可能立竿见影，必须保持定力，持之不懈地加以推进。特别需要注意，对于社会成员一些消极心态、负面情绪的公开表达，如果对国家安全、社会秩序、他人权利等没有造成现实的损害或威胁，还是属于言论自由的范畴，如网上、社交媒体上一些“段子”“帖子”，即使表达的内容是非理性的或者错误的，也不应动用法律等国家强制手段加以干预，否则效果适得其反，反而会加剧民众对公权力的不信任心态。社会心态建设更多地应当采取宣传、引导、讨论、说理、感染、熏陶等方式，切忌采取简单的封堵、禁止、批判、删帖、销号等方式。在信息时代，公民的表达借助于信息网络而更加自由便捷，对依法治理网络空间、打击涉网违法犯罪的同时，应当保障公民合法的言论自由和表达权利，保持网络空间适度的开放、自由和活力。社会舆论是社会心态的重要表现形式，网上的一些舆论表达，虽然有非理性的成分，但某种意义上起到了改革发展“风向标”、社会建设“晴雨表”的作用，有助于社会的决策者、管理者从一个侧面了解社情民意，本着“有则改之，无则加勉”的精神，不断改进工作，对于确实存在的政策与工作的偏差、缺陷，适时进行校正与弥补，努力避免因决策失误、工作失当、信息不公开而引发群众的不信任和不满，甚至形成“群体性怨恨”。另一方面，舆论表达本身是社会情绪宣泄、社会压力释放的一个通道，起到一定的“安全阀”作用，在合理引导、总体可控的前提下适度放开，反而有利于社会的稳定，促进社会的有效治理。

（五）推动“熟人社区”建设

改革开放后，我国社会结构的一个明显变化，就是传统的以血缘、居住地或单位为基础形成的熟人社会，逐步演变为一个陌生人社会。尤其在城市社区中，居民之间“门对门、不来往”的局面十分普遍。在这样的“陌生人社区”当中，基层组织的社会整合功能大大削弱，客观上也给治安防范等带来了障碍，增加了基层治理的难度。

在我国，社区是社会的基本单元，是党和政府政策措施落实的“最后一公里”。要发挥社区在基层治理中的巨大潜能，首要的是增进社区的团结和凝聚力。西方社会学理论认为，一个组织有序的社区具有以下特征：一是团结一致，社区成员在基本的规范和价值观上存在内部共识；二是凝聚力，邻里之间有很深的联系，如居民相互认识并喜欢彼此；三是整合，定期进行社交互动，如居民能彼此在一起共度时光。[①]近年来，一些地方进行了打造“熟人社区”的探索，即通过各种方式和途径，增强居民对社区的认同感和归属感，推动居民之间的交往互动，进而促进居民参与社区公共事务。例如，发挥基层党组织引领作用和社区自治组织的牵头作用，开展扶困助残、关爱老人和未成年人等社区服务，提高社区的凝聚力；开展丰富多彩的文体活动，组建各种兴趣性团队或志愿者服务队，吸引居民从家里走出来，与其他居民交往互动，通过兴趣活动或公益活动而走到一起变成志同道合的熟人；积极利用 QQ 群、微信群等社交平台，为居民搭建起一个信息交流平台，社区居民利用平台发布需求、资源共享；制定村规民约、社区文明公约等群众自律性规范；发动社区居民开展治安联防等活动。“熟人社区”建设是文化治理在基层的有效拓展，对于“共建共治共享”的社区治理格局的形成具有积极意义。

① ［美］亚历克斯·皮盖惹主编：《犯罪学理论手册》，吴宗宪主译，法律出版社 2019 年版，第 160—161 页。

城市文化空间治理的地方立法评析

陈丽佳[*]

（浙江工业大学文化与法制研究中心）

摘要 城市治理的诸多问题中，文化空间的缺失、治理的忽视或混乱使得一个城市空间正义难以实现、公民的文化权利难以保障。针对当前文化空间立法薄弱、理论研究过分依赖域外、治理效果缺乏地方特色之现状，结合和针对先行性的地方立法样本，聚焦、比较其立法理念或创新思路、制度设计与体制变革，汲取城市治理、文化空间治理等理论与方法，可知城市文化空间权利义务尤其是其中治理的权力结构与权利参与问题突出，应当确立城市文化空间的权利本位、公共属性、民主参与和治理自觉，在保护与发展、传承与创新中抑制和消解权力支配的恣意、资本侵蚀的蛮横，以共建共治共享为基准，建立健全科学化、民主化、制度化的城市文化空间治理体制机制，实现城市文化空间的民本归属与最大效益。亟待设立文化影响评估制度、加强审批监管的开放性与参与度、保障治理主体协商共建和尊重社会公众主体性等的法制原则与举措，是城市文化空间治理切实有效之方法，以期为城市（乡）文化空间治理提供启示和镜鉴。

关键词 城市文化空间；文化治理；地方立法；景观风貌；规划

---

* 陈丽佳，浙江泽大律师事务所，兼浙江工业大学文化与法制研究中心助理研究员。

引　言

空间乃具有一定方位的客观实体，具有持续性和可塑性，且不会随时间的运转而消逝，却可在不同的时期被赋予不同的意涵。[①] 而城市文化空间则正是作为城市主体的人们感受独特文化的载体，其富有城市记忆、历史、精神等各类文化因素，具有承载、传播的功能，代表着整个城市的特色文化魅力及人们内心的精神寄托。对于文化空间治理的研究现状，不单要看到这是一个社会学、建筑学方面的问题，同时，这也是法学层面比较前沿的问题。在各个法学学科中虽未全面关注，但落实在行政法学层面，城市文化空间的治理实则是城市空间规划法学中的重要一环。

在域外研究层面，20 世纪 60 年代，人文地理学与社会思想领域较早关注权力与空间之间的关系，列斐伏尔、福柯、戴维·哈维的著作为此后的法律与空间的研究提供了大量基础。70 年代出现的“空间转向”是西方人文社会科学发展中的重大事件，其标志是亨利·列斐伏尔的空间理论。[②] 20 世纪八九十年代，研究的主要关注点在法律与空间的互动关系，法律、城市空间与权力之间的关系。后期也吸引了不少城市社会学、法学理论等领域的学者对此展开研究。21 世纪以来，“法律与空间”关系之研究还融入至一般法理学、国际法、宪法等领域中。同时，很多的国际公约如《威尼斯宪章》《华盛顿宪章》等都对文化空间予以制度性的保护，各国的法律如日本的《景观绿三法》从国家层面完善了景观风貌的保护体制，一系列的地方性法规也从历史文化遗存、国家公园、街道景观等各个方面进行完善[③]；欧美地区早期的景观规划着重于规划控制，如美国对建筑高度的控制、法国对建筑线的控制，而在后期逐渐转向对城市周边的自然景观的控制，如德国的《联邦自然保护法》。

---

① 陈杰：《城市空间的政治化——鄂豫皖苏区首府的改造与转型》，《苏区研究》2018 年第 3 期。

② 伍乐平、张晓萍：《国内外“文化空间”研究的多维视角》，《西南民族大学学报》（人文社会科学版）2016 年第 3 期。

③ 马红、门闯：《日本〈景观法〉的立法过程及其实施方法》，《日本研究》2014 年第 3 期。

在文化事业方面，各国制定基本法，如俄罗斯的《文化基本法》、韩国的《振兴文化艺术基本法》、乌克兰的《文化法》等，以及通过制定公共文化机构方面的专门法律，如图书馆法、博物馆法等来保障公共文化空间的发展。①

在国内研究层面，城市空间社会学进入我国后，从形成空间的概念到城市空间转向理论的研究，对西方理论的再研究，在此基础上结合城市发展的特殊背景，关注城市空间转向对我国各大城市的发展具有何种启示。交叉学科中也展开了对城市空间的研究，如地理学与城市空间，城市规划中的空间研究，法律与空间的分析。② 而在法治层面，我国目前在国家层面初步建立起覆盖文化遗产保护、公共文化服务、文化市场管理等方面的法律法规体系。如《中华人民共和国公共文化服务保障法》《中华人民共和国公共图书馆法》等；行政法规有《公共文化体育设施条例》《历史文化名城名镇名村保护条例》等10多部。与此同时，自2015年《立法法》修改之后，立法放权，对设区的市地方立法权做出了重大调整。因此各地也能积极探索制定地方性法规，结合当地实际的情况推动城市文化的保护。

我国对于文化空间治理的研究虽已有了一定的基础，但仍旧不够深入。理论与实践脱节且过于对域外理论的依赖，并不能将空间理论内化成具有中国本土化特色的理论。直观治理现状，治理方式不够具有针对性与地方特色性，各地的相互模仿导致了城市的格式化，对一个城市的文化品格与竞争力塑造都产生了实际的影响。因而本文从地方立法角度出发，分析城市文化空间治理的必要性与正当性，明确文化空间的重要性，通过选取若干地方立法样本，全方位分析治理的理念、原则、制度等，总结相应的治理经验，以期为城市（乡）文化空间治理提供启示和镜鉴。

---

① 朱兵：《关于公共文化立法的研究与思考》，中国人大网，http：//www. npc. gov. cn/npc/xinwen/rdlt/sd/2013 -07/10/content_ 1800679. htm。

② 谢熠、罗玮：《城市空间社会学：溯源与拓展》，《荆楚学刊》2015年第4期。

一　城市文化空间治理的必要性与正当性

（一）城市文化空间治理的问题指向

在我国通过应用空间概念解决城市问题到城市空间转向的多学科探讨，从关注城市发展的经济、政治、生态问题到城市本身承载的文化意蕴，城市治理已取得了一定的进展。目前，我们对于城市文化空间治理已有了相应的自觉性，认识到城市空间具有多重性，这不仅仅是体现在生产、生活方面，更为重要的是在城市的文化内涵、文化体制层面的构建。从历史文化城市的治理方面来看，从一味地砸烂拆除历史建筑，追求林立的高楼大厦、人民公园的建造，到开始保护历史遗迹，对物质及非物质文化遗产的重视，都是在文化治理过程中的反省与进步。同时，忽视城市历史文化的底蕴，追求商业化的古镇建筑模式，对城市历史文化空间的破坏力也极强。从域外城市文化空间治理的借鉴方面来看，从一味地盲目追求域外的特色小镇、独特历史建筑，到根据城市自身主体对外来文化批判性的借鉴与吸收，营造属于当地特色的文化空间。从这两方面看，在对文化空间治理有了自觉性、简单的审美基础之上，如何进一步地克服城市生产、生活、政治等功能为主导而带来的文化功能缺失的问题，厘清界定城市公共空间与个人空间，生产、生活与文化功能，政治与商业功能的界限是目前研究的重点。文化空间不仅在于本身文化的传承与外在寄托形式，更在于使城市空间具有文化品格，发挥文化的教化功能。比如现今各大城市的地铁空间营造，其不仅是商业文化、生活功能的体现，更应该使地铁空间带来文化品质的享受与传播，从而满足个体空间与公共空间的需求。因而目前对于城市文化空间的治理十分必要且急切。

（二）我国城市文化空间治理的必要性

文化空间治理，其根本内涵在于通过各类治理手段，使城市公共空间的主体即公民们充分表达自身意愿，营造民主、平等、互动的交流空间，提高社会公共文化服务的层次，最终形成一个以人为本，充满地方文化特色，不再是冷漠而千篇一律的城市。[①] 在城市特色文化记忆逐渐淡化、文化空间认同感漠视的情形下，我国自改革开放以来一直致力于文化治理。治理过程中不单要看到这是一个社会学、建筑学方面的问题，同时，这也是法学层面比较前沿的问题，因此在治理的过程中出现新的现实问题值得重视。

1. 治理主体单一，公民参与度不高

从我国政治文化传统来看，一个地区、国家的治理往往是由政府或强势的一方单独领导、号召，采取强硬的措施施行，这往往导致治理的主体单一化，公众更依赖于接受而非参与，参与文化治理的广度与深度都无法通过提议与倡导来影响问题的解决。社会组织、团体的数量以及规模在不断扩大，但作为非政府性组织，其地位、力量、资金、组织形式管理都不够完善，且对政府相关措施的影响力较为微弱，政府主导、社会力量参与的提倡到最后仍旧是社会力量的象征性参与。而公民习惯于被管理、引导、接受政策与服务，长此以往的漠视便会丧失对文化的认同感与亲近度，缺少公民现实的文化需求，一个城市的独特文化魅力便很难形成，他们的积极作为可以成为文化部门所提供的综合性、同质化服务的必要补充。[②] 这一痼疾在各个层面都得到了重视，但究竟如何医治并且能根除仍未能得出答案或者说得到落实。

2. 治理方式落后，地方法律政策仍不完善

以政府为主导的治理现状下，其管理方法多属于专制型方法，因而缺乏对治理对象的平等对待，未能从根本需求出发解决问题，极大降低治理的工作效率。长期以来，地方政府多以行政规章、规范性文件管理文化工作，立法权限的不明晰以及执法程序的不健全，致使执法中互相推诿的现象层出不穷。尽管在全国性的《公共文化服务保障法》《公共图书馆法》等法律相继出台的背景下，使文化治理有法可依，有了一定的法治保障，但具体到每一个城市而言，缺乏详细具体的地方性法规进行指引与规范，极易造成地方政府权力膨胀，形成地方保护主义。地方

---

① 参见张杨《公共管理视域下城市文化治理问题研究》，硕士学位论文，河北师范大学，2016 年。

② 任珺：《文化的公共性与新兴城市文化治理机制探讨》，《福建论坛》（人文社会科学版）2015 年第 2 期。

立法总体的民主性、科学性不高这一点在文化立法方面也十分突出，地方立法资源的浪费如重复立法，没有创制和细化，没有建立立法前评估以及立法后评估机制，定期清理机制没有成为常态等都是目前文化治理过程中的突出问题。

3. 城市文化空间营建的针对性不够

在制度层面的引导与方向确立之后，确实让文化空间的治理形成统一的抓手，但各地具体的治理政策制度及方案都未根据各地独特性而扎根落实。每个地区城市都因其历史、政治、经济等各方面因素的影响而深藏底蕴，而当前单从城市“批发式”古镇、“量化式”商场、“台湾式”美食节，以及相似的建筑风格、公园设计等现象，就能看出地方对城市的认识不够独立而深刻，混淆了城市的空间功能不同的特征，未能进行合理的功能性规划①，从而使城市的公共文化空间缺失。一味的效仿与商业化的追逐，没有坚持的文化价值立场，没有结合当地的自然风貌、人文特色来塑造独有景观，没有将城市发展过程中各类主体的需求表达出来，这终究是在迷雾中前行，不利于城市的自我定位与发展。

4. 数字网络技术发展带来的新挑战

传播媒介技术不断创新发展，其逐渐与城市地理空间融为一体：媒介技术创造的虚拟的“公共空间”与广场、街道、公园和建筑等实体的城市地理空间合二为一。② 猝不及防的新发展让居住者对城市文化空间的权利认识以及内涵、实现方式都会产生新的疑惑，每天被投放了商业广告的巨型广场屏幕围绕，在电梯、地铁等各类空间中充斥着娱乐、广告、搞笑视频等信息，这样的城市生活让人麻木无趣，心灵的共鸣与对文化的深入感受无法在喧嚣中沉淀下来。管理和控制城市等此类传统治理方式已经不能成为治理城市的最佳手段。同时网络社交媒体的发达使大量虚拟的交流场所涌现，改变、挑战着传统的城市公共空间存在方

① 张勇、何艳玲：《论城市社区治理的空间面向》，《新视野》2017 年第 4 期。

② 潘霁：《地理媒介，生活实验艺术与市民对城市的权利——评〈地理媒介：网络化城市与公共空间的未来〉》，《新闻记者》2017 年第 11 期。

式[①]，其作为文化艺术思想等传播的场所使部分公众淡化对现实文化空间的需求。而政府文化工作队伍规模小，专业性技术手段以及理论知识不跟进，而系统外的社会组织、个体对此缺少关注，城市文化空间的治理便缺乏合理引导，面临极大挑战。

此外，城市的景观风貌趋于雷同、城市规划设计无序杂乱从而衍生出一系列城市病，在造成城市空间正义缺失，城市犯罪率上升等一系列社会问题后，城市文化空间治理的必要性不言而喻。

（三）城市文化空间治理的正当性

文化空间作为城市必不可少且愈为重要的组成部分，若不加强对其的系统治理，则极易导致文化空间的逐渐消亡。在面对文化空间出现的种种问题时，政府尤其是地方政府将文化治理作为其行政责任之一，并通过理性良好的法理体系来建立秩序，从而获得广泛的认可，其治理的合法合理性依据值得探讨。

1. 政府职能之所在

行政主体的一切活动都要在宪法和法理的范围内，这是政府治理的基础标准，也能为其行政行为的实施树立权威性的形象。政府作为文化空间治理的主体，在于其自身的义务便致力于发展教育、各类文化事业，加强城市主体的精神文化需求，使城市的经济、政治管理协调有序。其社会职能中致力于构建社会化服务体系，对于城市公共空间的营造、公民的文化要求提升，政府要基于其基本职能，不断提升治理能力，满足各方需求，从而有效协调开展治理工作，完成行政目标。在党的十八届四中全会后，便对全面依法治国作出部署，提出加强重点领域立法，建立健全文化法律制度后，明确了法治体系和法治能力是国家最重要的治理体系和治理能力，在国家层面，文化治理与建设得到前所未有的重视。

2. 文化空间治理的法律依据

文化治理单从规划、公共政策、理论方面进行研究无法有效、全面

---

① 董慧：《秩序与活力：城市文化空间的意义构建》，《苏州大学学报》2011 年第 4 期。

地解决文化空间缺失带来的各类问题，因而，通过法律来治理文化空间的方法也是一大重点。《城乡规划法》《文物保护法》《博物馆法》等法律行政法规的设立修改，为文化治理保驾护航，从整体上有了治理的方向与制度约束。而2017年施行的《中华人民共和国公共文化服务保障法》以及2018年施行的《中华人民共和国公共图书馆法》是近年来依法治国理念在文化层面的新突破，也力求解决这一问题，在法治化轨道上明确公共文化服务由政府主导、社会力量参与，公共图书馆的设立、运行、图书的捐赠方面都鼓励各方力量参与，使相关部门有法可依，可据此提出各类计划和落实的办法，使各省市能在总方向引导下根据地方特色出台地方性法规，从而营造地方性文化空间特色。2015年3月15日修改的《立法法》对设区的市的立法权限做出限制，可对城乡建设与管理、环境保护和历史文化保护等方面的事项制定地方性法规。较大的市、省对于文化方面的立法本身有法律依据，而设区的市虽有立法限制，但根据对城市文化空间的一般界定，历史文化即为城市文化空间的组成部分，环境保护中对人文遗迹的保护即为对城市文化空间的保护。对城乡建设与管理范围的确定关系到其立法范围的实际大小，且涉及央地之间的权力分配。[①] 而城乡建设与管理的概念虽存在模糊的空间，就目前的城乡规划与建设条例等看来，其部分内容涉及文化空间，仍能归属于城乡建设与管理的方向。因此，设区的市也可对文化空间方面进行立法，通过地方立法保护城市文化空间是符合立法法的精神与要求的。

3. 文化法治立法现状不容乐观

从目前立法情况来看，截止到2017年，我国有关文化的法律、法规、规章和规范性文件数量占全部立法的不到3%。其中现行的文化领域法律约占全部现行法的2%，全国性的立法对文化保护尚且不足，地方性的文化保护相对于其他领域的保护更显得短缺。

而一个城市的文化空间，光靠规划、政策是不够的，地方性是一个城市发展的灵魂，哪怕有统一的立法，地方不根据自身特色盲目跟从，到最后还是无法解决文化底蕴的缺失问题。因此，地方性立法既通过强

① 俞祺：《设区的市立法及规范性文件领域分布研究》，《法制与社会发展》2017年第5期。

制的规定保证规划的实施，又能根据每个城市的独特意蕴、市民的文化需求从实际出发进行保护。城市文化空间的营造，开放共享，使其成为文化交流展现的空间，便需要法治的约束与评判。

二 城市文化空间治理的法律规范评析

城市文化空间的治理基于现有的治理模式及方法，仍不够有效而具体，不难看出要营造文化空间，法律法规的设立与完善是最根本也是最具成效的治理手段，其中地方性法规的保护更是能根据地方性特色来量体裁衣，补足城市规划中的短板，形成完善的体系以及法律惩罚、监管制度，从而为下一步的措施提供标准，减少治理过程中的迷茫，更高效率地营建文化空间。下文便通过对现有法律规范进行具体摘选与研究评析，归纳法律规范对城市文化空间治理的成效与存在的问题。

（一）对《城乡规划法》的分析

《城乡规划法》在《城市规划法》的基础之上增设“城乡规划修改”与“监督检查”两章，以强调征求公共意见、评估规划与检查监督的重要性，一定程度上促进了规划制定的科学性与合理性。规划法中加强人大监督，并落实民众参与环节，采取听证会等形式征求专家和公众的意见，也成为了各地规划法以及其他法律的一个模范。

城乡规划法规定了公众参与制度，采取听证会等方式征求专家和公众的意见，使公民的知情权、监督权、参与权得到了一定体现，为公众参与法律制定及实施提供了一定的法律依据，同时也让公众参与这一概念广泛应用到了各省、市、自治区的城乡规划法之中，让公民的权利得到体现。但较为突出的一个问题仍旧是该参与制度停留在形式化的表象运作阶段，公众个人所代表的利益仍具有片面性，建言献策难以得到关注和重视，同时自主意识也不够强烈，因此参与制度的强化与落实仍是规划法中的一个弱项。

城乡规划法注重保护自然和历史文化遗产，明确规定要在城市新区开发建设中体现地方特色，要依法保护和合理利用风景名胜资源，城区危房改建、基础设施更新都应从地区实际出发，尊重公民意愿，违章建筑拆除必须由所在地县级以上人民政府责成有关部门查封、强制拆除。城乡规划法对于城市风貌的注重仍集中于历史文化街区，对于多元性的文化因素考虑不够全面。

（二）地方立法样本评析

本文在中国法律法规信息库、北大法宝法律数据库中择选的地方性法规，主要以“城市风貌”“景观风貌”“文化”为标题、全文的搜索关键词，以2015年3月15日《中华人民共和国立法法》修改通过为时间节点，搜索在此之后设立、修改并且有效的地方性法规作为研究样本，试图通过相对清晰的分析整理来揭示地方立法对文化空间治理的实际能力以及存在问题，关注地方立法的不足等问题，以求文化法治制度层面的完善与提升。

以“文化”为标题的地方性法规数量达55件，以“城市风貌”“景观风貌”为标题检索的地方性法规数量共计2件，以“景观风貌”“城市风貌”“文化”三个检索词为正文内容的地方性法规数量达44件。除去重合的地方性法规，数量总计96件。

1. 有关文化空间地方性法规涉及的立法领域

与文化空间相关的地方性法规具体细分涉及的立法领域主要如表1所示，大致涉及十二大类，将其中一些细致性的职能合并归入大类，如户外广告管理、市容市貌管理等统一归入市容环卫，历史文化建筑并入历史文化名城保护。通过对地方性法规的立法领域进行分类后，根据此样本的数据，能总结发现在“非物质文化遗产”“历史文化名城民镇保护”“民族民间传统文化”领域各省市较为重视，立法的数量占比较大，文化空间最突出的关注点仍是在历史文化遗存方面。也不难想到，一个城市文化底蕴的展现最为直观的即在历史古建筑方面，此类物质性、公共性的建筑设施等往往是最容易关注的，但也注意到对于文化产业方向等非实体性方面的规范较少。

表1

立法领域	
非物质文化遗产	旅游
历史文化名城名镇保护	城市风貌
民族民间传统文化	环境保护
公共文化服务	通信设施建设与保护
文化市场管理	市容环卫
城乡规划与建设	生态文明建设

2. 各地区对于文化空间的法律保护制度之比较

各个地区都有属于自身的文化特色，也存在经济基础差异，但基于立法的原则与目的之明确，一般的地方性法规体系相似，通过对典型地区的立法情况比较，可以总结归纳出各地区的立法差异。选取北方地区的山东省、长三角地区的浙江省以及珠三角地区的广东省三处进行对比，由于此三省都处于东部地区，相对经济差异不大，而各处北中南三个位置，能较为典型地代表此三处地区的立法差异，以此进行对比。

表2

	浙江省	山东省	广东省
立法数量	5	5	5
范围	景观风貌、生态文明、大运河世界文化遗产、历史文化	城市风貌、非物质文化遗产、市容管理、房地产开发经验、山体保护	环境保护、历史建筑文化街区、历史文化名城
制度设计	景观风貌专项规划审批监管体系	基本生态控制线、自然岸线管理制度	环境功能区划分
	公共环境艺术品配建资金保障	山体保护控制线	历史文化名城保护名录
	城市更新维护	非物质文化遗产调查制度	合理利用制度
	运河分级分类分段保护措施	专家评审委员会	专家认证制度
	运河监测、预警系统及数据收集	城市色彩和建筑风格规划	历史文化名城监督检查制度
	生态红线		联动工作责任制
	特别论证程序		

通过简单的对比，可以看出三省与文化空间相关的立法数量是一致的，但在涉及的范围上相差很多。总体而言，对于历史文化、生态文明方面都有涉及，但三地又对于不同的保护方面有所扩展，如浙江省对于景观风貌的创新立法。但从立法范围也能发现，目前还未有一部较为系统全面的针对文化空间的立法，文化空间涉及的范围虽广，但通过分散的多部地方性法规来治理文化空间，极易造成立法重复，权力交叉，从而各部门之间互相推诿的情况发生。

通过对制度方面的简单概括，三地的共性即一般都是多部门联合协作进行治理文化空间，都规定了多方主体参与治理的制度。其中浙江省创新性地设立公共环境艺术品配建资金保障机制，这也是对文化空间最为直接的一种保障，而其余省的地方性法规并未能直接保障到文化空间。

3. 对《浙江省城市景观风貌条例》的分析

2017 年 11 月 30 日通过的《浙江省城市景观风貌条例》（以下简称“条例”），是全国范围内，首部省级针对城市景观风貌管理的地方性法规。不同于以往市的地方性法规，该条例针对景观风貌现有问题，较为全面地就浙江省的地方性突出矛盾列举一系列创新解决措施。条例对城市景观风貌进行了简单的定义阐述，是指由自然山水格局、历史文化遗存、建筑形态与容貌、公共开放空间、街道界面、园林绿化、公共环境艺术品等要素相互协调、有机融合构成的城市形象。同时规定城市景观风貌重点管控区域包括城市核心区、历史文化街区和其他体现历史风貌的地区及城市新区、主要街道、城市广场和公园绿地、重要的滨水区和山前地区、对城市景观风貌具有重要影响的其他区域等。

（1）治理理念

条例的治理理念主要是为加强城市景观风貌设计和管理，营造美丽宜居环境，改善空间品质，彰显地域特色，提升城市发展软实力。从中强调的“景观风貌”与“地域特色”是该治理理念的一个突破与亮点。针对“城市景观风貌”的专项立法仅在少量市级地方性法规中有所体现，在省级地方性法规层面，浙江是第一个关注并致力于解决景观风貌现有问题的省份。“地域特色”也体现了对于目前“千城一面”问题的关注，地方性的迷失让一个城市陷入混乱与麻木，对城市独特文化的认同感丧失与传承无法继续的无奈，因而地方立法通过强制性手段将这些问题纳入考虑范围，形成对文化治理的一个总体抓手。

（2）治理原则

为实现建设“美丽中国”的目标，根据中央城市工作会议的要求，坚持对城市的空间立体性、平面协调性、风貌整体性、文脉延续性等方面的规划和管控，以留住城市特有地域环境、文化特色、建筑风格等因素。可见条例的治理原则是坚持以人为本、尊重自然、传承文脉、立足长远、永续发展，从实际出发，体现地域特色、时代特征、人文精神和艺术品位的总体要求，推动“美丽浙江”的建设。

（3）治理制度设计

条例在遵循国家法律法规及现有管理机制的前提下，将实践中有效经验予以应用，形成了一套创新的城市景观风貌管理规范。

首先，在治理的主体方面，除了政府的领导监督职能外，条例深化专家和社会公众参与制度，规定重大事项需公开征求专家和社会公众意见，并将其权利扩至公共环境艺术品的评估，通过条例明确治理主体及其职责，能更进一步促进多元主体参与文化治理，从而代表不同主体实现其权益。条例在总则进行总体规定之后，在第十条、第十一条、第二十三条较为详细地阐明了其他主体的治理权利与职责，对于非政府主体实现文化治理提供了一定的途径。但同时也存在着其他条例、法律法规的通病，即规定仍不够详细，难以保证权利的有效发挥、专家与社会公众的参与程度，且对于其落实的具体方案和惩罚措施不够具体，在实践中的操作仍需根据今后的施行情况具体分析。

其次，在治理的措施方面，条例有几大创设性的制度设计值得探讨与分享。

在规划设计层面，确立以城市设计为主导的城市景观风貌规划设计和管理制度，明确城市设计编制审批程序，通过总体城市设计和详细城市设计有层次有轻重地予以控制和引导。同时明确城市景观风貌专项规划应当纳入城市总体规划、县（市）域总体规划，使各类规划有顺畅的衔接，为城市景观风貌管控提供法律依据。

在景观风貌管理层面，建立管理导则制度，同时对建设工程设计方案审查、竣工规划核实等项目要求列入审核。同时根据“最多跑一次”和“放管服”改革精神及城市容貌标准等，列举了设置候车亭、建筑外立面装修装饰、管线敷设等不需要取得规划行政许可的负面清单。

在城市风貌更新机制层面，条例在保护历史文化街区的传统格局、整体风貌和历史文脉的基础上，严禁擅自迁移、拆除和改建历史建筑。重建、改建、扩建都应申请规划行政许可，提高原容积率、建筑密度、建筑高度和改变原用地使用性质的，应报市、县人民政府同意。同时定期清理维护、改造整饬城市风貌建筑的薄弱环节。该机制为近来的旧城改造、环境治理提供了合法合理的法治保障，使城市更新能在文化积淀的底蕴之上，不盲目拆建，从而在法治环境中孕育文化空间。

条例创新性地在总结国外通行实践经验基础及台湾地区和台州市的先行实践上，建立了公共环境艺术品配建管理制度。规定重要公共项目配建公共环境艺术品的情形，明确配建投资比例及实施管理要求，规定公共环境艺术品配建投资不低于本项目建设工程造价的百分之一，对投资概算超过 20 亿元，规定其超出部分配建投资比例不低于千分之五。同时建立后评估和退出机制，严格保证公共环境艺术品的水准。此创设性制度真正意义上从文化空间的角度出发，对于公共空间中的文化元素加以提取和应用，从而让公民置身于无形的浓重文化氛围之中，从中汲取正面能量与感悟。

在监督方面，条例率先创建了完备的景观风貌专项规划审批监管体系。将监督管理工作的必需经费列入财政预算，从而保证有效监督，同时规定城乡规划主管部门及各个文化、发展改革、财政、审计、市容环境卫生等部门各司其职。市、县人民政府审批总体城市设计和详细城市设计，并组织专家和社会公众提出意见、进行监督。在公共环境艺术品配置中，采用评估手段实际也是一种监督，让艺术品符合建设要求，对于水准低下的及时拆除改造。这一系列的严格监督手段让文化空间的营造与后续管理成为可能。

在法律责任层面，条例建立了县级以上人民政府统一领导、城乡规划部门具体负责、相关部门各司其职的城市景观风貌管理体制，并规定了相应的法律责任，对从事城市景观风貌建设维护的单位和公共环境艺术品配建的单位等行政相对人不执行本条例有关规定的违法行为，制定了相应的罚则，通过罚款等方式促进具体措施的落实与规范处理。但同时也能发现，条例的法律责任规定过于宽泛，自由裁量的范围过宽，容易导致上行下效，不依据实际情况做出合理的处罚极易导致法规难以扎根。

4.《威海市城市风貌保护条例》与《浙江省城市景观风貌条例》的对比

文化景观风貌作为文化空间的直接物质性表现方式，更能反映出文化空间营造的现状。笔者选取《浙江省城市景观风貌条例》和《威海市城市风貌保护条例》进行对比，来探讨两者之间的不同以及互相的借鉴因素。之所以选取一个省级地方性法规和一个市级地方性法规进行对比，首先是基于目前我国城市景观风貌方向设立的地方性法规就为此二者，且都在立法法修改之后通过，更能反映近年来的保护现状。其次两地虽同处沿海经济发达地区，但总体而言分处南北两地，地理环境及文化历史传统有较大差异，能体现出地方性特色及具体的立法需求。最后虽省一级立法与市一级立法的权限有所差异，但能从纵向对比两者立法的细致性，也能思考城市风貌是由统一性立法来规范好还是由更为细致的地方性法规保护好。

表3

	《浙江省城市景观风貌条例》	《威海市城市风貌保护条例》
立法理念	美丽宜居、改善空间品质、彰显地域特色	保护城市的空间格局、历史风貌、地域特征和文化特色
保护范围	景观风貌：自然山水格局、历史文化遗存、建筑形态与容貌、公共开放空间、街道界面、园林绿化、公共环境艺术品等城市形象；明确城市天际线、城市色彩、建筑风格、街道界面等要素作为规划重点内容	城市风貌主要为海岸、海岛等自然风貌和历史文化遗存等人文风貌及其他有价值的项目

续表

	《浙江省城市景观风貌条例》	《威海市城市风貌保护条例》
保护主体	政府及其有关部门、专家和社会公众参与	政府及其有关部门、任何单位和个人
保护制度创新	景观风貌专项规划审批监管体系；公共环境艺术品配建资金保障；列举不需取得建设工程规划行政许可的负面清单	基本生态控制线、自然岸线管理制度；选配优秀专业立法工作人员；强化执行力，创新性设计罚款计算标准
法律责任	根据条例设置相应处罚措施及罚款；对从事城市景观风貌建设维护的单位和公共环境艺术品配建的单位等行政相对人不执行本条例有关规定的违法行为，制定了相应的罚则	对普遍性问题以及每一类禁止性行为设置相应法律责任措施

（1）在立法理念上两者都从大方向进行指引，并没有十分具体的落实，威海市城市风貌保护条例相较而言更为具体细致，具有针对性，这也说明若市一级的地方性立法在不重复、复制上位法的同时能细化立法，对于文化空间的保护也能更具针对性。

（2）在保护主体方面，两者都以政府为主导，社会公众及个人力量的参与为助力，引导社会力量来推动文化空间的营造。在保护制度的创新方面，威海市设立生态控制线、自然岸线管理制度，保证了视线景观等整体的设计；在立法工作上，威海市条例选配优秀专业立法工作人员及专家共同高效立法，使立法更具针对性与科学性，浙江省主要设立景观风貌专项规划审批监管体系，能加强对城市景观风貌的规划和控制引导；在惩罚制度上威海市创新性地按照违法所得、破坏城市风貌的面积和建设工程造价的一定比例等处以罚款，减少部门的自由裁量，增强了处罚数额设置的科学性。[①] 浙江省在保护制度创新方面最为突出的即对公共环境艺术品配建投资金额的设置，此制度对公共环境艺术品特有的

① 参见威海市人大常委会法工委《理念先导　突出特色　保证质量　威海立首法精心呵护城市风貌》，《山东人大工作》2016 年第 11 期。

文化艺术属性着重考虑，通过监督、建立后评估和退出机制来全方位保证公共文化艺术的水准，从而能起到对文化空间营造的作用。

（3）在法律责任方面，威海市设立十四条条款对普遍性及每一类禁止性行为做出了规定，而浙江省仅设立六条法规对法律责任及其处罚裁量权做出限制，罚款的幅度较大，执法部门具有较大的裁量权，这相较于威海市的条款来讲，不够具体而深入。

（4）小结

从上述对比中，《威海市城市风貌保护条例》更具地方性特色，在立法理念以及具体法律责任方面能根据当地的现状来制定相应条例，从而在解决问题上面也更有针对性，这一点较《浙江省城市景观风貌条例》更为细致；而《浙江省城市景观风貌条例》在针对公共环境艺术品配建等文化空间营造方面的措施，这一创设性的举措，对于城市特色文化的宣传以及公众的文化需求都有极大的影响，对于文化空间的治理更具针对性。审批监管体系对于政府主体的权力有一定的限制，从而能平衡几方治理主体的位置，促进社会公众真正发挥治理的作用。虽然在法律责任的设置方面不够细致，处罚制度在限制公权力方面不够具体，但这也为今后市级立法明确了方向，让市级立法有创新发展的机会。

5. 对《河北雄安新区规划纲要》的分析

2018 年 4 月 21 日，雄安新区的规划正式落地，《河北雄安新区规划纲要》（以下简称“纲要”）拉开了雄安新区的具体建设帷幕。纲要作为地方规范性文件，对雄安新区未来的空间布局、城市风貌、生态环境、产业发展、公共服务体系、交通路网、市政基础设施和城市安全体系等各个方面做出规划。

纲要中的几个亮点，恰好体现了城市文化空间治理的重要性。其中提出要“坚持中西合璧、以中为主、古今交融，弘扬中华优秀传统文化，保留中华文化基因。塑造中华风范、淀泊风光、创新风尚的城市风貌。”同时提及要保护历史文化，形成体现历史传承、文明包容、时代创新的新区风貌。纲要十分明晰地提出城市风貌要结合中华传统历史文化，作为承接北京非首都功能，在强调生活、生产功能之外，更为注重城市的文化空间，在一个新城的建设中，也能体现出对于中国文化、地方特色文化的塑造，将成为今后打造城市的楷模。纲要中直截了当提出严格控制建筑高度，不能到处是水泥森林和玻璃幕墙。使纲要的目的十分明确，是政策逐渐落到关键点、实际面的体现。最为关心的贴近日常生活的城市公共空间建设，纲要主要涉及医疗卫生、三级生活圈、城乡一体化公共服务设施、构建健身体系、住房保障体系等生活性功能，但最为重要的即明确了空间的文化服务体系，纲要始终坚持以人民为中心、在数字网络环境下，高标准布局建设博物馆、图书馆、美术馆、剧院等，在街道、社区建设综合文化站和文化服务中心。纲要统筹文化等各要素资源，合理布局文化产业，促进文化产业高质量发展，推动公共文化服务与文化产业融合发展。

雄安新区规划从一个城市的各个方面进行了详细而完整的阐述，但从中笔者也发现，对于一份规划，目标性的指引远远是不够的，在如何具体落实以及落实之后城市将会出现的任何问题仍需要通过制定相应的地方性法规，结合雄安独特的政治、文化等功能，为此而打造一个科学规划、依法治理的新区块。

此规划与《浙江省城市景观风貌条例》最为不一致的即雄安新区系中央与地方多维合作关系的体现，不仅是地方政府的规划，中央政府在地方规划不合理、不全面时还会及时介入，中央与地方的联系更为紧密。因此在党的十九大之前，雄安新区是党政合社的管理机构，打破了“党政联合”模式，摒弃双头领导体制，能提高规划实施的效率，该创新思路也让权力结构得到了较好的平衡，但随着新区的建设深入，进一步的构建社区、街道等关系，是需要明确完善政府的机构体系构建的。新区深化行政体制改革，行使有关行政审批权限和管理权限，全面实行负面清单管理，为行政服务的效率提高做出显著的贡献。《浙江省城市景观风貌》较于雄安新区规划来说，对于地方政府的权力体系结构不够明确，且在民众参与部分，仍旧是以广泛征求专家和社会公众意见来健全参与机制，而规划则明确了畅通公众参与渠道，搭建起公众参与平台，为后续编制、决策、实施发挥作用，让公民的需求、基础权利能真正参与到治理之中，体现了共建共治共享的理念，实现民本归属与其最大效益。

三　启示与建议

《浙江省城市景观风貌条例》《河北雄安新区规划纲要》的通过，其中的一大亮点都在于城市文化空间的营造。而在文化空间营造过程中应关注哪些重点以及如何通过完善地方立法来更好地建设文化空间，笔者将结合条例与纲要中的相关内容，以及吸取域外的一些做法，从中吸取经验并提出相应的启示与建议。

（一）建立健全科学化、民主化、制度化的城市文化空间治理体制机制

习近平总书记提出的打造共建共治共享的社会治理格局以及加强社会治理制度建设、预防和化解社会矛盾机制建设、加强社区治理体系建设等便是目前城市治理以及文化治理的一个基准。在此大方向下，便要准确把握治理主体的多元化、民主化以及着重关注公民的主体性。只有社会共同体的成员共同参与共同建设共同治理，并且通过一定的民主协商方式产生具体的管理机构、人员，让公共空间运作产生的所有利益，共享给共同体全员就有利于推动形成共建共治共享的文化空间治理格局，最终能将文化治理的成果反馈到最为需要的主体，实现治理的最终目的。

同时在文化空间保护的问责机制上，行政处罚标准偏低、保护与处罚主体合一的情形下，探索建立对文化遗产、公共文化空间的公益诉讼机制，基于文化空间所涉及的利益公共性、整体性、保护主体的行政性。因此由检察机关提出检察建议，督促纠正文化空间保护过程中违法的行为，在出现损害结果时及时启动侦查追诉程序。在政府的行政规划行为中实体规制与规划规制尤其是在内容规制方面对规划裁量权有着直接的影响，如重建或者改造规划，虽然可诉，但在对其进行规制时，最好能平衡好其裁量空间，既要防止对行政权的过度干预又要防止行政权的滥用。这些都是城市风貌更新机制设立过程中必须考虑到的因素，因此在设立科学的制度时，都应考虑到此类相关因素。

（二）建议设立文化影响评估制度

1979年《环境保护法（试行）》首次确立了环境评价制度，其后的实施使得环境保护参与到城市规划和建设项目审批有了程序依据。[①]环境包括自然环境和人文环境，既然在自然环境保护方面能设立环境评价制度，那将人文环境纳入评估制度，订立一套统一而公平的评估标准，设立详细的事前预估，事中评估，事后改善的一套机制，从而在公共文化设施建设、历史性建筑重拆翻新修建等项目进行时，根据此套标准，评估文化配套设施、文化服务是否达标，其文化影响力在地方的具体渗透程度都应有一个具体的测评。通过此类评估，从而避免对城市文化品格的恶劣侵害。在《浙江省城市景观风貌条例》中对于公共环境艺术品的配置投资要求落实实情会进行核查，城市、县人民政府可以组织文化、城乡规划、建设等有关部门以及专家和社会公众代表，对公共环境艺术品进行评估并向社会公布，根据评估结果实行下一步行动。《河北雄安新区规划纲要》中也提及要加强规划监督评估，健全规划实施监管和考核问责制度，搭建国土空间基础信息平台和数字规划建设管理平台，建立“实施—监测—评估—维护”机制，提升规划的适应性。而此为总体性的监督，在涉及文化、风貌等具体方面时，此类评估的办法能更有针对性地解决文化服务方面的问题。在域外的实践中，设立评估制度已成为通行做法，在英国，景观便需要通过事前评估特征从而为制定景观政策提供基线信息，在加泰罗尼亚、荷兰和法国，文化等景观由景观观测台的结构化系统进行监测。[②]因而这些设立评估的做法即符合文化影响评估制度设立的精神，文化影响评估制度亟待设立，但对于具体的评估标准以及评估小组成员的挑选都值得进一步细化。

---

① 王楚云：《文物影响评价的法治化路径——解释论和立法论的双线视角》，《学术交流》2017年第2期。

② Andrea De Montis，“Impacts of the European Landscape Convention on national planning systems：A comparative investigation of six case studies”，*Journal of Landscape and Urban Planning*，2014. 1.

（三）健全法律衔接机制，协同治理文化空间

条例的公共环境艺术品配建制度对于公共文化软实力的提升有极大推动作用。同时纲要中提出的打造鲜明“中国脸孔”，以白洋淀生态风貌为基础，结合中西、古今文化，着重于中华风范，并严格控制天际线，使城市能够全方位地融洽相宜。纲要对于多层次公共文化服务的打造也值得学习，但并未详细而有针对性地提出文化服务设施的具体标准，这一点恰好为下一步的实施与规划留下了发展与完善的空间，这对于今后设区的市具体设立地方性法规也能有更为科学的引导。但目前不同的文化空间类型如历史文化遗产、景观风貌都有了相关的立法，各地也有各自的城乡规划法，几者之间的立法衔接不够，将会导致重复立法，不同部门之间互相推诿责任等情况。因此要在规范地方立法中探索健全法律衔接机制，每个城市基于其悠久的历史积淀，会呈现不同的特点，如不同政权主导的城市空间改造便会因其政治意识形态不同而表现出不同特点。[①] 不同经济模式与发展速度也会对城市空间营造的重点产生影响，因此每个城市都应运用好天然的历史、地理优势和后期的文化发展，合理规划文化空间治理方向。

（四）加强审批监管的开放性与参与度

无论是《浙江省城市景观风貌条例》中设立的景观风貌专项规划审批监管体系还是《河北雄安新区规划纲要》中简要对审批监督制度的阐述，对于文化空间的营造都起到了保障作用。而传统的审批监管由于政府系各个部门的各司其职，而展现在公众面前的仅为最终的结果。基于目前全国的简政放权基调，在对文化治理的制度设计、风貌的规划等进行审批时要组织各类主体参与保证其开放性与透明性，让专家和社会公众的意见不局限于提出，更应该落实到具体的每个环节，让公众参与不再局限于形式。

---

① 陈杰：《城市空间的政治化——鄂豫皖苏区首府的改造与转型》，《苏区研究》2018 年第 3 期。

（五）加强保障公众的文化权利

文化权利是人权的重要组成部分，文化自由以及享受基本公共文化服务，享受著作权保护等都是文化治理的核心理念。在目前的地方立法中，权利与义务的不对等性会扼杀公民文化参与的积极性，因此当前亟须加强保障公众的文化权利，让公民形成对文化的认同，在立法时充分考虑到公民的主体性地位，尊重和保障公众对公共文化空间的支配，并共享由此带来的权益。

四　结语

文化作为城市的起源因素之一与发展的动力之一，在城市建设与治理过程中扮演着引导性的角色。而在综合治理的各类方法之中，通过制度建设来作为后期具体措施实行的基础，能为传统文化及地域特色的传承发展、地方公民文化生活权利的实现，提供前行的动力。在强调地方性特色立法的背景下，地方性法规对文化空间的感知及认同应在感性的基础上，以共建共治共享为治理基准理念，综合各方主体的需求，设立具有人文关怀性与科学性并举的法规，加强对文化空间治理的审批监管，让权力暴露在阳光之下，更为透明，让公民参与治理，更为开放。在基础的制度建设完善后，后续的各类措施、政策规划等能有序而具体地展开，为城市文化空间的营造，为整体文化法治氛围的营造而蓄力。

公共文化服务法治

《公共文化服务保障法》的制度构建

——基于文化人权的视域

陈俊文[*]

（浙江工业大学文化与法制研究中心）

摘要 文化权利作为公民的基本权利，由我国宪法确认。但长期以来我国对公民文化权利的规定停留在宪法宣告层面。《公共文化服务保障法》的出台则将这种宣告性的权利转变为具体的法定权利和坚实的现实权利。该法通过构建文化需求调查制度、文化设施规划运营制度、文化服务供给制度、文化服务监督管理制度、绩效评价制度这五项制度，将公民文化权利纳入法制化的轨道，进一步法治化是其发展方向。

关键词 公共文化服务；文化权利；人权；公共文化服务保障法

一 引言

文化权利作为公民的基本权利，由我国宪法得以确认。但长期以来我国对公民文化权利的规定停留在宪法宣告层面，没有专门的法律予以保障。2016年12月25日，《中华人民共和国公共文化服务保障法》（以下简称《公共文化服务保障法》）经全国人大常委会审议通过，以标准

* 陈俊文，浙江杭天信律师事务所，浙江工业大学法学学士，兼浙江工业大学文化与法制研究中心助理研究员。

化和均等化为基本原则，对公民文化权利的保护由行政保障转变为法律保障，开启了对公民文化权利保护的新纪元。有学者认为这是推动宪法深入实施、补齐文化领域立法“短板”的重要举措[①]，《中国文化报》评论员认为这标志着全面依法治国战略在文化领域的进一步贯彻落实。笔者在赞同这些观点的同时，提出以下问题：首先，《公共文化服务保障法》对公民文化权利实现有何意义？其次，该法构建了怎样的人权保障机制？由此人权法和文化法有何研究上的意义？对此，本文拟通过论述《公共文化服务保障法》的意义，构建的五项机制以及其对特殊群体的保护来分析该法的人权意义。

二　《公共文化服务保障法》是公民文化人权保障的基本法

文化是一种主体性态度，也是一种生活方式。[②] 人与其他生物的一个重要区别在于人的精神世界丰富多样。现代社会人的需求在物质层面得到了基本的满足，而文化层面的需求得不到满足将严重影响社会的发展。文化权益的满足更具有必要性、基础性、平等性和迫切性。权利与法制相互依存，所以公共文化服务保障法是一部人权保障法。

（一）《公共文化服务保障法》是文化领域的社会保障法

文化权和其他社会权利相比，所受法律保护不足。与公民权利和政治权利相比，经济、社会、文化权利是一种积极权利，不具有即刻实现的权利，要求国家对公民采取积极作为的手段和方法帮助和服务。[③] 我国宪法将公民的社会权利分为劳动权、物质保障权、财产权以及文化权等。1994 年制定的劳动法和 2007 年制定的劳动合同法通过规定公民的

---

① 参见柳斌杰《依法保护人民群众的文化权益——关于公共文化服务保障法和文化立法的思考》，《中国人大》2016 年第 8 期。

② 陈忠：《城市权利：全球视野与中国问题——基于城市哲学与城市批评史的研究视角》，《中国社会科学》2014 年第 1 期。

③ 秦前红、涂云新：《经济、社会、文化权利的可司法性研究——从比较宪法的视角介入》，《法学评论》2012 年第 4 期。

平等就业权、选择职业权、取得劳动薪酬权、休息权等法律权利来保障劳动者的合法权益不受损害，达到保障人权的目的。社会保障法其功能不仅在于化解国民物质生活方面的后顾之忧，而且要特别考虑到精神慰藉与情感保障。[①] 2007 年制定的物权法通过明确物的归属，保护权利人的私人财产所有权，为广大人民群众生存权和发展权的实现提供法律保障。文化领域法律长期缺失，只能通过政策文件在行政领域来调整和保护。而 2016 年底通过的公共文化服务保障法更注重于保障公民的文化受益权，弥补了该领域的空白。该法的原则、结构，由此才衔接和印证以上观点。

（二）《公共文化服务保障法》是文化领域的基本法

一直以来，文化领域相关的立法是我国立法中的薄弱环节。文化领域基本法的缺失，致使我国对文化权利的保护长期停留在宪法和政策层面，明显处于滞后状态，具体表现为文化领域立法数量极其匮乏。在目前颁行的 240 多部法律中，文化有传承保护方面的两部，即《文物保护法》和《非物质文化遗产法》，前者的保护对象是各类文物，而后者的保护对象是非物质文化遗产；相关的两部，即《国家通用语言文字法》和《著作权法》[②]，前者是为推动国家通用语言文字的规范化、标准化及其健康发展[③]，后者是保护文学、艺术和科学作品作者的著作权，以及与著作权有关的权益[④]。加上 2016 年出台的《电影产业促进法》，一共有 5 部法律。对公民文化权利的保护，更多是以政府文化政策、规划的形式实现。政策法规往往变化较多，效力层级较低，不利于全方位地保护公民文化权利。而《公共文化服务保障法》明确规定了政府具有保障公民文化权利的义务，以标准化和均等化作为公共文化服务的基本原则，摆脱了法律长期缺失的状况，改变了只能依靠政令保护文化权利的

---

① 郑功成：《中国社会福利改革与发展战略——从照顾弱者到普惠全民》，《中国人民大学学报》2011 年第 2 期。

② 柳斌杰：《依法保护人民群众的文化权益——关于公共文化服务保障法和文化立法的思考》，《中国人大》2016 年第 8 期。

③ 《国家通用语言文字法》第 1 条。

④ 《著作权法》第 1 条。

状况。

为了理解该法作为文化领域的基本法，笔者将从三个维度进行分析：宪法和基本法律、基本法和单行法、中央立法和地方立法（自治立法）。

首先，该法与宪法一脉相承。中华人民共和国公民有进行科学研究、文学艺术创作和其他文化活动的自由。[①]《公共文化服务保障法》的出台是将宪法宣告性权利变为法律权利再变为现实权利，通过规定公民的文化权利和政府的保障义务，将宪法所规定的文化权利具体化。其次，该法是文化领域的基本法，在具体领域还有待于出台单行法律。例如由敦煌研究院发布的敦煌石窟高清数字化内容，将敦煌壁画搬运上网，让人们足不出户就能欣赏到世界文化遗产。互联网的发展带来网络公共文化服务的蓬勃发展，这是公共文化服务保障法没有做出细致规定的，所以需要单行法律进行规制，在这过程中公共文化服务保障法起到了统领的作用，体现了其基本法的地位。最后，该法属于中央立法。作为全国人大常委会通过的法律，其位阶高于行政法律法规，但在具体实施过程中需要地方立法的辅助。中央层面的立法需要统筹全局，而全国各地情况差异较大，这就需要地方有立法权的人大发挥主观能动性，结合地方实际情况制定具体实施细则。

（三）《公共文化服务保障法》是文化领域的宪法实施法

权利根据不同状态可以分为应有权利、法律权利、实有权利。应有法定权利就是按照人性、人道、人权，作为人应该拥有的权利。[②] 法定权利是按照法律规定，公民拥有的权利。实有权利是公民在现实中拥有的权利。从人道主义角度，文化权利作为公民在社会文化生活中不容侵犯的自由和权利，势必成为一个人所应有的权利。《世界人权宣言》和《经济、社会与文化权利国际公约》等国际公约，我国的宪法都对公民的文化权利做了相应的规定。但是宪法层面的权利是宣告性质的，在具

① 《中华人民共和国宪法》第47条。

② 武贤芳：《自然权利与法定权利的争锋》，《理论界》2011年第8期。

体法律出台以前，由于缺少相关立法，文化权停留在宪法宣告阶段。宪法总纲关于文化的规定，首先从根本上确立了我国文化权利属于人民的基本原则，即人民有权依照法律规定，通过各种途径和方式管理文化事业①。虽然有学者认为该法仍然是在宣告文化权，尚不具有现实性；也有学者认为该法是属于行政性质立法。但笔者认为《公共文化服务保障法》作为文化领域的“社会保障法”“政府义务法”和“人权实现法”，是一部文化领域的基本法②。文化人权在该法中具体细化为文化社会权的子权利，即文化需求表达权、文化服务选择权、文化艺术共享权、文化（设施）空间利用权、民族文化保护权、文化服务评价（监督）权、文化尊严（受到侵犯的）救济权、文化（服务）决策参与权。该法的出台使得人民群众基本文化权益和基本文化需求实现了从行政性“维护”到法律“保障”的跨越③，有助于实现公共文化服务的标准化、均等化。

三　基于普惠正义，构建科学完备的文化人权实现的治理体系

在文化社会权的法律实现过程中，有哪些具体的环节和机制？有学者从六个方面，以人权保障和政府义务为切入，对于该法在公民经济社会文化权利的保障和实现上所蕴含的精神、所具有的意义和能发挥的作用进行了开阔视野的分析④。但遗憾的是该文与该法的制度设定和规范创新之间的关联分析不足；对文化权未做文化自由权与文化社会权（受益权）的区分；对国家义务、政府公共文化给付职责的刚性法律规范未进行归纳和强调，仅仅指出其兜底性。我们认为，纵观该法的篇章结构和制度规范，可知该法通过构建五项保障机制，建立了行之有效的体系

① 张艺耀：《中国宪法文本中“文化”概念的规范分析》，《河北法学》2015 年第 4 期。

② 本报见习记者朱琳、本报记者张媛：《文化领域将迎两部基本法》，《法制日报》2015 年 8 月 22 日第 3 版。

③ 张健华、杜谆：《统筹服务设施网络建设　促进基本公共文化服务标准化、均等化》，《中华文化论坛》2014 年第 3 期。

④ 王琳琳：《文化权视角下的公共文化服务立法》，《中国社会科学报》2017 年 4 月 20 日第 7 版。

来保障公民的文化权利。

（一）公众文化需求调查制度

公共文化服务应以需求为导向，提供符合人民群众实际需要的公共文化服务。文化下乡是件利民惠民的好事，但是会出现台上演员卖力演出，台下观众屈指可数的情况。与此同时，广场舞扰民纠纷时有发生，甚至因此发生刑事案件。一方面是文化下乡观众寥寥无几，另一方面是广场舞场地需求得不到满足。这些情况反映出当前阶段的文化供给和文化需求存在不匹配的矛盾，公民难以充分享受到理想的服务。为此，公共文化服务的提供需要以需求为导向，统筹兼顾。

统筹考虑文化需求就是要以民众需求为导向，建立文化需求调查制度。开展文化需求调查的主体可以是文化部门和乡镇街道办事处工作人员，在村委会和居委会的协助下开展调查。调查对象应包括不同区域、不同年龄层次、不同职业的群众。通过调查了解文化需求，有针对性地提供公共文化服务，做到有的放矢。在调查方式上，有学者提出了“积极—消极”的程序模式①，即实施手段高效有限度。需求调查是政府决策的有力保障，只有通过调查研究，充分利用有限的资源才能尽可能满足群众的文化需求，保障其文化权利得以实现。

（二）公共文化设施规划建设制度

物质保障是基础条件。公共营造物被看作行政组织的一种，其利用规则必须符合其设立之目的，在法律或法规所允许的范围内规定其对外营运的细节，以及与利用者之间的权利义务关系。② 政府设立的图书馆、博物馆等公共文化设施，作为公营造物，在目的联系、组织、存续和管理方面，要受其设立人的持续不断的影响和支配。③

《公共文化服务保障法》第14条规定，本法所称公共文化设施是指

① 黄锴：《论给付行政的程序控制——以行政救助中的“经济状况调查”为分析对象》，《时代法学》2016年第4期。

② 代刃、冯露君：《公共营造物主体规制问题探析》，《学术探索》2012年第5期。

③ 参见周友军《德国民法上的公法人制度研究》，《法学家》2007年第4期。

用于提供公共文化服务的建筑物、场地和设备，主要包括图书馆、博物馆、文化馆（站）、美术馆、科技馆、纪念馆、体育场馆、工人文化宫、青少年宫、妇女儿童活动中心、老年人活动中心、乡镇（街道）和村（社区）基层综合性文化服务中心、农家（职工）书屋、公共阅报栏（屏）、广播电视播出传输覆盖设施、公共数字文化服务点等。县级以上地方人民政府应当将本行政区域内的公共文化设施目录及有关信息予以公布。①

首先，该法要求在公共文化设施的选址上充分考虑群众意见。改进公共文化服务，不仅要加强硬件设施建设，还要增强公共文化服务的可及性，以此构建现代公共文化服务体系。当前中国正在迈入快速城市化的发展阶段，城市建成区的急剧扩张成为城市化和社会经济快速发展的重要特征。② 在土地资源紧缺的情况下，地方政府甚至会为了经济利益，将文化设施用地转变为商业用地，导致公民的文化权利无法实现。基于这一背景，公共文化设施用地更迫切地需要法律保障。为解决这一问题，法律规定政府部门在规划选址过程中应保障群众的知情权，让更多的群众参与到规划编制中，加强了群众对政府的监督。该法第 19 条规定，任何单位和个人不得侵占文化建设用地，不得将公共文化用地用于商业用途，确保了公共文化用地始终用于公共文化服务。

其次，该法保障公民对文化设施的知情权，有利于提高文化设施的利用率。现实中存在人们想要参与文化活动、享受公共文化服务却不知去哪儿的困境，对公共文化设施的不了解和政府宣传的不到位直接影响了人们文化权利的实现。该法出台后对公共文化服务设施范围做出了明确列举，并要求政府部门予以公布，保障了公民的知情权，较好地解决了人们信息获取不足而无法享受文化生活的困境。

最后，该法规定了政府保障公共文化设施正常运营的义务，确保文化设施物尽其用。有的文化场所远离居民区，交通不便；也有一些场所装饰花费巨大，造成铺张浪费。种种情形导致许多公共文化服务基础设

① 《公共文化服务保障法》第 14 条。

② 参见徐梦洁、於海美、梅艳等《近年我国城市土地扩张研究进展》，《国土资源科技管理》2008 年第 1 期。

施只是徒有其表，无法发挥其真正的作用，影响到公民文化权利的实现。针对这些情况，法律对文化设施的选址、规划、运营做了相关规定。要求公共文化设施的选址，应当征求公众意见，符合公共文化设施的功能和特点。公共文化设施的建设用地，应当符合土地利用总体规划和城乡规划，并依照法定程序审批。任何单位和个人不得侵占公共文化设施建设用地或者擅自改变其用途。公共文化设施管理单位应当按照国家规定的标准，配置和更新必需的服务内容和设备，加强公共文化设施经常性维护管理工作，保障公共文化设施的正常使用和运转。

（三）公共文化服务供给保障制度

1. 社会供给

公共文化服务必须坚持以政府为主导，但政府没有必要也不可能提供一切群众所需的文化服务。鼓励社会力量参与公共文化服务，丰富了多样性，扩大供给总量；另一方面通过引入市场竞争机制，提高公共文化服务的质量。[①] 我国公共文化服务的供给主体已由政府一元供给逐步转为政府市场和非营利组织多元供给。[②] 随着我国市场经济的不断发展，社会组织力量壮大以及在公共文化服务供给中的重要性日渐显现，社会组织在公共文化服务供给中更有占据主体地位的趋势。《公共文化服务保障法》第42条规定，国家鼓励和支持公民、法人和其他组织通过兴办实体、资助项目、赞助活动、提供设施、捐赠产品等方式，参与提供公共文化服务。

该法将鼓励和支持社会力量参与公共文化服务上升为法定原则，明确了社会力量在公共文化设施建设、管理和服务提供等方面的重要作用，为社会力量更好地参与公共文化服务体系建设拓宽了渠道。在这个过程中，政府、市场、社会三者缺一不可。[③] 政府通过保障文化服务的基础供应，促进公共文化服务均等化发展；市场通过提供丰富的文化服务，以满足不同层次的文化需求；社会通过舆论引导和宣传教育，完善

---

① 叶菊华：《公共文化服务体系的财政保障构建》，《经济论坛》2013年第7期。

② 蔡秀云、赵春生：《非营利组织公共文化服务供给研究》，《经济研究参考》2014年第41期。

③ 参见胡惠林《论政府与文化市场的关系》，《长白学刊》2014年第3期。

公共文化服务志愿者服务机制，让更多人投入到公共文化服务的实践中。

更好地提供公共文化服务，前提是服务提供主体的多元化。政府、企业、社会团体在充分竞争下形成提供文化服务的多元主体，保障基础文化服务，提供高层次文化服务，关注个性化文化需求，形成完整的供给体系。加强公共文化社会组织建设，以转变政府职能为契机，在公共文化服务的提供上引入市场竞争机制，实现优胜劣汰。

2. 服务标准制度

《公共文化服务保障法》第28条规定，设区的市级、县级地方人民政府应当根据国家基本公共文化服务指导标准和省、自治区、直辖市基本公共文化服务实施标准，结合当地实际，制定公布本行政区域公共文化服务目录并组织实施。

过去政府的发展方向是全面全能型的政府，但受限于经济原因，提供公共文化服务的职能被弱化。而现在则要求建立服务型政府，由原来指令性管理转换到为社会，为公众服务上来。该法确立了由政府主导、社会参与的原则，首次以法律的形式明确了各级人民政府是承担公共文化服务工作的责任主体，对各级政府保障公民文化权利提出了新要求，为监督考核各级地方政府提供公共文化服务情况提供了法律依据。

《公共文化服务保障法》第41条规定，国务院和省、自治区、直辖市人民政府制定政府购买公共文化服务的指导性意见和目录。国务院有关部门和县级以上地方人民政府应当根据指导性意见和目录，结合实际情况，确定购买的具体项目和内容，及时向社会公布。政府面向全社会购买公共文化服务，既是深入推进依法行政、转变政府职能、建设服务型政府的重要环节，也是规范和引导社会组织健康发展、推动公共文化服务社会化发展的重要途径。对于进一步深化文化体制改革、丰富公共文化服务供给，提高公共文化服务效能具有重要意义。例如鄞州区的“天天演”工程、无锡市政府购买公共文化产品和服务、杭州市政府采购公益性文化项目等，通过政府购买公共文化服务项目，为群众提供了一系列精彩的公益文化演出项目，丰富了人民群众的精神生活，履行了政府供给文化服务的职能。[①]

3. 财政保障

许多人权学者提出《经济、社会与文化权利国际公约》必须在可获得的资源的帮助下“逐步被意识到”，意味着这些权利需要财政保障，如同执行民事权利、政治权利那样立即被执行。[②] 目前我国各地在文化领域的财政保障存在低预算、不平衡、难持续的弊端。城乡之间、不同城区之间财政支出不平衡，地区间经济发展水平的不平衡直接影响政府财政收入和投入公共文化服务中的资金总量，财政能力的大小决定了地区提供文化服务的数量和质量。部分地区还存在文化投入不持续的问题，在经济发展和财政收入增加的情况下对文化事业的投入比例却不升反降；而文化基础设施投资不过是整个经济投资过热的连带受益者。[③]

《公共文化服务保障法》第45条规定国务院和地方各级人民政府应当根据公共文化服务的事权和支出责任，将公共文化服务经费纳入本级预算，安排公共文化服务所需资金。针对城乡二元经济体制，可通过设立中央、省、市三级专项公共文化服务资金，对经济发展较落后地区进行财政补助，通过转移支付统筹公共文化服务发展，确保公共文化服务的均等化发展。

《公共文化服务保障法》第47条规定，免费或者优惠开放的公共文化设施，按照国家规定享受补助。政府部门可以财政补助等方式对公共文化事业予以支持，在增强了资金利用率的同时，可以充分调动不同文化服务主体的积极性和主动性。通过实施文化信息资源共享工程、非物质文化遗产保护、数字图书馆工程建设等重大文化工程，加大政府对公共文化服务体系建设的资金支持力度。[④] 公共文化服务保障法将公共文化服务纳入财政预算，可有效保障文化投入的资金数量。建立分级保障，通过转移支付和财政补助协调区域间公共文化服务均等化发展。通

---

① 参见王振《政府购买公共文化服务的绩效评价研究》，硕士学位论文，浙江大学，2014年。

② Olokaonyango J., The problematique of economic, social and cultural right in globalized Uganda: a conceptual review, Pain, 2007, 128 (1-2): 20-30.

③ 章建刚、陈新亮、张晓明：《中国公共文化服务发展的历史性转折》，社会科学文献出版社2007年版，第11页。

④ 参见闫平《试论公共文化服务体系建设》，《理论学刊》2007年第12期。

过税收优惠和鼓励捐赠等方式鼓励社会力量参与文化事业，引导带动公众参与公共文化服务等多种保障途径，加强了财政对文化权利的保障。以杭州市图书馆为例，自 2008 年全面免费开放以来，杭州市图书馆吸引了大量读者，其中包括一些拾荒者。通过免费开放和举办各类免费讲座，为杭州增添了人文气息，更丰富了人们的文化生活。杭州市图书馆还根据读者的社会信用情况，推出了免证免押金借阅服务，让读者更好地享受阅读的快乐，确保公民文化权利的实现。

（四）公共文化服务监督管理制度

1. 文化服务活动监管制度

健全公共文化服务监督管理制度，需要加强执法巡查。以追求权力为指向的官本位文化、以提升社会地位为指向的消费文化、以营销欲望为指向的商业文化，共同促成了需要到欲望的异化。[①] 多元化的供给主体势必需要规范化的管理来保障文化服务市场的稳定。文化执法部门应加强对公共文化设施日常巡查力度，加强对群众普法宣传力度。对于在巡查中发现的非法经营行为，应当及时查处，并对整改情况进行回访再评估。文化执法还需完善协作执法机制。文化执法部门联合公安、工商等部门形成联合文化执法工作机制，对非法经营文化服务进行严打严查。除了政府监管，还需构建社会监管体系。完善公共文化服务市场监督举报制度，对群众举报的非法文化经营行为及时查处。市场具有逐利性，而公共文化服务最大的特点就是公益性。确保市场的逐利性和文化服务的公益性在政府监管下得到有机平衡，防止经营者借公共的名义进行非法牟利。

2. 资金监督管理制度

加强对政府购买服务的监督，应当完善审计制度。把事后审计转变为事中审计，将审计贯穿于政府采购的整个过程，并加强信息公开力度，保障公民的知情权。将政府购买公共文化服务置于阳光之下，促进

① 范广垠：《制度三大基础要素理论与中国法治建设——兼论传统文化的学习》，《观察与思考》2016 年第 11 期。

工作的公开化、透明化。针对审计中发现的问题，及时提出整改意见，并要求政府在规定期限内进行整改，评估整改结果，并对整改不到位的进行追究问责。政府在加强资金管理的同时，也要提高自身合同管理能力。经过竞争性的政府招标采购程序后，便进入到合同管理过程，合同管理能力就成为市场交易成功的关键。[①] 在这期间的资金监管也应做到透明可查。

3. 公共文化服务设施安全监管制度

加强安全监管，是享受文化权利的前提。《公共文化服务保障法》第22条规定，公共文化设施管理单位应当建立健全安全管理制度，开展公共文化设施及公众活动的安全评价，依法配备安全保护设备和人员，保障公共文化设施和公众活动安全。公共文化服务的供给主体多样，除了政府建立的“公营造物”之外，还包括了民营单位。遗憾的是该法仅对公共文化设施的安全制度进行规定，并未对民营文化设施进行规范。

一般而言，公共文化设施由政府部门出资兴办，建立了一套较为完善的管理措施，安全监管更为到位，但民营文化场所出于对利益的追求，有时会存在一些安全隐患。这就要求相关部门应对安全问题进行监督管理。消防和工商执法部门应定期开展执法检查和不定期抽查，确保民营文化场所的安全运行。

（五）公共文化服务绩效评价制度

考核评价体系是检验公共文化服务发展成果的有效手段，能直接反映服务质量与人们的满意程度，为政府部门改进服务水平提供参考依据。目前我国公共文化服务的评价考核体系严重落后于公共文化服务的发展，缺乏公信度高的评价机制，公众对当前公共文化服务的切身感受、意见建议等无法通过便捷的渠道反馈给政府有关部门和公共文化机构。公共文化服务的提供者们只能根据自己的理解去完善服务，对服务本身的认识不足、

① 李山：《政府购买公共文化服务的现实困境与改革路径》，《湘潭大学学报》（哲学社会科学版）2014年第5期。

与公众沟通交互不够，阻碍了公共文化服务的深层次发展。[①]

绩效评价的对象是政府贯彻落实公共文化服务保障法的情况，评价应由政府、公共文化服务对象、第三方共同参与。有学者认为可以从人均占有文化设施的面积、某地区文化工作总量、人均参与文化活动的次数等[②]公共文化服务指标来衡量政府文化工作的绩效。也有学者认为应强调量化评价，将主观评价定量化，以问卷的方式来测评群众的看法并将其定量计分[③]。还有学者认为可以从可获得性、可接近性、可接受性和可适应性四个相互联系的维度来进行评价[④]。笔者认为在绩效评价体系中，要侧重服务对象对公共文化服务的满意度评价。公共文化服务带有很强的社会效益价值，不能光靠指标说话，还必须引入主观型评价方式。[⑤]

通过设立公共文化服务指标，以标准化、均等化等作为考核依据，将主观评价以量化分析。将绩效评价纳入政府年度考核项目，以提高政府对于公共文化服务的重要性认识。以政府购买公共文化服务为例，将绩效评价结果作为以后年度编制政府向社会力量购买公共文化服务预算和选择政府向社会力量购买公共文化服务承接主体的重要参考依据。[⑥]以上五种制度构成一个相对完整的公共文化服务保障的政府服务行政以协同治理的基本范型开展的、全链条的闭合式制度体。

四　基于实质正义，强化对特殊人群及地区的文化权益保障

政府的责任在于保障最基础的公共文化服务，在这一层面应该是无

① 参见陈露《我国公共数字文化服务体系研究》，硕士学位论文，南京大学，2013 年。

② 参见张海珍《论人权维度下的政府职能定位》，硕士学位论文，南京航空航天大学，2012 年。

③ 参见郑方辉、尚虎平《中国法治政府建设进程中的政府绩效评价》，《中国社会科学》2016 年第 1 期。

④ 王前、吴理财：《公共文化服务可及性评价研究：经验借鉴与框架建构》，《上海行政学院学报》2015 年第 3 期。

⑤ 焦德武：《公共文化服务体系的绩效评价》，《安徽农业大学学报》（社会科学版）2011 年第 1 期。

⑥《国务院办公厅转发文化部等部门关于做好政府向社会力量购买公共文化服务工作意见的通知》，国办发〔2015〕37 号。

差别的服务，即要求的是不论地区、不论贫富，都应该享受均等化的服务。但是，公共文化资源总是相对稀缺的，面对公民平等享有的文化权，国家所负担的最主要义务就是保证公众对于既有资源的平等获得权[①]。我国社会发展不均衡导致贫富差距扩大，如何保障特殊地区及弱势群体的文化权利成为公共文化服务均等化的一大难题。

文化权利按照不同环节可划分为表达、共享、监督评价；按照功能划分可分为积极权利和消极权利；按主体划分可分为一般主体和特殊主体。保障弱势群体的文化权利既是公平公正的立法原则对政府主导公共文化服务做出的要求，又是落实公共文化均等化的内在要求，是实现整体文化素质提升的保障。该法的出台使人权保护更加深入，更加具体，更加真实。针对这一现状，公共文化服务保障法规定地方各级人民政府应当根据当地实际情况，在人员流动量较大的公共场所、务工人员较为集中的区域以及留守妇女儿童较为集中的农村地区，配备必要的设施，采取多种形式，提供便利可及的公共文化服务。

（一）对流动人口文化权利的保护

我国各地区之间经济发展程度各不相同，人们热衷于涌向一、二线城市寻找工作机会。随着经济发展和社会保障的进步，农民工的物质问题正日益受到重视。农民工问题还集中地体现在农民工的素质未能得到全面有效的提升上。[②]

政府通过建设工人文化中心、青少年活动中心等文化设施，为外来务工人员及其子女提供文化活动场所。政府文化部门和社会组织可以定期举办文化活动，以送文化的形式，支持各地各级艺术院团深入用工企业、农民工聚居区开展慰问演出活动。同时，深入开展面向农民工子女的公益性文化艺术培训服务，加强阅读辅导、艺术培训、科学普及、文

① 黄明涛：《公民文化权研究——〈宪法〉第47条之规范建构》，中国政法大学出版社2015年版，第227页。

② 郑功成、黄黎若莲：《中国农民工问题：理论判断与政策思路》，《中国人民大学学报》2006年第6期。

体活动等方面的文化服务，提高农民工子女的科学文化素质。[①]

（二）对少数民族文化权利的保护

《公共文化服务保障法》第40条规定，国家加强民族语言文字文化产品的供给，加强优秀公共文化产品的民族语言文字译制及其在民族地区的传播，鼓励和扶助民族文化产品的创作生产，支持开展具有民族特色的群众性文化体育活动。这是对宪法中关于民族区域自治制度的有效落实和衔接。我国是统一的多民族国家，少数民族地区有着独特的民族文化。加强少数民族地区的文化服务，满足民族群众的公共文化需求，有利于提高少数民族群众的科学文化素质，促进民族团结、社会凝聚和国家认同。

1. 支持当地民众开展特色文化体育活动

文化体育活动是民族地区文化休闲的主要方式，也是各民族地区文化旅游的特色项目。国家和各级政府通过政策优惠、资金支持等方式，鼓励民族地区举办特色的文化体育活动。通过支持开展具有民族特色的群众性文化体育活动，有利于深入发掘少数民族优秀传统文化内涵，传承和弘扬少数民族优秀传统文化。

以蒙古族的那达慕大会为例，通过举办摔跤、赛马、射箭等体育项目庆祝牛羊丰收。其间举办的集体舞蹈、摄影展和美食节等活动吸引了众多游客的参与，不仅为当地少数民族群众带来了丰富的收入，更有利于其他民族了解蒙古族的悠扬历史，促进该民族的文化特色传承、融合、创新。

2. 加强民族语言文字文化产品供给

优秀的民族文化作品能够让我们感受到民族传统与悠久的文明之间的深刻联系。保护少数民族文化权利，首先要加强民族语言文字文化产品的供给。国家可以设立更多的少数民族语言电视频道和增加广播频率。对于优秀的电影、电视及文化作品，加大译制力度，将优秀文化资

---

① 文化部、国务院农民工工作领导小组办公室、全国总工会印发《关于进一步做好为农民工文化服务工作的意见》，文公共发〔2016〕2号。

源提供给各民族群众。通过财政转移支付，支持出版更多的民族语言双语书籍，将汉族地区优秀作品送到民族地区，加强民族融合和文化认同。

保护少数民族文化权利，还要加大财政支持力度。目前国家通过设立各项基金会，向社会提供文化创作支持。

（三）对特定地区人民文化权利的保护

地方各级政府部门有义务确保公共文化服务的均等化实施。各级政府通过财政资源配置促进城乡协调发展，将贫困地区公共文化服务体系建设和国家扶贫战略有机结合，有助于改变农民因愚返贫、农村可持续发展后劲不足的现状，提高贫困地区人民群众文化素质，带动经济发展。《文化部“十三五”时期文化发展改革规划》指出全面落实国家基本公共文化服务指导标准和地方实施标准，以标准化促进均等化，是加强贫困地区公共文化服务体系建设的基本思路。① 扶贫首先应当扶“智”，包括教育、科技和文化这三方面。提高贫困地区群众的文化素质，确保其作为“人”所应当享有的尊严，否则类似甘肃杨改兰的悲剧还将重演。②

李克强总理在2017年的政府工作报告中指出，贫困地区和贫困人口是全面建成小康社会最大的短板。《公共文化服务保障法》第8条规定，国家扶助革命老区、民族地区、边疆地区、贫困地区的公共文化服务，促进公共文化服务均衡协调发展。

以广西百色地区为例，地方政府通过建立非遗传习基地和非遗展示馆，举办各种非遗培训班让更多群众掌握了非遗生产新技艺，每月定期开展的服饰制作教学和画蜡、纺线、织布、刺绣体验活动③，不仅让苗族服饰制作技艺得以传承，更成为当地群众增收的手段。通过文化扶

---

① 《文化部“十三五”时期文化发展改革规划》，http：//www.mcprc.gov.cn/whzx/bnsjdt/whcys/201704/t20170420_ 493285.html。

② 2016年8月杨改兰杀死四个孩子后服毒自尽，不日其丈夫服毒身亡。

③ 宾阳、郭少东、本报驻广西记者郭凯倩：《广西百色文化扶贫传佳信》，《中国文化报》2016年12月28日第2版。

贫，贫困地区群众既感受到了优秀文化的熏陶，文化素质得到了提升，又增加了收入，物质生活得到保障。

五　走向法治化，切实保障《公共文化服务保障法》的落实

《公共文化服务保障法》是文化领域的基本法，该法从文化需求、文化设施、文化供给、文化监管、绩效评价五个方面构成较为完整的逻辑链条，形成完备的文化权利保障制度体系。但是作为文化领域的基本法，毕竟是一部开创性的法律，具有其探索性、概括性和广泛性。立法过程中难度较大，对立法的统筹协调能力和规范设计能力提出很高挑战，尤其是在强调立法的针对性和操作性而不是宣示性和框架性的新的时代背景下，其内容仍有欠缺之处需要通过建立配套法律、制度建设来完善。

（一）《公共文化服务保障法》存在的缺憾

1. 问责不足

政府对公共文化服务重视程度不足是现阶段存在的主要问题。《公共文化服务保障法》在第五章“法律责任”规定了政府保障不力和违反规定应当接受的行政处分。通过列举未尽保障义务、不按规定使用公共文化设施、挪用资金等行为规定了政府和相关部门的违法责任。

《公共文化服务保障法》第58条规定，违反本法规定，地方各级人民政府和县级以上人民政府有关部门未履行公共文化服务保障职责的，由其上级机关或者监察机关责令限期改正；情节严重的，对直接负责的主管人员和其他直接责任人员依法给予处分。该条文以高度概括的形式规定了未履行保障职责应受到处分，但是并没有对违法情节进行细化规定。哪些情况属于未履行保障职责、其参照依据是什么、整改不到位有何法律后果等，这些问题都没有详细规定，需要制定与之相配套的实施办法和细则。

2. 救济不足

切实增进和强化公众的文化权利主体地位，在其权利能力和行为能力

上予以充实和保障，可在文化受益权的可诉性上将其纳入司法保障的轨道。有学者认为文化权利是政府提供的一种福利，不属于基本人权。“没有救济就没有权利”，这也是众多学者认为文化权不是一项基本权利的原因。经济社会和文化权利委员会认为没有哪项公约权利被绝对地否认，至少在某些方面具有可诉性。实践表明，个人申诉程序是加强人权公约实施监督的一个有用和有效的方式。通过处理与公约规定的权利相关的个案，可以进一步澄清有关权利的内容和范围，并使之具有一定的“可诉性”①。《公共文化服务保障法》仅从政府责任和内部处分等方面规定了法律责任，对公民文化权利受到侵害没有建立行之有效的救济制度。

（二）加快配套立法

《公共文化服务保障法》作为文化领域的基本法，其规定的内容具有纲领性和概括性，但是没有对具体实施进行明确规定，这就需要制定相配套的实施办法或实施细则将法律条文进行细化规定。同时，我国幅员辽阔各地文化发展状况不同，需要地方人大、政府发挥主观能动性，结合辖区的实际情况制定地方性法规规章。通过制定实施细则和地方立法，将基本法具体化，因地制宜更好地保护公众的文化权。

以浙江义乌为例，由于外贸发达，义乌地区有着众多的外来人口，有52个民族近130万外来建设者、80多个国家和地区的1.3万名境外客商常年在这里生活工作。② 不同国家，不同宗教信仰的人们其文化需求各不相同。针对外国人员，义乌市通过卡通漫画等形式宣传我国的法律法规，引导其融入义乌，感受中国文化。通过举办各类联谊会，促进各国人民相互了解，增进对中国文化的认同。

（三）建立文化权利报告制度

针对我国文化状况，政府部门尚未发布全面的文化报告。文化状况

---

① 柳华文：《论国家在〈经济、社会和文化权利国际公约〉下义务的不对称性》，北京大学出版社2005年版，第74页。

② 毛旭倩：《义乌“万国咏鹅”活动启动　百国友人齐咏骆氏绝唱》，中国义乌网，http：//news. zgyww. cn/system/2016/12/15/010088818. shtml。

只有在人权白皮书、地方文化产业白皮书中被提及，没有专门的文化报告来总结我国文化发展历程所取得的成就。英国政府于 2016 年发布文化白皮书，内容涵盖文化的内在价值、社会价值、经济价值，通过总结文化带来的经济价值，规划未来发展方向。可以在人才培养、文化发展方向、扩大文化影响力等方面进行科学有效的规划。[①] 该法本身即属于人权法的体系和范围，按照人权实施的国际法律机制与国内法律机制相衔接的原则我国可借鉴英国政府的做法，在《公共文化服务保障法》出台后，政府部门可以以一年或五年为一周期发布文化报告，总结我国在文化权利保护领域取得的进展，让公众和其他国家了解我国在人权保护方面的成就和进步。

（四）建立文化公益诉讼制度

宪法中的经济、社会、文化权利若不借助立法加以保障则会使宪法变得苍白无力，同时这些权利若不付诸司法机关的实践也将成为一纸空文。[②] 文化权利作为一项宪法权利，由于我国尚未确立宪法诉讼制度，故不能获得完全的司法救济。笔者通过查阅中国裁判文书网，目前和文化相关的诉讼极为鲜见。仅有四川昌平文化馆侵犯表演者权利诉讼，杭州不服政府部门未将原告列入非遗传承人的行政诉讼。[③] 笔者发现侵犯公民文化权利的侵权人大多是政府部门，其中符合行政诉讼起诉条件的可通过行政诉讼解决，但同时也存在尚未列入诉讼制度的情况。有学者提出根据我国国情构建公民经济、社会和文化权利分类分层制度。对于一些重要的、基本的和明晰的权利尽早允许司法救济，而对于其他的权利种类，则允许其在条件成熟后再赋予其可诉性的特征。[④] 结合现阶段正在试点的行政公益诉讼制度，笔者建议将文化诉讼纳入公益诉讼之中。检察院的职责就是监督法律实施，通过公益诉讼将文化权利纳入司

① 参见郑苒编译《英国 50 年后再次发布的文化白皮书长达 72 页》，《中国文化报》2016 年 4 月 11 日第 3 版。

② 秦前红、涂云新：《经济、社会、文化权利的保障路径及其选择——在立法裁量与司法救济之间》，《交大法学》2013 年第 1 期。

③ 分别是〔2016〕川民终 900 号和〔2016〕浙 01 行终 731 号。

④ 王德新：《经济、社会和文化权利可诉性问题探析》，《北方法学》2010 年第 6 期。

法保障体系，建立起全方位的法律保障体系，有利于保障人权的实现。

六　结语

综上所述，对公民文化权利的保护是人权发展的必然要求，也是实现人格尊严、个性创造、繁荣文化生活、传承优秀文化的必由之路。《公共文化服务保障法》在制度上构建了五大制度保障体系，通过在国家层面确立文化领域的基本法，并辅以政府规章和地方性法规以此保障公民的文化权利不受侵犯。该法结束了长期以来文化权利保障无法可依的局面，将宪法规定的文化权利从抽象变为具体，使得文化权利的保障迈向法制轨道。虽然该法存在问责不足、救济不足等结构性缺憾，但仍不能否认其进步意义。随着相关文化法律的出台和具体实践，我国的人权事业必将取得新的进步。

公共文化服务保障中税收优惠的法律依据及其实现机制

叶财勇*

（浙江工业大学文化与法制研究中心）

摘要 《公共文化服务保障法》为公共文化服务领域实行税收优惠提供了明确的依据。宪法权利中文化权利的产生及扩大，构成了公共文化服务的权利基础，是公共文化服务中税收优惠制度的实质前提。现代政府给付行政的新型治理范式，为政府公共文化服务职责的履行提供了引领。此二者结合公共文化服务的公共性和脆弱性，支撑了在公共文化服务保障中实行税收优惠的正当性与必要性。在该税收优惠制度实现的具体机制中，法律规定的细化和税收优惠资格认定主体两个方面至关重要，前者决定了《公共文化服务保障法》的直接规范依据，后者关系到程序运行的关键主体及其法律关系。法律规定的细化，要综合考虑《公共文化服务保障法》和《税法》之间的衔接性和协调性，以及法定税权在横向和纵向上的权限配置。而税收优惠资格认定主体的考量，需要综合《公共文化服务保障法》的授益性和权利中心的特点。

关键词 公共文化服务；税收优惠；给付行政；公共性；实现机制

---

* 叶财勇，上海市闵行区人民法院，华东政法大学法学硕士，兼浙江工业大学文化与法制研究中心助理研究员，主要研究行政法治。

2016年12月25日，第十二届全国人民代表大会常务委员会第二十五次会议通过的《中华人民共和国公共文化服务保障法》第50条第1款规定："公民、法人和其他组织通过公益性社会团体或者县级以上人民政府及其部门，捐赠财产用于公共文化服务的，依法享受税收优惠。"这条被视为是公共文化服务保障领域中对税收优惠原则与制度的确立，在吸引民间资本参与、丰富公共文化生活、促进公共文化发展等方面具有积极的导向作用，但实际效果有待增强，有一系列的实际问题尚未得到回答。比如在公共文化服务领域实行税收优惠的正当性与必要性何在？有哪些理论依据？税收优惠资格的认定主体是谁？范围、方式有哪些？认定税收优惠的具体程序应是怎样的？针对公共文化服务保障中税收优惠的实现机制问题，在立法之前，有观点认为要建立动态财税支持机制，针对文化企业发展的不同阶段实施动态税收管理。[①] 在实践中，有学者主张对于基本公共文化服务的财政保障，建立标准化多元绩效评估机制是关键。[②] 我们认为，这是一个《公共文化服务保障法》和《税法》融合的新问题，前述诸多学者均是从宏观上聚焦于财税制度，而在微观上结合公共文化服务特点，聚焦于该税收优惠的具体实现机制的研究较少。为此，本文通过对公共文化服务保障中税收优惠的理论依据进行梳理，为其正当性与必要性提供论证，并在此基础上，结合公共文化服务特点，分析税收优惠的构成要素，讨论现行模式下税收优惠的具体实现机制，最后提出有效实施《公共文化服务保障法》的制度建议。

一　公共文化服务保障中税收优惠制度的正当性与必要性

（一）理论依据

1. 宪法权利中文化权利的产生及扩大

近代意义上的宪法自资产阶级革命产生以来，因其核心精神大多来

---

① 梁云凤、孙亦军、雷梅青：《促进文化产业发展的财税政策》，《税务研究》2010年第7期。

② 张启春、李淑芳：《基本公共文化服务财政保障模式——来自国际的经验》，《湘潭大学学报》（哲学社会科学版）2014年第4期。

自资产阶级启蒙思想家的自然法学说，所以着重点大多在于言论自由等绝对的政治权利，对社会、文化权利规定较少，对国家发展文化的政策予以宪法规定的，更是寥寥无几。

文化权利最早全面系统地出现在法律文件上，是在1919年的德国《魏玛宪法》。这部宪法不仅详细地规定公民的文化权利，而且还明确地规定了国家的基本文化政策，具有福利国家、全民国家的色彩，这种做法后为许多资本主义国家宪法所效法。[①] 在第二次世界大战以后，文化权利成为人权的重要组成部分，并于1966年的联合国大会上，通过了《经济、社会和文化权利国际公约》。从此，文化权利作为第二代人权，要求国家采取积极的措施以保障权利实现，成为一项公认的基本人权。

不同于宪法中政治权利等消极权利，文化权利兼具自由权和社会权的双重属性。[②] 其中的文化表现权属于传统自由权的范畴，另一方面的文化保障权属于社会权的范畴。它更多地依赖于国家的积极行动，以积极权利属性为主体，以消极权利属性为辅助。《公共文化服务保障法》属于后一范畴，有着明显的积极属性，因此需要政府与社会的一系列促进措施加以保障。

具体到我国宪法，公民的文化权利也有所体现。现行宪法从两个角度规定了公民所享有的文化权利，一是运用列举或概括的方法，直接宣示公民所享有的文化权利有哪些，如第47条，“中华人民共和国公民有进行科学研究、文学艺术创作和其他文化活动的自由”；二是抽象规定了国家在保障公民文化权利实现方面应承担的义务，如第22条规定，“国家发展为人民服务，为社会主义服务的文学艺术事业、新闻广播电视事业、出版发行事业、图书馆博物馆文化馆和其他文化事业，开展群众性的文化活动”。[③] 前者宣示了公民在文化权利方面的自由，后者强调了国家对于公民文化活动的扶助义务，两者共同体现了文化权利自由权和社会权的双重属性[④]，而第22条更是制定《公共文化服务保障法》的

---

① 丘川颖：《宪法文化权利的制度保障及其实现》，《湖北警官学院学报》2014年第3期。

② 杨凡：《公民文化权利的基本义理》，《云南大学学报》（法学版）2016年第6期。

③ 莫纪宏：《论文化权利的宪法保护》，《法学论坛》2012年第1期。

④ 张艺耀：《中国宪法文本中“文化”概念的规范分析》，《河北法学》2015年第4期。

直接宪法依据，确立了国家—政府职能，赋予了权能，包括运用财政税收的职能，为公共文化服务保障中税收优惠原则的建立预留了发展空间。关于财政税收的功能，有学者指出，汲取财政收入、实施经济社会调控和收入再分配功能是现代财税法最重要的三大功能。[①] 而其中的调控功能和分配功能对公共文化服务保障的影响较大，要求政府通过财税手段，对公共文化服务领域进行宏观调控和利益再分配，以切实保障宪法规定的文化权利的实现。

2. 给付行政理论

传统行政法学，遵守"小政府"的自由理念，主张"干预最少的政府就是最好的政府"。第二次世界大战以后，福利国家理念兴起，行政法的适用范围逐渐扩及到服务行政之上。德国法学家福斯多夫认为，"生存照顾是现代行政的任务"，该观点建立起了行政权力积极作为的理论基础。[②] 给付行政理论揭示了一个历史的真谛：秩序行政向给付行政的转变，是现代行政法的发展趋势。各国政府均一改以往极端消极的"治安政府"形象，将公共服务纳入政府规划，给付行政的内容也不再局限于最低生存水准的物质救助，逐渐延伸到精神、文化层次需求的满足。

在行政内容上，给付行政相比于传统的干预行政，最大的特点在于其具有的授益性和主动性。行政相对人摆脱了被管理者的客体地位，成为特定权利的权利主体，行政给付不再被看作是国家的恩赐，而是公民的社会权利和国家承担的义务，政府具有为公民提供公共设施、服务，积极主动地采取措施来满足公民最基本的经济、文化需求的职责。

在行政程序上，与传统干预行政程序的"消极模式"不同，给付行政程序是以"积极模式"为特点的：积极行使行政权，以促进相对人权利实现。因此，干预行政的程序以权力为中心，以结果为导向；给付行政下的程序以权利为中心，以过程为导向。[③] 后者的现代政府给付行政的新型治理范式，更加符合程序过程性和交涉性的本质特点，从而摆脱

---

① 何锦前：《地方财政自主权的边界分析》，《法学评论》2016 年第 3 期。

② 李训民：《给付行政之理论与实务——迈入社会主义法治国之路》，《法学》2009 年第 2 期。

③ 季卫东：《法律程序的意义》，《比较法研究》1993 年第 1 期。

了传统法学中程序性与实质性二分法的局限。

权利中心，要求行政机关改变以往管理者和干预者的角色，而在行政程序中担任服务者、协助者。同时，行政相对人地位的变化当然地会导致行政手段的变化。地位从客体到主体，手段也应从命令、强制向契约、指导转变，也即实现“高权型”行政手段向“平权型”行政手段的过渡；过程交互，要求公民、社会、行政机关三者在一个平等的环境中，通过意见交换来寻求实现公民权利的最佳途径，在将公平作为标尺的同时，效率也是程序进行的考量基点。[①] 概言之，以权利中心和地位平等为前提的给付行政程序，通过过程交互的方式，降低程序成本，提高行政效率，并最终实现公平公正的目标。

具体到公共文化服务领域，宪法文化权利要求政府予以给付，但现代新型给付理论中的政府给付不简单地等同于政府单一给付，而是政府主导的给付。换言之，政府由办文化向管文化转变，发挥的是“掌舵者”的作用，统筹规划却不包办，而是鼓励社会公众积极参与，由社会力量扮演“划桨者”的角色。简言之，公共文化服务的给付，是国家和社会的双轮驱动，因此也就有必要发挥财政税收的杠杆撬动作用。

3. 公共文化服务的公共性和脆弱性

区别于文化产业所具有的市场性，公共文化服务的特点在于其公共性。行政以公共事务的管理为内容，以公共利益为价值取向，公共性是行政诸特征中最基本的特征[②]，表现在所有行政法和行政活动中。具体到公共文化服务，这体现在以下两个方面：一方面它不是针对单个家庭或个人，而是面向社会全体公民提供基本文化服务，因此具有明显的公共性。这种公共性与公共财政的本质属性一致，需要政府运用税收等政策工具给以支持。另一方面，公共文化服务以社会效益、政治效益等为主要目标，旨在满足公民的公共需要，不追求利润的最大化。资金来源渠道除了财政拨款，还包括广大的社会资源，如社会捐赠、志愿服务等。因此政府也就可以运用税收政策，鼓励社会力量积极参与，更好地

---

① 黄锴：《论给付行政的程序控制——以行政救助中的“经济状况调查”为分析对象》，《时代法学》2016 年第 4 期。

② 杨海坤：《现代行政公共性理论初探》，《法学论坛》2001 年第 2 期。

满足公共需要。[①]

另一方面，公共文化服务是政府在文化领域的基本义务，具有相当的脆弱性。关于“脆弱性理论”，法曼教授指出，脆弱性是全人类共有的可能遭受外来伤害的脆弱本性，而不仅仅是弱势群体的独有特征。其普世、恒久、复杂的特点昭示了绝对意义上的独立自治个体概念的虚妄，对形式平等和自由优先的理论产生冲击。根据人类境况的依赖本性，号召一个更为积极行动的国家，以实现真正意义上的平等与民主。[②]具体到公共文化服务领域，首先是因为公共文化服务作为公民的积极授益权，相比于过去的消极权利，需要财政资金的有效保障；其次，公共文化服务保障的是公民的基本文化权利，涉及范围广，但在我国发展的时间却很短，处于刚刚起步的阶段；最后，文化权利虽然是一项重要的基本权利，但在我国长期以经济建设为中心的发展背景下，公共文化服务经常要让位于经济效益，资金、人员和制度缺位的情形是当前常态。公共文化服务着眼的虽然是文化领域的基准水平，但这并不意味着只适用于弱势群体。相反，其受众面非常广。基于脆弱性理论，法律规定公共文化服务发展的指导原则是“政府主导、社会力量参与”，但主导并不等于包办，要鼓励社会力量参与，就需要发挥税收优惠制度的激励功能，以补强单纯依靠财政的局限。

4. 税收优惠的激励功能

税收优惠，是指国家为了实现某种特定的经济、政治、文化和社会目标，通过税收制度，以减轻或免除纳税人税负为主要内容的各种措施的总称。[③] 税收优惠政策通过制定倾斜性的税收措施来减轻税负，大致可分为鼓励性和照顾性两类，其中鼓励性为主要方面，是指为引导纳税人从事特定活动而实施的税收优惠政策。税收是国家参与社会产品和国民收入分配和再分配的重要手段，也是国家管理经济的一个重要调节杠

---

① 温来成、魏松：《新型城镇化建设中城市社区公共服务税收政策》，《税务研究》2013 年第 9 期。

② ［美］玛萨·艾伯森·法曼、李霞：《脆弱性的人类与回应性的国家》，《比较法研究》2015 年第 2 期。

③ 史正保主编：《税法原理与实务》，经济科学出版社 2011 年版，第 37 页。

杆。[①] 税收优惠作为税收的实体性内容，具有调节经济、调节分配的宏观调控作用。具体而言，其具有弥补市场失灵、均衡纳税人负担、吸引投资等功能。

有学者指出，法律是一种激励机制。在“经济人”的人性假定下，人们主观上追求个人利益，客观上促进社会利益的增长，通过提高效率或保证效益，实现了个人利益和社会利益的一致。[②] 激励法学的代表性学者倪正茂教授更是认为激励性法律在以法的功能作为标准的法律分类中占有一席之地。他指出，激励性法律规范在人类历史的法律规范中是客观存在的，激励法具有法律功能的激励性特征，同时在所有类型的法律中，激励法的双向运行是阻力最小、见效最易而可行性最大的。[③] 实践也表明，通过法律制度确认、保障和实施的针对公共文化服务保障各个环节和相关主体的适宜的税收优惠激励，是引导和激发社会资本投向公共文化服务领域、保持公共文化服务市场持续活力的重要机理和有效机制。例如，厦门市通过对文化事业单位实行增值税和营业税优惠政策，积极开展文化税收体制改革试点，盘活存量，扩张增量，加快文化事业发展，提升了厦门地域软实力。[④] 当然，主体行为目的与公共利益之间的一致性是激励的必要条件。具体到公共文化服务保障领域，针对文化捐赠行为与非盈利组织主体的一定范围、一定方式和一定程度的税收优惠政策，既具有市场的利益导向特点，同时又符合“公共资源社会化”的政策要求，有利于调动民间资本参与公共文化领域的积极性，保护相关公共文化服务提供机构的正常运行。

可见，宪法权利中的文化权利的确立强化了尊重、保障人权的现代宪法理念，构成了公共文化服务的权利基础，是税收优惠政策的实质前提。而干预行政向给付行政的转变，对政府公共文化服务职责的履行予以了客体和推力，并为其方式、程序、机制的不断完善提供了基本依

---

① 李昌麒主编：《经济法学》，法律出版社 2014 年版，第 432 页。

② 陈彩虹：《法律：一种激励机制》，《书屋》2005 年第 5 期。

③ 倪正茂：《激励法学要言》，《东方法学》2009 年第 1 期。

④ 张燕清：《走向“善治”：厦门公共文化服务建设探析》，《福建论坛》（人文社会科学版）2009 年第 12 期。

托。公共文化服务保障本身所具有的公共性和脆弱性，使其具有和公共财政一致的本质属性，在内容上符合宪法中文化权利的范畴，在形式上属于积极主动的给付行政领域。此外，税收优惠的激励功能，有助于扩大资金来源，促进公共文化服务的进一步发展，在法理上具有正当性，在操作上具有可行性，综合论证了公共文化服务保障领域中税收优惠政策的合宪性和合法性。

（二）法律依据

在《公共文化服务保障法》出台之前，与公共文化服务领域税收优惠相关的法律主要有《公益事业捐赠法》《慈善法》《企业所得税法》和《个人所得税法》等。其中《公益事业捐赠法》第24—26条主要规定了公民、法人和其他组织捐赠财产用于公益事业的，可依法享受相关的税收优惠。《企业所得税法》和《个人所得税法》则是从税法角度，宏观地规定了公益性捐赠支出和非营利性组织可享受税收优惠。相较而言，《慈善法》出台最晚，规定的也最为详细，其79—81条分别规定了针对慈善组织、慈善捐赠和受益人的税收优惠。《慈善法》第80条第1款规定：自然人、法人和其他组织捐赠财产用于慈善活动的，依法享受税收优惠。企业慈善捐赠支出超过法律规定的准予在计算企业所得税应纳税所得额时当年扣除的部分，允许结转以后三年内在计算应纳税所得额时扣除。该条文税前递延扣除的减免方式，突破了《企业所得税法》仅限当年扣除的规定，从而直接导致了《企业所得税法》的修改，并加大了公益性捐赠税前扣除的优惠力度。

虽然此次《慈善法》通过新法颁布倒逼《企业所得税法》的修正，但从两部法之间的总体关系来看，分工基本上是社会公益立法规定税收优惠抽象原则，税收专门立法来规定优惠力度、减免方式等具体调整事项。这样在立法体例上的分工，其好处是各领域的优惠政策统一于一部法律中，完整而系统，不显得零散，也让社会公益立法显得简洁凝练。与此同时，缺点也是显而易见的，两者分工权限失衡，定位划分不明：首先，这样的做法不符合“立法精细化”的立法趋势，与“宜细不宜粗”的立法指导原则相违背；其次，将社会公益立法中所有部门的税收优惠政策统一，针对性不强，各领域有不同的特点，应采取的优惠力度和减免方式不尽相同；最后，因为大而化之，提取最大公约数的做法会导致具体操作中还是存在困难，又难免会过分依赖更下位的相关配套立法，与“税收法定原则”略不相符。

以上诸法共同构成了公共文化服务保障中税收优惠的法律依据，《公益事业捐赠法》和《慈善法》等更是此次立法的重要参考。然而，纵观全部法源，虽然《公共文化服务保障法》第50条第1款确立了公共文化服务保障领域中的税收优惠原则，在吸引民间资本参与、丰富公共文化生活、促进公共文化发展等方面具有积极的导向作用，但是整体而言，与公共文化服务保障领域税收优惠制度相关的规定仍具有间接和分散性的特点，互相之间的协同性和整合性不足，且过于原则，不具有可操作性。因此势必会出现类似以往的以政策、行政法规、部委规章来填补法律空白或漏洞的做法。这不可避免地又会涉及各部门之间的博弈，从而延缓了相应制度的完善，使得制度完善的周期拉长。此类做法反映了其背后的非法治思维，实际上将税收立法权逐级下放，有违税收法定主义。因此，法律层面上的不足，有必要根据当前的现实问题，基于税收优惠的内在机制和税收实践规律加以进一步完善。

二 公共文化服务保障中税收优惠制度的构成要素

《公共文化服务保障法》第50条确立了该领域中的税收优惠原则，而法律原则必须细化为有机的富有操作性的法律制度，才能够得到法律价值的体现和法律功能实现。具体而言，税收优惠制度可以分为实体和程序两个方面，其中实体又可分为主体、方式和范围三个部分。接下来分点述之。

（一）公共文化服务保障中税收优惠的主体

1. 税收优惠决定主体

税收优惠决定主体是指在公共文化服务保障税收优惠制度中行使行政权力，决定是否授予税收优惠资格，税收优惠的方式、力度，以及对税收优惠程序实行监督的行政机关。

在税收优惠制度中，实施认定的主体是首要的考虑对象。认定主体的选择，会直接决定认定双方的法律地位，影响认定程序、救济方式以及税收优惠的实施效率。而根据国家税务总局现行有效的《企业所得税优惠政策事项办理办法》《税收减免管理办法》和《财政部、国家税务总局关于通过公益性群众团体的公益性捐赠税前扣除有关问题的通知》可知，我国目前对公益性团体申请公益性捐赠税前资格的认定主体是中央和省一级的财政、税务部门。然而，关于财政和税务部门在决策中的各自作用，相互之间的权责关系，以及是否有必要在公共文化服务保障特定领域中的税收优惠制度里引入文化部门，这些均尚待探讨。与此同时，各行政机关之间的数据共享与协同决策，应当通过内部行政程序予以保障，避免相互之间不够衔接以及延时冗长。

2. 税收优惠受益主体

税收优惠受益主体作为税收优惠程序的启动一方，具有重要的作用与地位。如何认定申请者的范围，直接影响着税收优惠政策辐射的范围广度，决定了税收优惠的激励功能能否切实得到实现。

税收优惠受益主体，主要包括两个来源：一个是公益捐赠的捐赠者，一个是公共文化服务的运营者。二者均与公共文化服务资金密切相关，前者负责开源，后者实现节流。通过一进一出两个环节，分别调动资本与人才在公共文化服务保障领域的积极性，构成公共文化服务保障税收优惠政策的基础性内容。

然而在实践中，两者均存在一些制度性障碍。在捐赠者的角度上，由于《公共文化服务保障法》第 50 条的规定，公民、法人和其他组织只有是在通过公益性社会团体或者县级以上人民政府及其部门的捐赠中才能依法享受税收优惠，而根据《关于公益性捐赠税前扣除有关问题的通知》，公益性社会团体的认定是较为严苛的。要知道，税收优惠激励功能的实现前提是公共利益和个人利益的重叠性或说是同向性。然而实践中经常是两者重合性的载体未必是符合前述法律规定要件的所谓公益性社会团体，但与此同时该项捐赠又确实具有公益性质。政策或法律上的严苛条件就导致这一部分捐赠被排除在税收优惠之列，因此就有抑制捐赠者积极性的可能，这不利于扩大社会资本的投入热情。

另一方面，在运营者的角度上，由于只有符合要求的公益性社会团体才有权申请公益性捐赠税前扣除资格，而考虑到公共文化服务基层化、社会化的特点，大多数真正服务群众的公共文化服务组织都是以社区为单位的。这些公益组织结构简单、体量微小、辐射狭窄的特点导致了它们在实践中不像全国性或省级的公共文化服务组织一样，很难获得税前扣除资格，这不利于基层公共文化服务运营者的发展。此外，即便是营利性的社会组织，也并不意味着公共文化服务行为的绝对排除。在现今政府积极购买公共服务的大背景下，民营演出团体参与农村汇演、个体私营企业投入公共基础建设将会越来越多。[①] 而当前针对此类非公益性组织公益性活动的相关税收优惠政策很少，还未形成完善的优惠体系，不稳定性也极强。这种只关注主体不考察项目的优惠方式，使得优惠范围和效果大打折扣。

3. 税收优惠评价主体

《公共文化服务保障法》第56条规定："各级人民政府应当加强对公共文化服务工作的监督检查，建立反映公众文化需求的征询反馈制度和有公众参与的公共文化服务考核评价制度，并将考核评价结果作为确定补贴或者奖励的依据。"

据此，税收优惠评价主体是指评价是否给予某企业税收优惠、给予多大优惠力度的主体，主要包括含博物馆、文化馆等接受公益捐赠的公共文化设施或服务单位在内的社会公众。基于新型给付理论和公共文化服务的公共性特征，公共文化服务的给付是国家和社会的双轮驱动，而不仅仅是政府的单一责任。因此，相比其他行政活动，公共文化服务有着更高的社会参与度。在税收优惠的行政决定做出过程中，作为受益主体的企业提出申请以启动程序，社会公众等评价主体通过公示公开、评价监督，甚至审计核查等方式参与认定过程中，而行政机关则负责根据评价主体的评价反馈，形式审查，动态调整税收优惠资格和优惠力度的

① 杜静、曾永顺：《从"办文化"到"买文化"的转变》，《中国税务报》2015年5月25日第7版。

认定。三者分工负责、前后接续，形成动态调节的互动交流过程。然而就目前而言，该制度中评价主体缺位，社会参与度较低，尚未形成有效运行的良性机制。

（二）公共文化服务保障中税收优惠的范围

一般来说，社会捐赠税收制度涉及的税种越多，相关税种的设计越齐全，就越有利于从多方面鼓励社会捐赠。在我国当前税制下，税收实体法中包括了流转税、所得税、财产税、资源税和行为税五大类税种。其中，资源、行为、财产、流转税法关于公益性捐赠税收优惠的规定相对较少，有的税种几乎没有关于公益性捐赠税收优惠的规定。具体而言，资源税类立法中只有土地增值税，行为税类立法中只有印花税，财产税类立法中只有契税，流转税类立法中只有关税的有关立法对捐赠税收优惠做了有关规定。相对而言，所得税法中关于公益性捐赠税收优惠的规定最为详细。个税和企税在计算应纳税所得额时，虽然存在细微差别，但方式类似，均规定了比例扣除、全额扣除和不予扣除三种。值得注意的是，企业所得税法的最新修改中，允许企业公益性捐赠支出超过年度利润12%的部分在随后的三年递延结转，扩大了优惠力度。

总体而言，我国公益性捐赠税收优惠制度中的优惠范围较小，并未全面合理地覆盖全部税种，还有待于在各个部门税法中完善，以充分发挥税收优惠制度在公共文化服务保障领域中的促进作用。首先，税收优惠范围也是根据税收对象有所侧重的，作为该领域的主体税种，要着重加大增值税、企业所得税和个人所得税的优惠范围与优惠力度。值得一提的是，虽然新修改的企业所得税法允许了超额支出三年递延结转的做法，但12%的比例相较于国外仍显较低，递延结转的做法也并未从根本上改善优惠力度较小的现状。考虑到公共文化服务的公益性和新兴性，建议扩大该比例至50%及以上。当然，在进一步扩大税收优惠力度的同时，为保持财政收入的稳定，应逐步控制或削弱补贴力度。换言之，也就是将补贴扶持的做法部分地向税收优惠转变倾斜。这样做的原因，一方面是因为我国历来“重补贴而轻减税”

的扶持传统导致了现今各种补贴所带来的巨大财政压力。据粗略估算，第一批国家公共文化示范项目的中央财政补助资金就高达4550万元。[①] 另一方面，财政补贴相较于税收优惠，覆盖面较小，补贴对象的选择标准也更为泛化，是一种“自上而下”的扶持方式，因此产生权力寻租、税负不公的可能性更大。同时也容易培养企事业单位的惰性，背离了补贴的初衷。相较而言，税收优惠是一种长效、普惠和公平的优惠模式。

其次，关于公共文化服务保障中税收优惠范围的思考，还需要结合公共文化服务活动自身的特点。公共文化服务的基层性和共享性，决定了它参与度高、涉及面广，需要社会诸多主体的加入，提高基础设施的利用率和民众的参与率，形成所谓的“共享开放式的公共文化服务体系”。因此，有必要根据一定的标准，划分税收优惠类型，从而扩大税收优惠的范围。

按照受惠主体的不同，大致可分为一般捐赠、个人行为和单位共享三大类的税收优惠类型。一般捐赠，指的就是公民、法人和其他组织对于公共文化服务的公益性捐赠，此项类型可以享受纳税扣除的税收优惠，并已经当前法律确认。个人行为，指的是以个人为主体的文化志愿服务行为，例如G20峰会的“快闪”宣传活动、马拉松比赛的公益秩序维持、社区农村的义演、文化义工等，可以采用部分减免或全部抵扣个人所得税的方式纳入税收优惠的范围。另外，单位共享则是指对于企业单位的文化开放共享活动，比如高校图书馆、体育馆的对外开放，公司内部娱乐设施场所的公共化，就可以考虑采用优惠税率和设备加速折旧的优惠方式来纳入税收优惠范围。概言之，就是针对公共文化服务保障领域公共性和共享性的特点，将所有带有公益性的活动纳入税收优惠的范围，尽可能地发挥税收优惠的激励功能。需要注意的是，个人行为和单位共享两种方式还没有体现在法律规范中，是制度进一步完善改进的方向。

---

① 宗和：《公共文化在身边：示范项目以点带面惠民生》，《中国税务报》2013年6月21日第8版。

（三）公共文化服务保障中税收优惠的方式

随着市场经济体制的进一步完善，我国已经逐步建立起了相对以往更为健全的税收制度，在税收优惠方式上体现为优惠方式的不断增加。具体来说，目前税收优惠有减免税、抵免、退税、饶让、优惠税率、纳税扣除、税收豁免、延期纳税、盈亏互抵、加速折旧等方式。

具体到文化税收领域，税收优惠手段却又显得缺乏多样性，主要有免税、税收返还、降低税率三种方式，而较少采用间接优惠方式。这种以税率、税额优惠为主，缺少鼓励性的税基式优惠的优惠结构刺激纳税主体更加关注短期行为，致使长期效应不足，甚而导致忽视生产经营的发展来争取或骗取税收优惠的现象产生。

实际上，税收优惠方式的设定要根据税收对象的特点决定。在公共文化服务领域，税收对象基本局限在捐赠收入、营业收入以及基础设施等方面。因此，在捐赠收入上，可以采用税前扣除的优惠方式，在一些投资上，可以采用投资抵免的方式。对于基础设施，当然是加速折旧的形式。而在营业收入上，考虑到公共文化服务的公益性，其数额很小，因此税项扣除或者直接设定起征点或免征额都是不错的选择。

另一方面，还可以针对不同类型的受惠申请主体，有意识地采取不同方式予以优惠。比如，对于具有共性的公益捐赠，应主要采用纳税扣除的优惠方式。而针对以个人为主体的文化志愿服务行为，例如 G20 峰会的“快闪”宣传活动和文化义工等，可以采用减免个人所得税的方式。对于企业单位的文化开放共享活动，比如高校图书馆、体育馆的对外开放，公司内部娱乐设施场所的公共化，就可以考虑采用优惠税率和设备加速折旧的优惠方式。只有针对不同税收对象、受惠申请主体做出相应适合的优惠方式，才能充分发挥税收优惠的激励作用。

（四）公共文化服务保障中税收优惠的程序

根据国家税务总局现行有效的《企业所得税优惠政策事项办理办法》，税收优惠行政决定在行政程序法上属于依申请的行政行为当属无疑。有争议的是，有学者将其定位为行政奖励，对此笔者保留意见。理由在于行政奖励是指行政机关对为国家和社会做出一定贡献的行政相对人给予物质、精神奖励的行政行为，其最大的特点在于奖励性，而税收优惠仅是一种价值衡量和政策导向的法律体现，并不具备该特点。为此，本文更倾向于将其归为行政给付，是一种满足法定条件和既定程序后的国家公共义务。

《公共文化服务保障法》第13条规定："对在公共文化服务中作出突出贡献的公民、法人和其他组织，依法给予表彰和奖励。"结合该法第50条的税收优惠条款可知，立法宗旨的关键在于，利用表彰、奖励和税收优惠的方式，鼓励社会公众通过多种途径尽可能地参与公共文化服务领域，以实现"政府主导、社会力量参与"的立法构想。实体内容的实现势必需要程序制度的协同配合，故此，就有必要简化程序流程，降低程序成本，提高程序效率。

而现行的税收优惠程序，实行的是传统的审批制，主要包括申请、决定和监督三个部分。条件严苛，手续繁琐，存在许多现实的制度性障碍。比如，因为公共文化服务不同于一般的产品、服务，具有地域性的特点，不同地区有着不同的文化风俗，因此也就需要不同的公共文化设施。有一些文化设施极具地方特色，其原料采购来源偏僻，或是手工制作的小个体户，这些往往难以取得专用发票，而这也就会给申请税收优惠带来困难。另外，与前所述类似，社区的小型公共文化组织因规模或活动范围的限制，在申请优惠中也面临着一些障碍，较难得到优惠资格的认定。因此，在取得税收优惠资格的程序条件上，应完善规定以下内容：在设立登记后应立即申请税收优惠资格；申请人只需提交下列资料：申请书、设立登记证书、组织章程；主管机关应在一定的期间内做出是否授予税收优惠资格的决定；如果拒绝授予，则应以书面形式提供理由；申请人可对不授予的决定申请行政复议。[①] 此外，要对税收优惠进行成本效益评估，健全对税收优惠设定的听证制度与专家论证评审制度，健全税收优惠公开制度与反馈机制，以及建立完善税收优惠事后监督制度，确保税务监督与内部监督、登记管理机关和业主主管单位的监

---

① 张学军：《基金会享受税收优惠的体制重建研究》，《当代法学》2015年第4期。

督、会计监督之间的协调。

三　公共文化服务保障中税收优惠制度的健全与实现

税收优惠制度包括实体和程序两个方面，实体中至关重要的是法律的设定以及权限的配置，也即所谓的“立法论”内容，而程序中包含的是主体、方式、范围等制度要素，也即所谓的“实施论”内容。因此，笔者从税收优惠制度的健全与实现两个方面分析。

（一）公共文化服务保障中税收优惠制度的健全

1. 税收优惠决定权的横向配置

法律法规之间的税权分配，涉及的就是税收权在立法机关和行政机关之间的横向分配关系。税收法定原则作为税收法制领域的最高原则和“帝王条款”[①]，是民主原则和法治原则等现代宪法原则在税法上的体现。其概念大略概括如下：税收法定主义，是指税法的各类构成要素皆必须且只能由法律予以明确规定；征税主体的权利义务只以法律规定为依据，没有法律依据，任何主体不得征税或减免税收。[②] 然凡原则必有例外。现代市场经济主体纷繁多样，市场经济活动日趋复杂，固有的税法规范往往在某些方面具有很大的不适应性，法律自身的滞后性特点在经济领域复杂多变的背景下被进一步放大。为了某些税法规范能及时灵活地调整某些领域里复杂多变的经济关系，国际上也存在着税收方面的委任立法或称授权立法的情况。[③]

在我国的法律实践中，《立法法》第 8 条是重要的法律保留事项，其中第 6 项就是税收基本制度。而在第 9 条，法律又对税收权做了授权立法的规定，允许国务院在尚未制定法律时，先行制定行政法规。[④] 这

---

① 苗连营：《税收法定视域中的地方税收立法权》，《中国法学》2016 年第 4 期。

② 张守文：《论税收法定主义》，《法学研究》1996 年第 6 期。

③ 张守文：《论税收法定主义》，《法学研究》1996 年第 6 期。

④ 葛伟：《论税收法定原则指导下的税收优惠政策治理》，《安徽商贸职业技术学院学报》（社会科学版）2016 年第 3 期。

是我国法律在宪法性法律上对授权立法所做的一般性规定，与税收领域更为密切的是《企业所得税法》第35条、36条和59条。三者分别是税收优惠办法的授权规定、专享优惠政策制定的授权规定和实施条例制定的授权规定，共同构成了行政法规对于税收优惠政策制定权的合法性基础。这有助于克服法律制定时间长、效率低的弊端，细化操作流程和范围标准，能更好地发挥税收优惠政策对公共文化领域的促进作用。因此，总的来说，我国当前税收优惠政策的税权横向配置是符合现实情况的合理做法。

在此基础上，要重新划分税收优惠中《公共文化服务保障法》和税收专门立法的分工权限，相对扩大文化部门立法的比重。真正落实“立法精细化”原则，将公共文化服务保障中具有本领域特色的税收优惠规定放置于该法保障措施章节中的相关条款内，而将具有普遍性的税收流程等规定统一置于税收专门立法中。具体是指，公共文化服务领域税收优惠政策特殊的事项（减免方式、减免力度等）应规定在《公共文化服务保障法》或相应的行政法规中，而将一般共性的检查监督等规定在《企业所得税法》《税收征收管理法》或与其相应的行政法规中。如此，则既考虑到了公益性捐赠中不同部门法中的不同特点，同时兼顾了税收优惠制度的共性特征。两者的关系可以看作为，税收专门立法是税收优惠制度的一般性法律，而公益性捐赠制度中的税收优惠条款是税收优惠制度的特殊性法律。这是兼顾了差异性和普遍性的不错做法，同时也是文化产业发达国家在财税扶持文化产业政策法规方面形成的较具共性的模式：由文化基本法作为文化产业财税扶持的基础框架体系。[①] 当然，立法层面的权限划分势必会导致实施过程中的分工。因此，需要建立在文化行政主管机关与税收行政主管机关之间的协同行政制度，总体上应以税收行政主管机关为主，文化行政主管机关为辅。只有在涉及法律规定的公共文化服务保障税收优惠制度的固有事项时，才以文化行政主管机关为主。

---

① 解学芳、臧志鹏：《国外文化产业财税扶持政策法规体系研究：最新进展、模式与启示》，《国外社会科学》2015年第4期。

2. 税收优惠决定权的纵向配置

法律法规之间的税权分配涉及的是税收权的横向分配关系，央地税权分配关注的则是纵向分配关系。在我国现行法律制度下，并无地方税收立法权的概念，《立法法》第73条更进一步否定了地方性法规对第8条税收事项的管辖。结合第8条、9条和73条，有学者得出如下结论：在与行政法规的关系上，法律对于税收事项是相对保留，全国人大及其常委会居于主导性地位；在与地方性法规的关系上，法律对于税收事项是绝对保留，全国人大及其常委会居于垄断性地位。[①]

税收法定原则的价值在于其体现了民主性，为税收的正当性提供基础。代议机关设定税收，行政机关实施税收，完成了设定权和执行权的分立，符合现代法治原则。如果说行政机关的授权立法是对效率的合理和合法让步，那地方人大的地方税权则蕴含了地方自治的思想。对此，我国宪法对央地关系的相关规定是中央统一领导，地方积极主动。然而，在现行法律的规定下，地方只有财政权而并无税收立法权，导致地方人大在进行统筹收支时过分依赖中央调控，主动性欠缺。其次，各地经济水平不同，发展环境不同，因此在适用具体的税收优惠措施时，存在很大差异，全国使用统一标准，针对性较差，从而导致公共文化服务税收优惠的地方差异化空间狭窄，促进效果有待考虑。

因此，要完善对“税收法定主义”原则的理解，适当赋予地方税收立法权，增加公共文化服务税收优惠的地方差异化空间。地方人大的民主性，使得地方税权的存在并不违反“税收法定主义”，央地税权合理分配的做法在国外也非孤例。另外，考虑到我国幅员辽阔，各地之间文化风俗、经济发展差异巨大的客观现实，全国统一标准的做法将会对公共文化服务领域税收优惠政策的实效大打折扣。因此，建议增大法律对税收优惠力度、范围、具体事项的规定幅度，允许地方各省级人大依据本省的文化经济状况，在法律规定的范围内自行制定地方性法规，并报全国人大常委会备案监督。实质上，此种做法借鉴了刑法实务中允许各省根据各自经济情况自行规定盗窃罪量刑起点的做法。最高法、最高检

① 苗连营：《税收法定视域中的地方税收立法权》，《中国法学》2016年第4期。

《关于办理盗窃刑事案件适用法律若干问题的解释》第1条第2款规定："各省、各自治区、直辖市高级人民法院、人民检察院可以根据本地区经济发展状况，并考虑社会治安状况，在前款规定的数额幅度内，确定本地区执行的具体数额标准，报最高人民法院、最高人民检察院批准"。两者同为法律保留事项，在合理的范围内，给予地方性法规一定的自由裁量权，既不违反民主性，又实现了差异性，真正落实了宪法规定的"中央统一领导，地方积极主动"的民主集中制原则。

（二）公共文化服务保障中税收优惠制度的实现机制

1. 主体协同与参与程序

在具体的税收优惠程序中，实施认定的主体是首要的考虑对象。认定主体的选择，会直接决定认定双方的法律地位，影响认定程序、救济方式以及税收优惠的实施效率。而根据国家税务总局现行有效的《企业所得税优惠政策事项办理办法》《税收减免管理办法》和《财政部、国家税务总局关于通过公益性群众团体的公益性捐赠税前扣除有关问题的通知》可知，我国目前对公益性团体申请公益性捐赠税前资格的认定主体是中央和省一级的财政、税务部门。然而，考虑到公共文化服务的授益性，给付程序权利中心的特点，以及政策趋势等因素，当前税收优惠认定主体存在改革的必要性和可能性，如下具体分析。

首先，总的来看，我国目前在税收优惠认定主体方面是以行政机关为运行核心的，采用的也是传统的审批制。在以侵害行政为内容的行政管理活动中，这当然无可厚非。但公共文化服务保障领域中的税收优惠政策，具有给付行政的属性，因此也就有着完全不同的法律关系构造、价值面向。给付行政相对于传统的干预行政，最大的特点在于其具有的授益型和主动性，因此其程序形式是"积极模式"，主张以权利为中心，以过程为导向，要求行政机关转而采用"平权型"的柔性手段，在程序中担任服务者，努力塑造一个地位平等、信息交互、高效公平的认定氛围。目前税收优惠资格的认定主体存在着明显的干预行政色彩，没有实现从权力到权利中心转变，同时申请主体和认定主体之间并不是平等的法律关系，程序的效率也因为行政活动的固有属性而存在疑虑。总之，目前的优惠认定主体并不符合给付行政程序的程序特点。

其次，近年来受到西方“一臂之距”原则的启发，税收优惠认定的主体有了更多的选择可能。“一臂之距”原则起源于英国，指的是政府只管制定文化政策和财政拨款，没有直接管辖文化艺术团体、机构的权力，具体管理事务交由中介非政府公共文化机构负责。施行该原则的好处有：管办分离，减轻了政府部门的行政事项，保证其高效运作；不直接与社会团体产生联系，避免权力续租；非政府机构独立于政府之外，由各方面的中立专家组成，独立且高效。当前我国优惠认定主体的问题，在于双方为不平等的行政管理关系，“一臂之距”中引入社会独立中介组织的做法，值得在该问题上考虑借鉴。①

最后，现行政策发展的趋势走向，也为税收认定主体的改革提供了有力的支持。比如，在新近公布的《“十三五”推进基本公共服务均等化规划》当中，《创新服务供给》一章着重叙述了“培育多元供给主体、推动供给方式多元化”的方针政策。② 伴随着政府“简政放权”改革的进一步深入，社会开放程度日渐完善，市场经济环境日益优化，可以预料在不久的将来，能由政府购买服务提供的，政府不再直接承办，而是交由具备条件、声誉良好的社会组织、机构、事业单位和企业等承担，真正做到“让市场的归市场”。

总的来说，就是行政程序模式的积极面向要求实施主体与申请人之间处于平等地位，同时开放性地完成各种交互，概言之即要求实施主体的非权力性。以此审视税收优惠认定主体，两者并不处于平等地位，且非对等性导致了交互的不充分性。

因此，要提升公共事务市场化的比重，将税收优惠申请过程中的技术性事项外包给社会的第三方机构，从真正意义上改变双方的不平等地位，实现给付行政权利中心的要求。运用政府采购的形式，将公共事务中的技术性事项外包给社会第三方机构，既能进一步扩大市场经济的比重，缩减认定环节的时间与成本，提高行政审核效率，促进相关市场的

---

① 孔进：《公共文化服务供给的国际经验及借鉴》，《国外社会科学》2015 年第 2 期。

② 《国务院关于印发“十三五”推进基本公共服务均等化规划的通知》，中国政府网，http：//www. gov. cn/zhengce/content/2017 –03/01/content_ 5172013. htm。

繁荣，响应政府“简政放权”的施政主张，还能让申请主体和审核主体在民事主体的基础上，真正实现平等交流、对等交互的制度形式，从而符合给付行政程序中所要求的“权利中心、地位平等、交互充分”的要求。当然，充分运用市场的力量，并不意味着全然不顾行政监督的作用。制度设计的基本原则是分工制约。因此，相关政府部门应根据第三方独立机构的审计报告做相应的形式审查，准予认定或不认定，并在授予认定后负责监督管理职权。

2. 建立税收优惠分级制度，扩大优惠主体范围与优惠项目

适当放宽对企业捐赠对象的限制，按照公共文化服务组织的公益比例设定合理差序的公益等级，享有不同力度的税收优惠。同时，区分公共文化服务运营者的经营性收入和非经营性收入、公益性支出和非公益支出[①]，对非经营性收入和公益性支出实行全面的税收优惠，而对经营性收入和非公益性支出实行一定比例的税收优惠，从而尽可能地将一切具备公益性的公共文化服务的经济活动纳入税收优惠范围，使优惠项目更为合理科学。另外，还应针对不同体量规模的公共文化服务组织设定难度不同的税收优惠认定条件，从而有利于社区型的小型社会组织更易于获得优惠资格。

3. 丰富税收优惠方式，扩大税收优惠范围

针对当前我国税收优惠方式单一的问题，应该注重间接优惠方式的运用，针对公共文化服务保障领域不同项目的不同特点，适用不同的优惠方式。比如，对于房屋设备等固定资产，应多采用加速折旧、延期纳税的间接优惠方式；而对于公益捐赠、利润收入等项目，应适用优惠税率、减免抵扣等直接优惠方式。综合运用各种税收优惠方式，既有效降低了单纯使用直接优惠方式所带来的漏税骗税的可能性，使之成为一种更为持久的有效利用的机制，又能增强税收优惠在促进公共文化服务、吸引社会资本参与、提升服务供给效率等方面的作用。另外，在干预行政向给付行政、管理型政府向服务型政府转变的过程中，公共文化服务方兴未艾，覆盖的人群广度、服务深度都还远远不够。现阶段应针对税

① 温来成、魏松：《新型城镇化建设中城市社区公共服务税收政策》，《税务研究》2013 年第 9 期。

收优惠范围小的问题做出相应的调整，有意识地在财政允许的合理范围内，逐步扩大公共文化服务保障领域中税收优惠的覆盖范围，实现由财政补贴向税收优惠转变的扶持模式，形成激励的长效机制。比如，不仅仅允许公益捐赠的税收优惠，还可以允许公共文化服务运营者公益性支出、公益性投资和公益性收入的税收优惠，同时还要有意识地扩大优惠力度。

4. 简化申请流程，改核准主义为准则主义

针对不同体量规模的公益性公共文化服务组织设定不同难度的申请流程，采用形式主义原则，认定资格时不进行实质审查，兼之以完善的事后监督机制。在此，可借鉴新《测绘法》的相关规定。该法第 48 条规定建立测绘地理信息市场信用体系，对测绘单位实施信用管理。第 49 条更是首次在法律中要求建立健全随机抽查机制，同时在法律责任上规定了更为严厉的行政处罚，赋予了测绘地理信息主管部门此前没有的行政强制权力，更加强调对地理信息市场和从业单位的事中事后监管。将之借鉴适用于公共文化服务保障领域中的税收优惠制度，应利用“互联网 +”、大数据的时代背景，建立公共文化服务市场信用体系，通过公示、数据公开等方式，对文化单位实施信用管理。同时可考虑赋予文化主管部门适当的行政强制权力，规定更为严厉的行政处罚措施，改变以往文化部门软弱无力的形象特征，增强事后监管的有效性。概言之，就是以事后监管为基点，加强信用监管、社会监督的力度，结合必要的行政监督，构建公共文化服务保障领域的新型行政治理范式。如此，可减少申请程序的繁琐和难度、提高申请效率、降低程序成本、扩大申请主体的数量，进一步增加社会资本积极参与公共文化服务领域的积极性。同时事后的监督机制，比如年审等制度，可使监督常态化，从而减少因程序简化而可能增加的骗税概率，实现效率和合法的平衡。

四 结语

综上，《公共文化服务保障法》作为文化领域的社会保障法、部门基本法，是人权在文化共建共享领域的法律保障，具有宪法意义上的理

论基础。而现代行政由干预行政向给付行政的转变，更为其权利实现提供了制度化的路径。税收优惠的激励功能，便是两者结合的调控方式，具备理论上和法律上的正当性与必要性。当然，税收优惠作为调控手段，其构成要素的特点要根据调控对象的不同而加以调整。具体到公共文化服务领域，其主体较复杂、方式有侧重、范围不全面、程序多繁琐的特点，需要一系列的制度改进措施。而在具体的实现机制中，因为这涉及公共文化服务保障法和税法的重合领域，因此如何妥善安排两者的关系尤显重要："发展导向型"的税收立法应融入协调、共享的发展理念，以更充分地保障各类主体的经济发展权①，同时税改的连续性与差异性、周期性与建构性②，都要求融合有关法律依据，推进公共文化服务税收优惠制度的精细化立法；"税收法定原则"结合我国公共文化服务的现状也意味着央地间税权分配关系的重新审视；传统行政审批机制存在的弊端以及公共文化服务不同以往的"权利中心"特点，也为税收优惠资格认定主体的制度健全提供了基础。《公共文化服务保障法》方兴未艾，具有明显的授益性特点，其关注的是公民积极的文化权利，为政府在公共文化服务领域的义务设定了基本标准，体现了管理型政府向服务型政府职能转变的过程。如何更好地实现税收优惠政策在公共文化服务领域的激励功能，对于促进公共文化服务发展，提高公民精神文化水平，切实实现宪法规定的公民文化权利具有重要的意义，是依法治国、保障人权的应有之义。

---

① 张守文：《论"发展导向型"的税收立法》，《法学杂志》2016 年第 7 期。

② 张守文：《税制变迁与税收法治现代化》，《中国社会科学》2015 年第 2 期。

文化遗产保护法治

论“非遗”保护中的地方政府职责及其实现机制

谢萍萍*

（浙江工业大学文化与法制研究中心）

摘要 保护非物质文化遗产是一项社会工作，需要社会各方的参与。近年来地方政府部门在《非物质文化遗产法》的指导下，逐渐建立了“以政府为主导”的“非遗”保护机制。但政府“主导”并不等同于政府“包揽”，地方政府在进行非物质文化遗产保护工作时，主要承担四个方面的职责，包括抢救型保护、传承型保护、生产型保护和传播型保护。在厘清地方政府在非物质文化遗产保护工作中的职责的前提下，逐渐建立起社会参与机制、第三方评估机制、非遗传承人利益表达机制等实现“非遗”保护的有效机制，由此激发政府在“非遗”保护工作中的文化自觉，以期全面地对非物质文化遗产进行消极保护与积极活化应用。

关键词 非物质文化遗产；保护机制；政府职责；社会分工

非物质文化遗产作为一种以传统文化为基石的社会公共遗产，对研究、传承我国悠久、深远的历史文化具有无可取代的作用。十多年来，

* 谢萍萍，厦门市翔安区司法局，兼浙江工业大学文化与法制研究中心助理研究员，主要研究行政法治。

我国一直将传承与保护非物质文化遗产作为一项社会工作、国家工作，在国家政府的主导下积极利用社会各方的力量进行这项事业。在此过程中，诸如法治欠缺、地方政府对“非遗”保护的制度不完善、“非遗”传承人权利实现机制存在不足等问题逐渐暴露出来。从“非遗”保护理论实践来看，我国各地方政府应在“政府主导”这一大原则下，确立“政府主导与协同原则”“非遗传承人权利本位原则”“时效性原则”等原则，从而根据这些原则在今后的“非遗”保护工作中，弥补地方政府在适用《中华人民共和国非物质文化遗产法》（以下简称《非遗法》）、履行政府职责等方面的不足，对我国“非遗”保护工作的运作机制进行反思，为普遍构建“非遗”传承及保护机制提供相关路径。

一 “政府主导”原则及其实践状况

（一）“政府主导”原则的内涵与核心

非物质文化遗产是一种以民俗文化为主的社会公共文化，其主体是社会公众。而非物质文化遗产保护则是一项社会工作，参与非物质文化遗产保护工作的应是社会各方力量，包括国家、相关政府部门、民间组织、教育科研单位等学术研究者、企业、社会民众等。

依据2005年国务院办公厅发布的《关于加强我国非物质文化遗产保护工作的意见》，非物质文化遗产保护工作是以政府为主导的。事实上，近年来政府部门在“非遗”保护工作中也确实起了主导、引领作用，“非遗”保护工作中的“政府主导”原则也成为社会通行的说法。

从宏观视野来看，“非遗”保护应由国家制定总体政策，并将其纳入规划工作之中；在国家的引领下，由政府主导、多方共同参与到非物质文化遗产保护工作中。在“非遗”保护工作中，政府部门应起到对具体政策发起、组织、推动和管理的领导作用，真正作为组织管理层面的主导者。在政府领导下，各保护主体与传承主体的力量都不可忽视，应分别明确其角色定位，各司其职，分工合作。民间组织是“非遗”保护的帮助者；学术研究单位是“非遗”保护理论的研究者和行动的建议者；企业是“非遗”保护的重要资金保障者；“非遗”传承人等社区民众是最接近“非遗”本身的主体，因而也是“非遗”传承保护的中坚力量和具体实践者。①

由此，我国在“非遗”保护工作中各主体角色分工已基本明确，以非遗传承人为代表的社区居民、民间组织、学术研究单位、企业等相关主体，应在相关法律法规政策的指引下，多元合力，配合政府主持的非物质文化遗产保护工作，从抢救性保护、传承性保护、生产性保护和传播性保护等方面具体实践“非遗”的传承与保护。同时，政府作为组织管理层面的主导者，应切实做到“政府主导”，规范权限范围，明确具体职责，既要防止权力滥用，又要避免在“非遗”保护工作中产生“政府包办”的局面。

（二）实际案例中“政府主导”原则的实践缺失

在“非遗”保护工作逐渐深入的过程中，传统民俗活动与现代秩序的冲突时有发生。2016 年 2 月 19 日，河北省赵县“省级非遗传承人”，79 岁老汉杨风申，因制作当地古火会上需要燃放的烟花，被法院以非法制造爆炸物罪判处有期徒刑四年六个月，提起上诉后二审法院裁定维持原判。2016 年 12 月，四名河南新野耍猴人涉嫌非法贩卖野生猕猴被捕，新野猕猴艺术协会为其“求情”，称新野猴戏属于“非遗”项目，建议从宽从轻处理。

事实上，这类案件暴露出政府在“非遗”保护工作中实践“政府主导”原则时存在的缺陷，主要体现为以下几个方面。

第一，“非遗”保护方式单一，政府对不同“非遗”项目的保护缺乏有针对性的保护途径。我国《非遗法》第 30 条规定：“县级以上人民政府文化主管部门根据需要，采取支持其开展传承、传播活动的其他措施，支持非物质文化遗产代表性项目的代表性传承人开展传承、传播活动。”实际上，政府文化主管部门在进行“非遗”传承与保护工作时，主要是通过资金扶助、建立“非遗”传承所等形式支持“非遗”传承

---

① 参见姬玉珠《非物质文化遗产的传承与保护研究——以甘肃省级非物质文化遗产代表性项目云阳板为例》，硕士学位论文，南京大学，2017 年。

人的活动。但政府在具体的“非遗”保护工作中，应避免教条化，灵活地针对不同的“非遗”项目，在本辖区内“非遗”保护管理规章条款中细化相应的补充性说明，对“非遗”传承活动中需要提前备案、获得许可的环节进行解释，对“非遗”传承人进行指导、教育，并要求其按规章办事，如此以最大限度地避免“非遗”传承人因缺乏对相关法律的了解而不小心违法。另外，根据不同的“非遗”项目，地方政府应将其详细划分为抢救性保护、传承性保护、生产性保护和传播性保护等模式，继而制定不同模式下的具体保护措施，而不是笼统地、粗略地一概而论。

第二，在“非遗”保护工作中，地方政府各部门职能发挥不协调，各自依照不同法律办事。古火会上需要的梨花瓶，猴戏艺人表演需要的猴子，这些都是“非遗”项目的一部分，但从另一方面看，这些大都需要经过相关部门的批准才能视为合法。在这两起案件中，“非遗”传承人的违法，不仅是相关法律法规对“非遗”项目本身特殊性的忽略所致，也是“非遗”保护相关部门组织管理职能的失职所致。在此类案件中，地方政府的职能在于，在国家尚未明确“非遗”保护中各法律衔接情况的状态下，协调政府内各部门的职责与权限，尤其是文化部门与公安部门之间应在“非遗”保护方面确立相应的规范，明确此类案件发生时的解决途径，保护“非遗”传承人合法权益。①

第三，地方政府在“非遗”保护中唱“独角戏”，社会各方的参与度与监督不足。“政府主导”原则重点落脚在“主导”，这意味着政府在其中扮演着掌舵者的身份，起到组织管理“非遗”保护工作的作用，而不是由政府“划桨”，全面包办。因此在实践中，“非遗”的传承保护活动与现代秩序、其他法律产生冲突之际，政府除了应解决法律衔接、部门协调等问题以外，还应逐步建立社会参与机制，使社会各方关注、参与此类“非遗”相关案件，以督促这一问题的改善与促进“非遗”保护工作的进步。

---

① 参见陈小慧《试论非物质文化遗产保护——兼评我国的〈非物质文化遗产法〉》，《海峡法学》2011 年第 4 期。

（三）地方政府在“非遗”保护工作中的功能缺陷、职责失衡问题

非物质文化遗产保护是一项十分复杂、工程量浩大且需要长期进行的历史文化传承工作，不是任何个人或民间组织所能独自承担的。在十数年保护非物质文化遗产的工作进程中不难发现，由政府主导，社会各方力量积极参与的保护模式已经在实践中发挥了巨大的作用。由政府作为“非遗”保护的发起者、筹划者、管理者、支持者、推动者，是“非遗”保护得以展开和持续的关键。同时，政府还要引导、组织社会各方承担起保护主体的职责。

目前我国各级地方政府在“非遗”保护过程中所承担的角色和责任主要体现在以下几个方面。

1. 以国家相关法律法规、政策文件为基础，根据各地方的实际情况，制定相应的条例、办法、措施等，为“非遗”保护工作的进行提供更为具体的政策支持和法律保障。

2. 在国家相关部门的指导下，各行政区域成立相应的管理、组织机构，开展本区域内“非遗”项目的调查、整理，并积极申报各级别的非遗名录。

3. 编制、颁布自己辖区内的“非遗”名录及相应的“非遗”保护管理规章制度。

4. 为“非遗”的保护提供专项资金，为“非遗”传承人发放一定数额的补贴。

5. 对非物质文化遗产进行宣传，引导舆论导向，并鼓励社会各方参与“非遗”保护工作。

6. 对已确定的各级“非遗”项目的保护状况进行监督和评估。

7. 利用辖区内的“非遗”项目发展文化产业、旅游产业，将“非遗”保护与经济开发相结合，支持和推动非物质文化遗产、文化创意产业发展。

然而，在推进“非遗”保护工作的进程中，地方政府的功能缺陷、职责失衡问题也逐渐凸显出来。

第一，重申报，轻保护。申遗工作是政府主导多方参与“非遗”保护的一项重要工作，然而地方政府在推进这项工作的过程中，普遍出现“申遗成功就认为大功告成，保护工作也就此停滞”的现象，忽视申遗完成后对已确定的“非遗”项目进行保护、监督和评估等工作的推进。正如国家级非物质文化遗产评审专家委员会主任冯骥才所指，重申报、轻保护，甚至超负荷利用和破坏性开发的现象，在全国普遍存在。[①] 一些地方政府一味追求经济效益，将“非遗”项目视为广告招牌，忽视“非遗”本身最重要的历史文化价值，强行进行产业化开发，造成“非遗”的损毁、灭失。在申遗工作上赋予过于浓重的功利化色彩，无疑会使“非遗”保护成为空壳。

第二，“非遗”保护需要持续的法律规范和政策保障，与日本、韩国等国家相比，我国的“非遗”保护相关法律起步晚，法律条例和政策的制定还处于初级阶段，仍有许多细节有待补充完善。例如，在对“非遗”保护工作制定地方性法规、政策时，相比编制较为完善的“非遗”名录，缺乏具有明显针对性、符合地方实际的专项制度和法规政策，尤其是针对辖区内的国家级“非遗”项目的专题法规、条例极为缺乏。[②] 例如，在利用“非遗”项目开发文化、旅游产业时，缺乏相应详细的税收优惠措施。另外，《中华人民共和国非物质文化遗产法》在地方上的实施也还需要结合地方和“非遗”项目的实际情况做出更多细化规定，以符合各地非物质文化遗产的地方性民族特色。

第三，在财政方面，地方政府承担“非遗”保护的主要资金支持任务，但由于各地政府的动员与财政能力参差不齐，保护资金短缺、使用不规范、规划不完善等现象皆有发生。非物质文化遗产保护工作不能完全依靠政府或者过于依赖政府。政府在“非遗”保护工作中应承担宏观规划、具体组织管理的角色作用，而在保护资金方面，政府完全可以发挥其号召能力，鼓励各企业投入“非遗”的传承与保护中来。

第四，在城市更新推进过程中，地方政府由于缺乏“非遗”保护相关的专业知识，在建设城市的过程中做出的决策容易导致“非遗”生存

① 朱琳：《非遗重申报轻保护普遍存在，要刹住功利风纯净申遗目的》，《法制日报》2017 年 7 月 25 日第 3 版。

② 参见陈兴贵《我国非遗保护中的社会分工与责任担当》，《广西师范学院学报》2016 年第 6 期。

环境及其历史文化记忆载体的损害，例如大规模的拆迁改造、社区重建等。还有些地方政府在对非物质文化遗产资源进行旅游性开发时，枉顾保护的初衷，过度开发“非遗”项目的经济价值，忽视甚至破坏其历史文化价值，表面上促进了非物质文化遗产与社会的融合，推动其传承与发展，实际上却对“非遗”项目本身的历史性与文化性造成了损害，本末倒置。

上述这些地方政府在保护非物质文化遗产工作中的职能缺陷问题是实践中普遍性存在的，需要在机制建设方面加以解决、改善。另外，随着我国“非遗”保护工作的不断推进，政府在其中的责任担当也将出现新的内容。例如在城市化进程中，地方政府要重视对“非遗”传承活动场所的规划，提供必要的公共设施与服务，保证传承活动的正常进行。对于一些群众自发的传承活动，只要不违背基本的法律法规，不扰乱正常的社会秩序，政府都应该多加鼓励，积极引导他们开展“非遗”传承保护活动。

二　若干地方政府“非遗”保护制度分析

（一）杭州市非物质文化遗产保护方式与其经验

近年来，杭州市在《非遗法》的指导下，积极推动非物质文化遗产的传承、保护和发展，其“三位一体（市、区/县、乡镇/街道三方联动）”“五力合一（非遗机构、专家、责任保护单位、传承人和社会力量五力相融）”和“全民参与”的保护新模式取得显著成效。

在机制建设方面，杭州着力完善“非遗”保障机制，构筑多元保护体系，全面推进“非遗”保护工作，确立了由杭州市文广新局、杭州市委宣传部、市发改委、市财政局、市教育局等单位共同组成的“非遗”保护工作领导小组，设立了杭州市“非遗”保护中心，此外还成立了专家工作委员会。在法律法规方面，杭州市在国际非物质文化遗产保护公约及国内相关法律、政策的指导下，根据本地区的实际情况，制定专门的非物质文化遗产保护政策。在财政方面，杭州市设立了“非遗”保护工作专项资金，分批对“非遗”项目给予资金补助，加大对保护工作的财政支持力度。

杭州十分重视申遗工作，积极进行普查成果的整理应用工作，完善“非遗”名录体系建设。目前，杭州已拥有众多国家级“非遗”名录、省级名录、市级及区、县（市）级名录，初步形成非物质文化遗产保护的各级体系，建立起“非遗”保护的长效机制和保护生态，杭州“非遗”保护工作也走在了全省乃至全国前列。[①]

在多年非物质文化遗产保护工作中，杭州还逐渐摸索出了“非遗”抢救性保护、生产性保护、整体性保护等多种保护方式，启动了“专家领衔非遗项目保护工程”“非遗师徒传承工程”和“镇级名录试点工程”，开展了“非遗进校园”系列活动，举办了非遗传习培训班等一系列有效的探索。[②] 作为“非遗”保护的组织管理者，杭州市政府多次组织“非遗”保护领域的专家举办讲座、论坛等活动，向社会公众普及非物质文化遗产保护知识。此外还通过媒体向社会发布“非遗”保护工作的进展和成果，提高普通民众对“非遗”的认知度、认同感及参与度。杭州还积极探索生产性保护模式，将手工技艺类、民间美术类和医药炮制类项目等传统手工艺与企业生产相融合，既起到活化非物质文化遗产的作用，又带来可观的经济效益。另一方面，杭州拥有许多非物质文化遗产博物馆，例如中国丝绸博物馆、南宋官窑博物馆等。杭州市在通过博物馆进行非物质文化遗产宣传方面推陈出新，以杭州市手工艺活态展示馆为例，专门邀请“非遗”传承人进入博物馆活态展示传统手工艺，还与“非遗”传承企业联合推出“非遗”产品。此外，杭州积极推进非物质文化遗产的数字化保护工作，制定数字化保护的业务标准和技术规范，为“非遗”资源数据库的建设与完善构建了重要框架与模型。

杭州市通过一系列举措，使全社会广泛参与到保护非物质文化遗产的领域，社会各方对“非遗”的关注度不断提高，非物质文化遗产项目的保护程度也明显提高。

---

① 参见阮可《为非遗保护“杭州模式”升级版点赞》，《中国文化报》2014年12月31日第4版。

② 参见余敏、潘昌初《多措并举：杭州非遗保护出成效》，《中国文化报》2014年12月31日第4版。

（二）宁波市非物质文化遗产保护工作的特色分析

在非物质文化遗产保护工作中，宁波注重整体性保护，创立了“宁波模式”。

首先，宁波注重物质文化与非物质文化的结合。以宁波“非遗”项目前童抬阁为例，作为民间游艺的代表，技艺精湛的前童抬阁是在年节庆典时，在前童古村内举办的童姓宗族共同参与的仪式实践。[①] 这一仪式实践发生在前童古村这一物质文化场所内，通过村落空间的巡游发挥了凝聚村落认同感的作用。在这一仪式实践中，物质文化遗产为非物质文化遗产的传承提供了空间和场所，而其本身也成为非物质文化遗产实践的重要组成部分，这正体现了物质文化与非物质文化的良好结合。

其次，建立宁波现代“非遗”传承保护体系，逐渐形成博物馆保护、生产性保护、文化生态保护区保护、校园传承等多样形态的保护模式。在博物馆保护方面，宁波市文化部门结合本地经济与社会发展的实际情况，不断探索，从而逐渐形成了非物质文化遗产博物馆国助民办、合作联办等多种运作方式，简而言之即政府出资或出台优惠政策，帮助民营企业及个人建立非物质文化遗产博物馆，以及政府与企业、个人合作联办非物质文化遗产博物馆。[②] 在生产性保护方面，宁波在传统技艺、传统美术和传统医药药物炮制类等“非遗”项目上，借助生产、流通、销售等手段，将其转化为文化产品继而推广。此外，构建文化生态保护区是国家对于非物质文化遗产进行整体保护的最重要方式，在拥有超过百项非物质文化遗产名录、海洋物质文化形态多样的象山建立的象山海洋渔文化生态保护区就是宁波这一保护模式最典型的例子。至于校园传承，是宁波市政府在结合本地文化传统与教育发展水平的前提下，选择在本地区具有深远文化底蕴的、契合本地区发展状况的非物质文化遗产传承项目，通过邀请传承人进入校园开展宣讲，将其纳入制度性的学校课程，是在另一种层面对非物质文化遗产进行活态传承。

---

① 参见韩成艳、张青仁《非物质文化遗产整体保护的宁波实践》，《中国文化报》2016 年 4 月 15 日第 5 版。

② 周兴荣：《宁波出台非遗保护地方标准》，《中国文化报》2016 年 7 月 14 日第 1 版。

（三）金华市在非物质文化遗产保护工作中的制度特色

近年来，金华将旅游业作为新的支柱型产业加以扶持，政府亦逐步重视旅游与非物质文化遗产的结合，渐渐拓深“非遗”旅游资源的开发，不仅出现了新一批“非遗”旅游景点，也带动了具有“非遗”特色的旅游产品的畅销。

金华在“非遗”旅游开发方面虽取得了一些进展，但对非物质文化旅游资源的开发和保护的重视程度还有待提高，保护性旅游开发的理念还有待进一步强调。首先，非物质文化遗产资源的保护和利用是一个系统性工程，需要相关部门之间相互沟通、相互配合，形成合力。而目前金华市政府对“非遗”的旅游开发和保护联动发展还需要进一步关注。其次，对非物质文化遗产旅游资源的研究与宣传力度仍需加大，仅凭目前金华本地一些民间文化组织的自发性研究，对探索如何保护性地发展非物质文化旅游资源还远远不够。另外，对于具有“非遗”特色的旅游产品，有关部门也应加紧宣传工作，加大宣传力度，丰富宣传形式，以带动其销售。再者，对于拥有丰富“非遗”旅游资源的金华来说，目前已开发的具有鲜明特色的非物质文化旅游项目并不多，其开发模式还停留在基本的参观型为主，因此开发模式也有待进一步拓展，提高项目的体验性与创意性，增强“非遗”的文化活力。[①]

三　对“非遗”保护中地方政府职能实现机制的构思

（一）重新界定“政府主导”原则

“非遗”保护经过十几年的实践，基本可以确定“政府主导，多元保护主体参与”的保护模式是科学合理的。“非遗”保护工作是一项长期的系统性工程，只有政府才具备这种巨大的社会动员、组织管理能力，长期为“非遗”保护工作提供人力、财力、物力等全方位的筹划与支持，所以“非遗”保护工作必须坚持“政府主导”原则。但政府主

---

① 肖绪信：《金华非遗旅游开发模式研究——以国家级非遗为例》，《商业经济》2016 年第 3 期。

导并不意味着政府包办。现代政府的职能定位在于为社会公共事业搭建服务平台和对社会公共事务进行宏观管理，因此要求政府包办作为社会公共事业的“非遗”保护工作是不现实的，从实践层面来说也难以实现。要对“非遗”保护中地方政府的职责加以明确、规范，必须重新明确界定“政府主导”原则，即否认政府包揽“非遗”保护工作的论调，坚持政府在“非遗”保护工作中的主导地位，由政府制定非物质文化遗产保护的具体政策、措施并向全社会公布，引领、号召更多的保护主体参与其中。

（二）确立“政府主导”原则下的具体实现原则

第一，政府主导与协同原则。“非遗”保护工作是长期性、系统性、整体性合一的社会事业，要长期进行这项工作需要政府的号召、组织与管理。因此在“政府主导”原则确立的前提下，应更为具体地确立政府的“协同”功能。政府引领社会各方力量保护非物质文化遗产，除了起掌舵作用以外，具体而有效地协同调动政府内各部门、协调社会各方合力才是更为长期、艰巨的任务。在这一原则下，政府应逐步建立社会参与机制，将社会各方力量广泛纳入非物质文化遗产保护体制中来，提高这项社会工作的参与度与完成度。

第二，“非遗”传承人权利本位原则。在“非遗”传承与保护工作中，与“非遗”项目具有直接联系的传承人是具体实现传承与保护的关键主体，因此其对“非遗”项目相关知识与记忆的掌握程度、传承和实践能力，也直接关系着“非遗”保护工作的成败。我国《非遗法》规定，对“非遗”项目代表性传承人均采取层报的方式并实行申请推荐制。这一规定要求传承人熟练掌握其传承的非物质文化遗产，并在特定领域内具有代表性和较大影响，此外还要求其业已积极开展传承活动。如此，申请推荐制对“非遗”传承人申请代表性传承人造成了一些不必要的负担。例如本就处于濒危的“非遗”项目，仅凭传承人自身可能很难对其进行宣传、传播活动。对此，根据“非遗”传承人权利本位原则，各地政府在调查、认定“非遗”项目时，应完善“非遗”传承人利益表达机制，吸收传承人本人的意见，以传承人的具体处境为基本考量，根据各非物质文化遗产的特殊性，对项目代表性传承人的资格认定做出适当调整，而不是生搬硬套，使传承人本应及时享有的权利与补贴受到损害。此外，在《非遗法》尚未能确立“非遗”传承人切实的法律地位、仅对“非遗”提供行政保护和救济、对其本身的民事权利却有所忽略的情况下，政府有关部门亟待出台相关补充条例，确定“非遗”保护过程中传承人的权利义务，并赋予其依法对自己享有的权利进行救济的权利与途径。确立“非遗”传承人权利本位原则，保障“非遗”传承人的合法权益，为“非遗”传承人继承的手艺、技艺服务，实际上即是为非物质文化遗产的传承、活化与应用服务。

第三，时效性原则。在申遗工作完成后，对“非遗”项目进行后续保护是更为重要的任务，因此政府在这方面应完善第三方评估机制，增强“非遗”保护领域专家对传承人的监督、考核，同时建立传承人退出机制，对于身在其位却没有积极履行传承义务的传承人，撤销对其项目代表性传承人的资格认定与资金补助，以此督促“非遗”传承人在开展传承活动、培养后继人才、配合文化主管部门进行非物质文化遗产调查和公益性宣传方面尽职尽责，真正做到对非物质文化遗产的积极保护与活化传承。

（三）若干地方政府“非遗”保护工作的普遍借鉴意义

“非遗”的保护需要政府参与，但不能过分依赖政府的作用。政府在组织管理“非遗”保护工作稳步进行时，可顺应时代的发展，号召有能力的社会各方利用科技力量，共同参与到“非遗”的传承和保护工作中来。例如，2016 年 5 月正式上线的“数字敦煌”项目，就是由武汉大学、浙江大学与敦煌研究院合作推出的。公众可通过“数字敦煌”资源平台，对敦煌的壁画及雕塑进行 360 度全景漫游。这既是对敦煌非物质文化遗产的传承与保护，也是一种向社会各方宣传、传播传统文化的有效途径。再如，近年来我国一些著名博物馆，包括故宫博物院、国际友谊博物馆等都陆续建设了数字图书馆，这也是非物质文化遗产保护与传承值得借鉴的良好方法与经验。

近年来，随着非物质文化遗产保护工作管理体系的不断完善，各地方政府在资金制度方面也更加规范化，在兼顾、平衡“非遗”传承的经济效益与历史文化价值的问题上有了更好的解决方法。我国《非遗法》第6条明确规定：“县级以上人民政府应当将非物质文化遗产保护、保存工作纳入本级国民经济和社会发展规划，并将保护、保存经费列入本级财政预算。国家扶持民族地区、边远地区、贫困地区的非物质文化遗产保护、保存工作。”除此之外，例如上文所述的杭州，各地政府根据本地具体情况也颁布了与资金管理相配套的规章制度，更好地为“非遗”传承人提供资金补助，为“非遗”项目的传承与保护提供资金支持，保证非物质文化遗产保护工作中资金的规范使用，提高资金使用效益，例如《北京市非物质文化遗产保护专项资金管理办法》《浙江省非物质文化遗产保护专项资金管理办法》等。

在非物质文化遗产保护实践中，各地政府陆续颁布“非遗”相关的资金管理具体办法，但政府财力有限，仅凭政府的财力要长期对“非遗”项目提供资金补助显然是不够的。在“政府主导，社会参与”的保护原则下，部分地区的“非遗”保护工作开始与文化产业、旅游产业等经济项目融合发展，共同打造品牌文化，同时弥补各地“非遗”项目的资金补助制度的不足，推动企业发展和“非遗”保护互相促进。例如景泰蓝制作行业中的龙头企业，北京市珐琅厂责任有限公司，在2002年改制并打造了“京珐”这一行业知名品牌，传承了景泰蓝的传统制作技艺，使得这门传统技艺得到完整的延续。此外还将景泰蓝制作技艺拓展应用到商务礼品、日常生活用品等领域，并且还开办了工业旅游，兴建商品展销厅、艺术陈列室，供游客参观和购物。具有类似成功经验的还有江苏省宜兴紫砂工艺厂、安徽省绩溪胡开文墨业有限公司等企业。上文提到的杭州、宁波、金华等城市在这一方面的许多经验也值得借鉴。这些企业都具有悠久历史和传统技艺，将“非遗”的传承与保护融合到企业发展中，既保存了其文化价值，又促进了自身企业可持续发展，提高了经济效益。

根据目前“非遗”保护的实践情况来看，各地政府还可借鉴杭州的经验，在宣传教育方面推进“非遗”保护工作：非物质文化遗产保护部门应与教育行政部门协同合作，使得当地的“非遗”代表性传承人得以走入学校课堂，向年青一代推广当地“非遗”项目；宣传“非遗”传承与保护的公益性讲座也应逐步开展，尤其是在广大社区、校园内。

四 结语

非物质文化遗产不仅具有人类学研究的科学价值、文化寻根的历史价值、审美艺术价值，还应具有对现实社会生活有助益性的实践功能，这也是开展“非遗”传承与保护工作的实际意义。

“非遗”保护在基本确定“政府主导”原则的情形下，面对目前我国各地非物质文化遗产保护工作的实践情况，需要进一步、重新界定这一原则。“非遗”保护工作必须由政府主导，由政府进行引领、号召、协调、管理，并具体制定相关政策、模式。但在政府履行上述职责后，更为重要的是社会各方的参与，只有民间组织、学术研究单位、企业、“非遗”传承人等社区多元力量在政府的主导下共同参与到“非遗”保护工作中来，这项事业才能够长期有效、可持续地进行下去。

明确地方政府在“非遗”保护机制建设中的职责，是推进“非遗”保护顺利进行的重要前提。但由于“非遗”保护工作起步晚，实践时间不足，明确政府的主导地位后，“非遗”保护仍存在许多亟待解决的细节问题，诸如保护方式单一、政府各部门工作缺乏协调性、法律衔接不良、“非遗”历史文化价值与经济效益失衡等。这一系列问题都需要在地方政府厘清自己的职责后，在“政府主导原则”下确立“政府主导与协同原则”“传承人权利本位原则”与“时效性原则”等具体原则。同时完善社会参与机制、第三方评估机制与传承人利益表达机制等实现机制的建设，以此长期地、系统地投入到非物质文化遗产保护工作中，从而逐渐解决矛盾，更好地推进这项兼具历史文化意义与经济回报的社会性事业。

论非物质文化遗产传承人物质帮助权的法律保障

陈欣悦*

（浙江工业大学文化与法制研究中心）

摘要 在非物质文化遗产保护中，代表性传承人的权利得不到保障将直接导致传承的断层，这是传承人物质帮助权的现实必要性。无论是从国家职能的角度，还是从确保公民文化权利的角度来说，非遗传承人的物质帮助权都是合理的、正当的。但是当前对于非遗传承人物质帮助权存在立法薄弱、理论研究匮乏、制度设计缺乏地方特色等问题。结合先行性的地方立法样本，聚焦、比较其中的共性与差异，即可知各地对其权利保障重视程度不一。针对这些问题，应当明确中央与地方的政府责任、建立多部门合作机制、构建科学合理的法律保障体系；健全事前与事后审核制度、扩大公众参与、完善司法救济路径。从而保证非遗传承人的物质帮助权的实现，促进传承人的积极性，使得非遗传承能够得到持续的蓬勃发展。

关键词 非遗传承人；物质帮助权；政府义务

非物质文化遗产（以下简称非遗）是指人民代代相传的各类传统文化表现形式。这一定义来源于《保护非物质文化遗产公约》。由于其重

---

* 陈欣悦，杭州市救助管理站，兼浙江工业大学文化与法制研究中心助理研究员，主要研究行政法治。

要的学术价值和历史继承的意义，非遗文化的传承和保护已经成为当代国家文化建设的重要内容。在非遗传承过程中，代表某项遗产深厚的民族民间文化传统，掌握杰出的技术、技艺、技能，为社会所公认的有影响力的人物就是非遗传承人。① 作为非物质文化遗产传承的载体，传承人一方面在非遗项目上具有杰出的代表性地位，另一方面在非遗文化的传承上具有不可替代的作用。由此，对传承人的保护非常重要，甚至成为非遗传承的关键环节。本文所述的非遗传承人的物质帮助权是指为了非物质文化遗产能够持续有效地传承，传承人有从国家和社会获得帮助的权利。这种权利包括物质上的帮助和政策上的支持。② 其在实现程序上与一般意义上的物质帮助权具有相似性，如调查、公示、监督等。但由于两者在设立目的上的区别，从而导致在前提、标准等方面又存在差别。

目前，相关的研究文献有《非物质文化遗产传承人法律保护刍论》《非物质文化遗产传承人的保护与制度建设》等，对物质帮助权的叙述大多浅尝辄止，仅仅提出了非遗传承人应有获得资助权。政府应提供传承活动所需的场所、条件。③ 对于其和一般意义上的物质帮助权的正当性及其内容的差异尚未得到澄清，物质帮助权实施和实现中的中央与地方职责的划分依然不明晰，物质帮助权实现的程序机制也不健全。在传承人的权利方面，《中华人民共和国非物质文化遗产法》（以下简称《非遗法》）仍是以列举政府义务的形式表现。依据这些条款，公民是否可以直接请求获得给付？请求给付过程中出现的问题又该如何解决？首先，国家的职能和政府的义务能不能由此推导出非遗传承人的权利？这不一定，需要根据具体的情况予以讨论。另一方面，权利内容及实现程序仍然需要通过立法来细化，这是具有正当性、合理性及现实的必要性的，并结合《非遗法》实施以来各地对非遗保护的进展及配套法规的制定情况进行分析评价，进一步探讨如何构建科学、合理的制度来切实

① 徐辉鸿：《非物质文化遗产传承人的法律保护机制探讨》，《理论导刊》2008 年第 1 期。
② 黄小娟：《少数民族非物质文化遗产传承人的权利探析》，硕士学位论文，中央民族大学，2010 年。
③ 徐蓓雯：《非物质文化遗产传承人法律保护刍论》，《安康学院学报》2013 年第 1 期。

保障非遗传承人的权益。

一　非遗传承人物质帮助权的法理依据

在过分追求经济效益、非遗传承人后继无人的境况下，大量非物质文化遗产很有可湮灭在历史长河中。有关数据显示，截至 2015 年 1 月底，之前被认定的国家级非遗传承人中有 12% 已去世。[①] 在这样的背景下，对非遗传承人物质帮助权的探讨是具有现实意义的。而非遗传承人物质帮助权的法理依据是确立相应的法律保障制度的前提，对于如何完善非遗传承人物质帮助权实现制度也具有非常重要的价值。

（一）履行国家的文化职能

作为“从社会中分化出来的管理机构”，国家肩负着社会管理的职责，这是任何社会机构都无法替代的。[②] 社会管理包括政治、经济、文化建设。而文化职能则包括向社会提供相关的文化服务。我国古代更多地把文化建设作为统治国家的工具。如秦朝尊崇法家，汉武帝独尊儒学。随着时代的发展，我们对国家职能的认识也越来越深刻，政府在文化、教育方面的行为与国家稳定、富强密不可分。非物质文化遗产的传承作为国家文化软实力的重要组成部分，保护非物质文化遗产使其得到传承和发展，使得公众能够共享文明成果是政府理应承担的责任。非遗传承人作为非遗保护的核心，其物质帮助权的确立也就顺理成章。

（二）国家义务论

一方面，非遗传承人作为普通的公民，其对传承工作的付出意味着他们将无法离开家乡，寻求其他谋生方法，生存权就受到了威胁。根据德国学者奥拓·梅耶的理论，对于因公共利益所采取的行为导致的个人

① 李国斌：《76 位国家级非遗传承人已离世 12 位》，《湖南日报》2016 年 2 月 26 日第 15 版。

② 参见刘长文《国家职能新说》，《首都师范大学学报》（社会科学版）1993 年第 3 期。

牺牲，国家应通过税收补偿其部分费用。另一方面，非遗文化作为重要的历史文化遗产，宪法规定国家具有保护义务。因此，不论从保障公民基本权利的角度来说，还是为了传承的需要，国家都具有保障非遗传承人的权利的义务，并应当从立法、行政、司法等方面来保障。①

有学者提出，国家责任应由所有国家机构在内的整个国家体系承担。② 明确以行政机关、立法机关、司法机关为一体的国家责任，多部门联动，将诉讼维权、行政执法进行对接，才能有效地推动非物质文化遗产传承人的权利的保障和实施。胡敏洁教授在关于福利权的相关阐述中提到建立社会保障制度的主体为国家，国家负有建立健全社会保障制度的义务和责任。③ 笔者认为非遗传承人的物质帮助权同样可以借鉴德国的制度性保障理论，即国家必须建立某些制度，以保障基本权的实现，并且不得随意更改该制度所依据的基本规范。④ 在物质帮助权的内容上，国家应当通过"物质性给付、服务性给付和制度性给付等方式"给予扶助。⑤

（三）文化权利的可及性

我国现行《宪法》从两个角度分别明确了我国公民享有文化权利，一方面直接规定了文化权利为公民享有，另一方面为保障其实现国家应当采取措施。文化权利作为一种人权形式，保护文化遗产的问题与其联系越来越紧密。⑥ 构建非遗代表性传承人权益保护的相关制度，最终是为了非遗的传承与发展，从而满足和实现人民的基本权益，让全体公民能够共享文明发展成果。

---

① 祁占勇、康韩笑：《学前教育阶段受教育权保障的国家义务研究》，《陕西师范大学学报》（哲学社会科学版）2017 年第 6 期。

② 樊崇义：《中国法律援助制度的建构与展望》，《中国法律评论》2017 年第 6 期。

③ 胡敏洁：《转型时期的福利权实现路径——源于宪法规范与实践的考察》，《中国科学》2008 年第 6 期。

④ 李建良：《论学术自由与大学自治之宪法保障》，《人文及社会科学集刊》1996 年第 1 期。

⑤ 祁占勇、康韩笑：《学前教育阶段受教育权保障的国家义务研究》，《陕西师范大学学报》（哲学社会科学版）2017 年第 6 期。

⑥ W. S. Logan，"Closing Pandora's Box：Human Rights Conundrums in Cultural Heritage Protection"，Cultural Heritage & Human Rights，2007.

一旦缺乏相应的法律保障，非物质文化遗产将难以承受经济社会的冲击，文化将不再具有可及性，又何谈对公民文化权利的保障？因此，为了实现文化权利的可及性，使非遗传承人承载的非遗文化能够为全体公民所享有，国家应当采取措施对其物质帮助权进行保护。甚至，这种保护，不应仅限于规定政府义务的形式，而是像福利权一样，通过法律条文明确其内容、程序，建立科学、合理的实现制度。

（四）非物质文化遗产的脆弱性

当我们认识到非物质文化遗产传承工作的长期性、困难性、低收益性，就会明白对非遗传承人给予物质帮助是非遗传承工作顺利展开的必然要求。非物质文化遗产的重要特点是以人为载体，在口口相传中得到传承和发展。这也决定了它的传承和发展是脆弱的，载体的消失将直接导致非遗文化的灭失。一旦传承人离世，若后继无人，非物质文化遗产就不能完整传承。由此，对于传承人物质帮助权的保护是非常重要的。

从文化传承、国家和政府的文化职能以及公众的文化权益等角度出发，确立非遗传承人的物质帮助权，这是其合理性或正当性（含必要性）。而由此的物质帮助权尚且是作为一种应然权利。其作为法定权利，是依托实体法即一个国家的实际的法律法规和法律释义（所谓学者们谈的教义学、解释学）来确定的。就《非遗法》中对政府义务的规定能否推导非遗传承人的物质帮助权，存在两种情形。一种情形是作为行政相对人，可以主张的利益具有个别性和现实性，但是不具有在法律上的明确性和普遍性。甚至因为该相对人的主体资格，还不是一种法律上的利益的主张，而仅仅是更低限度的事实上的合理利益的主张，比如难民寻求的救助，但因为是非法入境或申请入境，而被一个国家予以拒绝等。另一种情形，就是按照霍菲尔德的权利义务对应关系类型划分，可以在国家、政府义务中推定出相对人的权利，并且这种权利体现着该国家、政府职责的目的归宿和利益归属，由此，该相对人权利是明确的、可以主张的即可诉的。这样的案例及其中所折射的对相对人权利的保护，已经越发为行政诉讼所肯定。笔者认为，非遗传承人物质帮助权作为请求权，是可以在政府义务的规定中予以推定的。这与非遗传承人物质帮助权作为一种应然权利也是相联系的，都与我国现阶段国家、政府职责的目的归宿和利益归属密切相关。

二　非遗传承人物质帮助权的制度保障及实践症结

（一）各地关于推进非遗传承人权利保护的现状

2016 年 12 月，中国非物质文化遗产保护中心公布了《各地贯彻落实〈中华人民共和国非物质文化遗产法〉情况评估报告》，现摘取其中与非遗传承人权利相关的数据统计如下。

表 1　《非遗法》的实施情况统计

评估项目	法条依据	实施情况
出台《非遗法》配套法规情况	—	截至 2016 年 8 月，共有 24 个省（区、市）制定配套地方性法规，多省（区、市）制定配套规章
保护、保存经费列入本级财政预算	第 6 条	所有省份均已设立
认定传承人	第 29 条	截至 2016 年，文化部命名了 1986 名国家级传承人，各省（区、市）批准公布了 14928 名省级传承人
提供经费资助	第 30 条	中央财政每年向国家级代表性传承人发放补助；截至 2015 年，有 31 个省（市、区）为省级代表性传承人发放补助
支持传承人开展授徒、传艺等活动	第 30 条	部分省份为一些后继乏人的项目面向社会公开招徒
支持传承人参与社会公益性活动	第 30 条	多地组织并支持
健全非遗保护机构	第 7 条	截至 2016 年 8 月 31 日，31 个省（区、市）全部成立省级非物质文化遗产保护中心

《非遗法》实施以来，各地均采取了立法、提供经费、支持参加传承活动等措施对非遗传承人的权利进行保护，但不可避免地，仍然存在

一些问题。

首先，各地配套法规的制定工作进程存在差异。大部分关于非遗传承人的认定及管理相关规定散落在当地的《非遗保护条例》或其他文件中，即使有较为统一的文件，也是以“暂行办法”“意见”的形式，其法律效力明显不如地方性法规。就其内容而言，虽都是以《国家级非物质文化遗产项目代表性传承人认定与管理暂行办法》为蓝本，但各地相关规定的侧重点与详细程度也有较大差别。如湘西自治州的相关规定中，采用的概念并非“代表性传承人”，而是“传承人”。[①] 关于各地规定的差异比较，下文会有详细的阐述。

其次，在保护经费投入、对代表性传承人开展活动的支持方面仍显不足。各省对非物质文化遗产的资金保障力度虽逐年加大，但由于经济发展水平的不同，实际上很多地区仍然存在经费不足的问题。[②] 2017 年丽江市玉龙县政府发布的政协提案中就提到该县非遗传承工作的经费投入严重不足，县级以上非遗项目的保护经费每年仅 20 万元。[③] 这些经费用于开展传承活动是远远不够的。没有充足的经费支持，对传承人的物质帮助就成为了纸上谈兵。

（二）各地非遗传承人物质帮助权相关规定比较

各地非物质文化遗产保护配套法规的差异既有文化差异造成的地域性差异，又有各地经济发展水平不同导致的阶段性差异。不过，鉴于相同的立法原则和目的，各地配套法规又存在着共性，如代表性传承人的申请程序、公示程序，与国家级传承人认定及管理的相关规定基本保持一致。以下通过长三角地区的部分省（直辖市）、浙江省内地级市的相关规定比较进行。

---

① 杨凌燕、柳建闽：《非物质文化遗产代表性传承人认定与管理的法律思考——以福建省为主要分析对象》，《福建农林大学学报》2010 年第 13 期。

② 中国非物质文化遗产保护中心：《各地贯彻落实〈中华人民共和国非物质文化遗产法〉情况评估报告》，中华人民共和国文化和旅游部，http：//www. mcprc. gov. cn/whzx/bnsj/fwzwhycs/201702/t20170210_ 582526. htm。

③ 2017 政协提案：《关于做好非物质文化遗产保护传承工作的建议》，玉龙纳西族自治县人民政府网站，http：//www. yulong. gov. cn/Item/14418. aspx。

表2　　省级非遗传承人物质帮助权相关规定比较

内容 要素	地市	浙江	上海	江苏
权利	条件	掌握某项非物质文化遗产	掌握并承续某项非物质文化遗产	熟练掌握非物质文化遗产
		被公认具有代表性或者较大影响	被公认为具有代表性、权威性与影响力	具有代表性，并在一定区域内具有较大影响
		积极开展活动，培养后继人才	积极开展活动，培养后继人才	积极开展活动，培养后继人才
		—	—	不直接从事的人员不得被认定为代表性传承人
	内容	开展传艺等活动；取得报酬	—	开展传艺等活动并取得报酬
		向他人提供有关原始资料等		向他人提供有关原始资料等
		申请政府支持		申请政府资助
义务		保存有关原始资料等	提供完整的技艺要领等	完整保存有关原始资料等
		积极开展活动	积极参与展览等活动	开展展示等活动
		培养新的传承人	培养后继人才	培养新传承人
		—	制订项目传承计划和具体目标任务；定期提交项目传承情况报告	—
		—	提供高质量的非物质文化遗产作品	—
程序	申报	申请或推荐	申请或推荐	申请或推荐
	公示	√	√	√
	监督	实地抽查；考核评价	每三年进行评估	每两年进行评估
	评审	√	√	√
	退出机制	√	√	√

表 3　**市级非遗传承人物质帮助权相关规定比较**

内容要素＼地市		丽水	杭州	温州
权利	条件	掌握某项非物质文化遗产	掌握某项非物质文化遗产	掌握某项非物质文化遗产
		被公认具有代表性或者较大影响	被公认具有代表性或者较大影响	被公认具有代表性或者较大影响
		积极开展活动，培养后继人才	积极开展活动，培养后继人才	积极开展活动，培养后继人才
	内容			
义务		参加宣传活动	参加宣传活动	保存有关原始资料等
		开展传习活动	开展传习活动	积极开展展示活动
		配合有关部门记录和整理工作	配合有关部门记录和整理工作	培养新的传承人
		完整保存有关原始资料	完整保存有关原始资料	参与公益性宣传
		—	—	配合有关部门进行非遗调查
		—	—	其他
程序	申报	申请或推荐	申请或推荐	申请或推荐
	公示	√	√	√
	考核	—	—	原则上 1—3 年评估一次
	调查	每三年一次	每三年一次	√
	退出机制	√	√	√

1. 共性

（1）认定条件。各地对非遗传承人的认定条件大同小异，虽在表述上有细微差别，但基本可以归纳为以下三方面：①掌握某项非物质文化遗产；②具有代表性；③积极开展传承。只有《江苏省非物质文化遗产保护条例》增加了“不直接从事非遗工作的人员不得被认定为代表性传承人”这一条款作为限制性规定。

（2）基本义务。非物质文化遗产代表性传承人在获得政府支持和行政给付的同时，也要履行相应的义务。各地《非遗条例》或《非遗代表性传承人认定及管理暂行办法》都对非物质文化遗产代表性传承人的义务做了概括式的规定。例如丽水市和杭州市均规定了非物质文化遗产传承人需履行以下义务：参加宣传、传习活动；配合记录和整理工作；保存有关原始资料。此外，各地的非物质文化遗产配套法规也强调了政府的义务。

（3）申报程序。各地对非遗传承人的认定程序基本没有差别，都要经过申报、评审、公示等程序。

（4）监管机制。有监管，才有保护。在一定程度上，各地法规都规定了对非遗代表性传承人履行义务的监管和评估机制。如《丽水市非物质文化遗产代表性传承人申报与认定办法》第 14 条规定文化行政部门应当每三年进行一次调查，第 15 条规定非遗传承人中不履行义务或触犯刑律的，依法取消其传承资格。

2. 存在的差异问题及启示

（1）对非遗传承人权利保障的差异。在这方面，我国目前仍然缺少明确的规范。大部分省市仅仅从规定政府义务的角度阐述其受益范围，个别地方对非物质文化遗产代表性传承人的权利做了明确的规定，如《浙江省非物质文化遗产保护条例》就直接规定了代表性传承人和代表性传承单位享有开展传艺活动、依法提供有关原始资料、取得相应的报酬、申请政府支持等权利。

就已明确肯定非遗传承人的权利的地方法规而言，浙江省与江苏省对权利内容的规定基本一致。当然，权利内容的明确仅仅是构建非遗传承人物质帮助权实现机制的第一步。有权利必有救济，有争议必有解决途径。[①] 当非遗传承人物质帮助权受到侵害时，传承人寻求司法救济的权利也需要被保障。

（2）非遗传承人监管及退出机制的差异。由于各地区对非物质文化遗产保护的重视程度不同，部分区域对监管及退出机制有详细的规定，政府对其履行义务的监管和评估有法可依，有章可循；部分区域仅仅粗

① 金丽、陈雷：《论我国给付诉讼受案范围的完善》，《法律适用》2017 年第 19 期。

略地规定时隔几年应调查一次，但具体如何操作我们不得而知。《上海市非物质文化遗产保护条例》规定文化行政管理部门应当每三年进行评估，并向社会公开评估结果。《江苏省非物质文化遗产保护条例》仅规定每两年对代表性传承人进行一次评估。显然上海市的规定更为细致、明确，但是在评估的间隔时间上，江苏省更短一些。

总而言之，由于各省、各市非物质文化遗产保护的发展进程和经济发展水平的不同，各地的非物质文化遗产保护立法及相关措施并不完全相同。当然，各地必须在立足本地区实际情况的前提下，相互借鉴，取长补短，遵循《非遗法》的原则，有针对性地制定本地区的相关配套法规，才能保证非物质文化遗产保护的有序进展及代表性的传承人权益的切实保障。

三　完善非遗传承人物质帮助权的法律机制

（一）目标及原则

1. 非遗传承人物质帮助权法律机制的目标定位

我们需要认识到，非遗传承人物质帮助权不是为了使非遗传承人获得优越的生活。直接目标是使传承人的权益得到保障，进而使传承能够持续蓬勃发展；间接目标是帮助非遗传承人，使之能够开展公益展览等活动；最终目标是能够鼓励、支持更多的传承人参与其中，真正地、有效地传承和保护非物质文化遗产。

2. 基本原则

首先要明确的是，这里的原则不是《非遗法》的原则，也并非传承人保护制度的原则，仅仅是在物质帮助权的实现过程中所确立的原则。国家责任原则、公开原则、补充性原则、及时性原则等均被运用到福利权的实现过程中。其中的公开公平原则、及时性原则对非遗传承人的物质帮助权也是完全适用的。除此之外，由于非遗传承人的身份特殊性，需要结合非遗工作的特征对其原则做一些更改。

（1）政府引导原则。在非遗项目尚未完成转型升级，仍处于低效益的情形下，仅依靠非遗传承人个人的行为去实现非遗项目的传承和发展是非常困难的，政府在其中扮演的角色尤为重要。现代行政中，行政法的任务在于要求国家积极提供各阶层人民生活、工作等方面的照顾，成为各项给付的主体。[①] 因此，政府需要利用其行政优势在政策、法律、经济等各个方面提供积极的帮助和扶持，充分唤起传承主体的民族自豪感，帮助其从传承民族文化的过程中获得利益，使非物质文化真正健康有序地发展。[②] 具体包括行政指导机制、行政给付与奖励机制、行政监督机制、行政救济机制等。比如，有学者提出，政府与传承人之间签订行政合同，以此实现“双赢”。政府的引导，加之传承人的付出，辅以社会的支持，通力合作，才能迸发出非遗传承的火花。

（2）分类指导原则。与宪法规定的公民的物质帮助权不同，后者以保障公民最低限度的生活需求为目标，前者是通过解决非遗传承人在传承过程中的问题而促进非遗项目的发展的。对于非遗传承人物质帮助权的内容，不考虑项目和地区经济差异，盲目建立统一的标准是不符合现实情况的。因地制宜才能达到最大的效益。如《上海市非物质文化遗产保护条例》中规定应当根据非遗项目状况和特点实行分类保护，对濒临消失的或历史文化价值较高的项目要重点保护。由此推断，对不同项目的非遗传承人也应该赋予不同内容的物质帮助权，针对不同产业、消费和文化的特征有的放矢。

（3）有效传承原则。不论从文化发展还是经济效益的角度来说，非物质文化保护的目的和宗旨在于传承，因此，在物质帮助权的实现制度的设计上应遵循有效传承原则。首先，要尊重传承人的主体地位，尊重他们的创造性表达权利。[③] 传承人的积极参与才能保持非遗的生命力。那么，对于传承人的行为，只要其积极履行义务，就不应过多地干预，从而避免对本真状态的非遗文化的破坏。“生态的法则最重要是不干预

① 黄锦堂：《行政法的概念、起源与体系》，翁岳生《行政法》（上），翰芦图书出版有限公司2000年版，第49页。

② 邓莹辉、谭志松：《原生态文化概念与非物质文化保护和传承的原则》，《云南民族大学学报》2010年第6期。

③ 陈通：《以古人之规矩，开自己之生面》，《人民日报》2017年6月8日第19版。

原则，强势的干预会适得其反。”① 其次，文化是不断积累和发展的，有传承才有创新，有创新才能实现持续的传承。② 在非遗传承项目仍处于低效益的情况下，非遗传承人的物质帮助权应不限于财产性给付，而需给予多形式、更高标准的资助，如帮助非遗传承项目的改革、商业化等，让非遗项目适应社会需求，着力保护，兼顾创新，从根本上解决非遗传承发展的困境。

（二）政府责任

1. 明确国家责任，构建多部门合作体系

非遗传承人物质帮助权的实现重点在于国家责任的全力协同落实。在立法层面，不仅要加快非遗传承人权利保护方面的立法，降低权利人维权成本，同时要与《中华人民共和国文物保护法》等文化保护法做好衔接。对于各种类别的非物质文化遗产项目，尽可能有针对性地提供不同的政策扶助。在执法层面，非遗传承的保护不再局限于文化部门的职责，应完善多部门联动机制，另外，全国人大代表王瑞霞提议把传统文化保护作为政府绩效考核的一部分③；在司法层面，对物质帮助权的分支——申请权、对物质帮助的建议权、对其权益的支配权、诉权等分别给予保护。

而传承工作的开展与现代法律的冲突如何解决同样有赖于各部门间的通力合作。如河北省非遗项目“五道古火会”传承人杨风申涉非法制造爆炸物，一审被判刑。④ 在法治社会中，对非物质文化遗产项目的承认和肯定不意味着非遗传承人可以违反法律。因此，仅仅给予非遗传承人资金上的扶助是完全不够的，非遗传承人的物质帮助权应包括国家对开展此类特殊性质非遗工作的指导和各行政部门在非遗传承工作中的积

---

① 李锦：《第三届“中国非物质文化遗产　东吴论坛”在苏州大学召开》，光明网，http：//topics. gmw. cn/2011 －11/08/content_ 2926198. htm。

② 杨河：《谈谈文化传承创新》，《中国高校社会科学》2013 年第 4 期。

③ 曹宁：《人大代表聚焦文物保护：古村落古遗址应设专项保护资金》，央广网，http：//news. cnr. cn/dj/20180317/t20180317_ 524168482. shtml。

④ 王嵛：《河北 79 岁非遗传承人因非法制造爆炸物获刑，终审维持原判》，澎湃新闻，https：//www. thepaper. cn/newsDetail_ forward_ 1721165。

极参与。浙江省温州市泰顺县也曾出现类似的案件，最终的解决方案是当需要表演时，传承人先向非遗中心报告，中心转交公安部门批准后，传承人再凭借介绍信到指定的销售点购买火药。这种多部门保护的机制，符合法律规定，又有利于特殊非遗项目的传承，一举两得。[①] 关于这点，学者石东坡也建议，应当在法律允许的范围内为非遗项目设置适当的例外情形。[②]

2. 中央与地方政府职责区分

非物质文化遗产项目口口相传的特征使其传承与发展的关键是传承人，而非政府等行政机关，但政府在其中的作用不可忽视。

表4　**《非遗法》中中央和地方政府的职责梳理**

层级	条款	职能概述
国家	第 3、6、9、28、33、36、37 条	对非物质文化遗产采取措施予以保存、保护
		鼓励和支持非物质文化遗产的所有相关工作，对民族地区、边远地区、贫困地区给予扶持
国务院	第 18、24 条	建立、批准、公布国家级非物质文化遗产代表性项目名录
国务院文化主管部门	第 7、12、13、15、22、23、24、25、27、29、31 条	负责全国非物质文化遗产的保护、保存工作，包括批准调查、组织评审、认定、记录、建档等
		拟定国家级代表性项目名录并公示，组织制定保护规划、监督检查
		认定、取消国家级代表性传承人资格

① 俞任飞：《非遗传承人周尔禄：我终于可以放心用火药了》，浙江新闻—浙江在线，https：//zjnews. zjol. com. cn/zjnews/wznews/201801/t20180118_ 6389995. shtml。

② 朱琳：《保护非遗，莫伤法律尊严》，法治日报，http：//www. legaldaily. com. cn/index/content/2017－07/25/content_ 7254839. htm？ node＝20908。

续表

层级	条款	职能概述
县级以上人民政府	第 6、8、11、15、18、19、26、32、37 条	将非遗保护工作纳入发展规划，批准专项保护规划
		加强宣传，组织宣传、展示活动
		组织调查、批准境外组织或个人的调查
		建立地方名录，推荐国家级项目
		扶持合理利用非遗项目的单位
县级以上地方人民政府文化主管部门	第 7、11、12、13、17、25、26、27、29、30、31 条	负责本区域内相关保护工作，调查、认定、记录、建档、采取保护措施等
		组织制定保护规划、监督检查
		认定、取消代表性传承人资格
		支持代表性传承人开展活动

《非遗法》中对国家以及各级政府在非遗传承工作中承担的职责和角色已有初步的规定。通过对《非遗法》的梳理可发现国家主要从宏观上鼓励和支持非遗传承工作，非遗保护工作的重点仍然在基层。在此类行政给付的程序性事项中，辅助性原则认为，政府要遵循一定的顺序。[①]一是公民的义务不因国家的给付而改变，二是国家在给付过程中的补充地位决定其应当优先交付层级较低的组织机构执行。与中央政府相比，地方政府显然更熟悉一个地区的非遗传承工作进程，在具体操作中，理应承担更多的职责。有学者认为中央政府的主要职能在于宏观事务，包括制定文化发展规划、管理监督等；地方政府的职能则是管理该区域内的文化产业的发展。[②] 因此，由中央政府进行宏观调控，地方政府则通过具体的措施，两者共同发挥积极性，能更好地将非遗传承人物质帮助权的实现落到实处。

---

① 刘学涛、安子明：《论行政给付中的国家辅助性原则》，《行政与法》2017 年第 6 期。

② 莫雪华：《公共文化服务体系构建中政府责任的研究综述》，《中共山西省直机关党校学报》2015 年第 5 期。

另外，非遗传承人的认定具有特殊性，分为国—省—市—县四个等级，各级文化行政部门的职责存在相似性，均包括对本区域内的非物质文化遗产进行调查、认定非物质文化遗产代表性传承人、采取保护措施、对非遗传承人的监督等。由文化部直接发放国家级代表性传承人补助，体现了其对国家级非遗代表性传承人的直接管理，避免因审批环节过多，带来下达时间长、发生无故克扣等问题。

（三）科学、合理的非遗传承人物质帮助权实现制度

1. 完善代表性传承人的事前审核制度

事前审核制度关乎到物质帮助的及时、充分、公正，是对物质帮助权的保障。在行政资源有限的情况下，保证每一位被认定的代表性传承人都具备相应的资质，才能不侵犯未被认定的传承人的权益。这就需要完善动态审核机制，构建数据共享与信息核对机制，保证公平与效率。① 目前很多地区存在的问题是未经充分的研究和调查，直接由官方指定传承人。② 这是不符合公平公正原则的。要认定非遗传承人，调查人员应当主动深入群众，实地考察，并让民众参与到评审当中。

2. 扩大扶助对象的范围

自加入《保护非物质文化遗产公约》以来，我国建立了四级非遗代表作名录的体系，并据此认定代表性传承人，根据不同级别给予保护和资助。但对于一些以群体的形式传承的非物质文化遗产，如越窑青瓷烧制技艺、淳安三角戏等，选择个人认定其为代表性传承人具有一定的难度，且有损其他传承人的积极性。非物质文化遗产的传承和发展是整个传承人群体共同努力的结果。③ 认定代表性非遗传承人是国际惯例，但适度对群体性传承人给予扶助也是有必要的。④ 为达到非遗传承的发展目的，以群体的力量推动非物质文化遗产的发展。当然，这并不意味着

---

① 刘权：《社会救助审核：价值、问题与对策》，《中国行政管理》2017 年第 8 期。

② 王晗：《非物质文化遗产传承人认定机制的讨论和完善——以梁平年画代表性传承人为例》，《新闻研究导刊》2016 年第 12 期。

③ 杨征：《论非物质文化遗产“代表性传承人”保护政策中“群体性”的缺失》，《云南社会科学》2014 年第 6 期。

④ 李华成：《论非物质文化遗产传承人的认定与支持》，《河南教育学院学报》2011 年第 3 期。

降低认定非遗传承人的标准，只是对于以群体的形式传承的非物质文化遗产项目，适当地给予更多的名额。

3. 进一步提高扶助标准

与宪法规定的一般性物质帮助权不同，后者旨在公民无法生存的情况下给予帮助，前者的目的在于满足传承活动的需要。若非遗传承人物质帮助权也以最低生活需求为标准，将无法促进传承人继续进行工作的积极性，违背权利设置的初衷。尽管目前我国对于国家级非遗传承人的补贴已由每年一万元提升至每年两万元，但与日本“人间国宝”每人每年能够收到200万日元的补助相比，我国的补助标准较低。非物质文化遗产司的工作人员马盛德认为，提高补助标准对于促进传承人的积极性、社会对传承人保护的重视具有重要作用。[①] 不过，扶助标准的提高，仍然需要考虑到财政支出的合理分配。

其次，对非遗传承人的扶助标准应考虑各地区经济水平及不同项目在传承工作中的实际需要，如造纸技艺与剪纸活动的开展投入明显不同，不能一概而论。

4. 推进动态调整制度

在确定非遗传承人传习补助的标准时，应当遵循两个原则，一是补助能够帮助传承人进行正常的传承、宣传工作，二是在政府的财政承受范围之内。为实现资源的合理配置，应当根据实际情况，定期对补助标准进行调整。其次，如郑荃委员所说，传承人是会不断变化的。[②] 除了对补助标准的调整，动态调整制度还包括对传承人的动态调整。对于不积极履行义务的传承人，经调查、讨论后可取消其非遗传承人的资格，剥夺其获得物质帮助的权利。退出机制有利于促进传承人积极参与到传承工作中，同时，也是给予其他有志于成为非遗代表性传承人的群众更多的机会。将退出机制落到实处，这是需要地方政府机关主动去实践的。

---

① 黄维：《今年起1986名国家级非遗传承人补助提高至2万元》，人民网，http：//culture. people. com. cn/n1/2016/0330/c87423 –28238644. html。

② 郭晓宇：《部分常委委员提出：应强化代表性传承人的保护》，中国人大网，http：//www. npc. gov. cn/huiyi/cwh/1116/2010 –09/06/content_ 1594796. htm。

5. 完善事后考核制度

事后考核，是对物质帮助的给付行政的绩效以及物质文化传习的成效、长效的监督评价。一方面指对政府的给付行为要给予监督，这个监督是来自上级政府、人大、司法机关的，也可以是来自社会的。李延声等全国政协委员在2015 年两会期间拿出的调研结果表明，一些国家级非遗传承人每年收到的补助远未达到国家标准。[①] 为了保证每一位代表性传承人都能及时收到足额的经费，必须重视其监督机制的运行和完善问题。以预防为先作为监督理念，将公开原则贯彻到程序中，并强化公众参与。[②] 在非遗传承人的诉权保障中，同样需要肯定公益诉讼的形式。

另一方面是对非遗传承人履行义务的监督，这是与退出机制相关联的。政府可以要求非遗传承人提交工作报告、制订传承计划或定期进行考核等，在政府组织考核、调查的过程中，应当引入社会力量的参与，建立以专家为核心、群众为辅助的评价队伍，从而形成对非遗传承人有效的激励、约束机制。广东省汕头市《非遗代表性传承人绩效考核管理暂行办法》规定对连续二年考核不合格的将建议取消其代表性传承人资格。北京也将采取对非遗传承人认定职称等级的形式，建立人才评价机制。[③] 权利的真正源泉在于义务，只有非遗传承人积极履行传承义务，才有物质帮助权的实现。

6. 诉权保障制度

当具有行政事项管辖权的行政机关的拒绝或怠慢作出行政行为，导致权利人不能明确排除的可能性权利损害时，权利人有权向法院寻求救济。[④] 在非遗传承人物质帮助权的实现过程中，其可能受到的侵害分为两个阶段，一是无法被认定为非遗传承人，直接导致权利的丧

---

① 傅明：《“非遗”政策走样：传承人补贴糊涂账》，网易财经，http：//money. 163. com/15/0414/07/AN55V3PO00252G50. html。

② 喻少如：《行政给付制度研究》，博士学位论文，武汉大学，2010 年。

③ 贺勇：《非遗传承人也能评职称》，人民网，http：//society. people. com. cn/n1/2017/1124/c1008 - 296647 81. html。

④ 张意文、曹福祯、陈立烽：《行政机关应当履行与行政管理职能相关的给付义务》，《人民司法（案例）》2017 年第 17 期。

失；二是行政机关的怠慢行为致使权利得不到完整的实现。此处也与一般意义上的物质帮助权不同，后者的前置行为为审核行为，前者则为行政确认。

就阶段一而言，此前已有类似案件，如2016 年3 月赵军等5 人因未被认定为浣花斋传承人向法院提起行政诉讼。[①] 其中的争议焦点暂且不论，可以明确的是，当非遗传承人身份不能得到认定时，其仍然可以成为行政诉讼的适格主体。在此类撤销之诉中，从权利救济的角度来说，以“谁主张，谁举证”为原则是合理的。行政主体只需就行政行为的合法性承担举证责任，原告则需证明自己更符合代表性非遗传承人的条件。

阶段二中，对于非遗传承人的给付请求权基础，因对非遗传承人与政府的关系认识不同，而存在不同的观点。一方面，《非遗法》规定了行政机关具有给付的义务；另一方面，如果把行政机关提供行政支持，非遗传承履行传承义务这个过程认为是一种行政契约，其中约定的行政机关的义务同样可以作为给付请求权的基础。但是，非遗保护的复杂性导致行政机关负有的给付义务包括非财产类的给付行为，如提供非遗项目宣传的场地，对于这类非财产给付之诉，必须严格加以审查，防止给付诉讼的诉权滥用。[②] 在此类行政不作为案件中，举证责任的承担也有多种观点。从客观法秩序维护的角度来看，应由被告负举证责任。[③] 非遗传承人诉行政机关不履行义务，由行政机关承担举证责任，也更有利于原告主张权利。

除此之外，对于社会保障救济，公益诉讼正在逐渐成为新的途径。非遗文化作为全人类的财富，对非遗传承人权利的侵害直接影响到了非遗文化的传承，损害了公共利益。此时应当允许其他社会组织或单位在个人无法提起诉讼时，提起公益诉讼。在非遗传承人物质帮助权的保障体系中引入公益诉讼，实现公民参与社会民主管理，符合民主与法治的

---

① 杜萌、韩丹东：《浣花斋传承人申请非遗代表性传承人失败，当事人质疑评审程序发起行政诉讼》，《法制日报》2016 年8 月11 日第8 版。

② 金丽、陈雷：《论我国给付诉讼受案范围的完善》，《法律适用》2017 年第19 期。

③ 邓刚宏：《行政诉讼举证责任分配的逻辑及其制度构建》，《政治与法律》2017 年第3 期。

精神。当然，对诉权必须进行严格的限制，防止诉权被滥用，如设置投诉前置程序、必须对国家机关先行通知等。在举证责任方面，由特定行政机关或社会组织提起社会保障公益诉讼，因其享有一定的调查能力，可按照一般举证原则来分担；公民个人提起的公益诉讼，适用举证倒置规则更合理，这是由于个人收集证据能力所存在的限制决定的。[①]

① 付龙飞：《公益诉讼：社会保障权救济的新路径》，《河南财经政法大学学报》2014 年第 4 期。

文化产业促进法治

韩国的文化产业法律政策

俞香兰[*]

（浙江工商大学法学院）

一　引言

在韩国，对法律具有制定和修订权的国会常任委员会中，主管与文化产业直接相关之法律的是教育文化体育观光委员会。该委员会所管的文化体育观光部法律大体可以分为：文化艺术、文化内容产业、媒体、观光、体育、射幸产业、文物，其中，与文化产业相关的是与文化内容产业和媒体方面的共计 19 部法律。这些法律包括《文化产业振兴基本法》《影像振兴基本法》《电影和录像制品振兴法》《游戏产业振兴法》《音乐产业振兴法》《内容产业振兴法》《著作权法》《电子体育振兴法》《漫画振兴法》、大众文化艺术产业发展法》《工艺文化产业振兴法》（以上是文化内容产业方面的法律）和《报纸振兴法》《地方报纸发展支持特别法》《出版文化产业振兴法》《读书文化振兴法》《新闻通信振兴法》《言论仲裁和损害救济法》《印刷文化产业振兴法》《期刊振兴法》（以上是媒体方面的法律）。在韩国的法律体系中，一部法律往往会配有施行令和施行规则，前者类似于我国的行政法规，而后者类似于我国的部门规章，一部法律再加上施行令和施行规则，就形成了较为完善的一套体系，而上述的 19 部法律也基本上都具有自行的施行令和施

---

* 俞香兰，浙江工商大学法学院、知识产权学院副教授，义乌市司法局副局长。

行规则。下面，将会按照著作权、媒体产业、文化内容产业的顺序简要介绍上述 19 部法律，并对其特征和存在的问题予以阐述。

二　著作权法律政策

自从 1957 年 1 月 28 日制定《著作权法》之后，截至 2017 年 8 月 23 日，该法已经历了 28 次修订。在对创作人保护的基础上，该法提倡著作的公正利用，并为此制定了相应制度。该法第一条将其立法目的规定为：本法旨在保护著作权人的权利和邻接权，图谋著作的公正利用，从而为文化和相关产业之发展做出贡献。该法对著作和著作权人、著作人格权、著作财产权、著作邻接权等关于著作权的整体内容；数据制作人的保护；对影像著作物的特例；网络服务提供者的责任限制；著作权委托管理业的许可；韩国著作权委员会的职责；对权利侵害的救济等内容做出规定。

三　媒体产业法律政策

韩国的媒体产业法律政策大体可以分为言论产业法律政策和出版产业法律政策。

（一）言论产业法律政策

关于言论产业的法律包括：报纸、信息通信等对媒体的振兴法和对言论报道的救济法。个别的振兴法有：《报纸振兴法》《新闻通信振兴法》《地区报纸发展支持特别法》；除此之外，还有《言论仲裁和损害救济法》。

关于言论产业的法律以宪法中言论自由作为基础而制定，因此，这些法律是将言论自由和独立及保障公共性作为主要目的的。

《报纸振兴法》制定于 2009 年 7 月 31 日，至今经历 9 次部分修订。该法第 1 条规定：本法的目的是保障报纸（包括网络报纸）发行自由、独立和功能，提升社会责任，支持和培育报纸产业，从而对言论自由的扩张和民主舆论的形成做出贡献。该法阐明了报纸和编辑的自由，并规定了运营报业的事项，还有韩国言论振兴财团和言论振兴基金设置的事项，有关行政制裁的事项等。

《新闻通信振兴法》制定于2003年5月29日，至今经历12次部分修订。该法第1条规定：本法的目的是保障新闻通信的自由和独立，提升公共责任，图谋新闻通信社的健全培育和民主舆论的形成，保护与新闻通信相关的国家利益。该法对新闻通信业者的责任和登记的事项，联合新闻社和新闻通信振兴会的设立和事业等事项进行规定。

除此之外，为了言论的民主舆论形成功能，韩国还制定了《地区报纸发展支持特别法》。还为了在保障言论自由的前提下，救济因此而导致的名誉损害情况，制定了《言论仲裁和损害救济法》，旨在提高言论的公共性和多元性。《地区报纸发展支持特别法》制定于2004年3月22日，至今经历7次部分修订。该法第1条规定其立法目的为：打造地区报纸健全发展基础，致力于舆论的多元化，民主主义的实现和地区社会的均衡发展。为此，该法规定设置并运营地区报纸发展委员会和地区报纸发展基金。《言论仲裁和损害救济法》制定于2005年1月27日，至今经历4次部分修订。该法第1条规定：本法的目的是，言论社等的言论报道或该媒体导致名誉或权利以及其他法益损害而有争议的，对此提供调解和仲裁等有时效性的救济制度，从而调和言论自由和公共责任。

（二）出版产业法律政策

出版产业相关法律可以分为：出版、印刷等对供应者的振兴法和对接受者的振兴法。其中，对供应者的法律有《出版文化产业振兴法》《印刷文化产业振兴法》《期刊振兴法》；对接受者的法律有《读书文化振兴法》。这些法律在扶持出版、印刷、期刊等与出版产业相关的供应者的同时，还通过对供应者的登记、更新等采取有效管理，从而发展健全信息的流通。

《出版文化产业振兴法》制定于2002年8月26日，至今经历17次部分修订。该法规定了有关出版的事项，同时规定了对出版文化产业的扶持、培育，期刊的审议，确立健全流通秩序所需事项，并成为韩国出版文化产业振兴院和期刊伦理委员会的设置依据。

《印刷文化产业振兴法》制定于2007年7月19日，至今经历5次部分修订。该法规定了有关印刷的事项和对扶持、培育印刷文化产业所需事项，旨在通过发展印刷文化，对国民经济的发展做出贡献，同时也规定了印刷社的申告等。

《期刊振兴法》制定于2008年6月5日，至今经历5次部分修订。该法规定了期刊的发行与培育相关事项，图谋舆论的多样性和期刊的健全发展，致力于增进国民的文化生活。除此之外，其还对期刊咨询委员会的设置及期刊注册、申告相关事项予以规定。

《读书文化振兴法》制定于2006年12月28日，至今经历4次部分修订。该法对处于出版产业供给相对面的接受者，即，民间层面能够享有的读书活动振兴事项做出规定。依据该法第1条规定：本法的制定目的是提高国民的智力能力，发扬健全的情绪，打好终生教育的基础，从而加强国家的竞争力，保障国民的平等读书活动机会，改善生活质量。该法规定了为读书振兴而进行的教育，地区和工作场所里的读书活动，读书之月活动等事项。

四　文化内容产业法律政策

作为对文化内容产业的基本法性质之法律有《文化产业振兴基本法》《内容产业振兴法》《影像振兴基本法》。除此之外，目前就电影和录像、游戏、音乐、漫画、大众文化艺术、工艺文化、电子体育产业制定有个别振兴法。

文化产业相关法律大体按照市场中产业化形成并受到经济和政策方面瞩目的时间顺序得以制定。在韩国，首先制定的是《电影法》，其在1962年1月20日制定。其次是1995年1月5日制定的《影像振兴基本法》，从而文化产业相关基本法正式得以实现。之后到千禧年代中期，个别振兴法分为电影、音像、录像和游戏两大类，而在2006年4月28日，将其分成电影和录像制品、游戏、音乐这种三个类别，完善了对各产业的振兴法。

（一）基本法

1.《影像振兴基本法》

该法制定于1995年1月5日，2007年12月21日有部分修订。依据该法第1条规定：该法的目的是通过规定影像文化和影像产业发展所需基本政策的事项，提高国民的文化生活，加强影像产业的竞争力。该法的主要内容包括：保障影像制品创作自由；树立和实施影像制品创作和制作之振兴以及影像专门人力培育所需的政策；谋求有关影像振兴财力的运用方案；支持与外国和国际组织等进行技术合作；影像资料的保存和管理等事项。

2.《文化产业振兴基本法》

该法制定于1999年2月8日，2002年1月26日全部修订，之后共有34次部分修订。依据该法第1条规定：该法的目的是通过规定文化产业的支持和培育所需事项，打造文化产业发展的基础，加强竞争力，致力于国民文化品质的提高和国民经济的发展。该法的主要内容为：树立有关文化产业振兴的中长期基本规划；支持创业、制作、流通发展；韩国内容振兴院的设立和文化产业专门公司相关事项。

3.《内容产业振兴法》

韩国在2002年1月14日制定了《网上数码内容产业发展法》，2010年6月10日，对其全文修订，并更名为《内容产业振兴法》，之后该法经过8次部分修订。依据该法第1条规定：该法的目的是规定内容产业振兴所需事项，打好内容产业的基础，加强其竞争力，致力于国民生活提升和国民经济的健全发展。该法的主要内容包括：树立内容产业振兴基本计划；设立内容产业振兴委员会；提供确保内容产业发展所需经费的依据；内容制作的发展和打好内容产业基础以及流通合理化所需的政策扶持事项；利用者的权益保护和争端调解的事项。

（二）个别振兴法

1.《电影和录像制品振兴法》

1962年1月20日，韩国制定了《电影法》；1991年6月9日，制定了《音像和录像制品法》；1995 年 12 月 30 日，制定了《电影振兴法》并同时废止了《电影法》；1999 年 5 月 9 日，制定了《音像、录像制品和游戏产品法》并废止了《音像和录像制品法》；2006 年 4 月 28 日，制定了《电影和录像制品振兴法》并废止了《电影振兴法》和《音像、录像制品和游戏产品法》，之后对该法进行了 22 次部分修订。

该法第 1 条规定该法的目的为：图谋电影和录像制品的质量提高，促进影像产业的振兴，从而为国民文化生活的提高和民族文化的发展做出贡献。该法的主要内容包括：设置电影振兴委员会、影像物等级委员会和韩国影像资料院；电影和录像制品的等级分类；规定电影发展基金的法律根据；对违反等级分类和流通相关规定的从业者的行政处置和行政处罚规定。

2. 《游戏产业振兴基本法》

1999 年 5 月 9 日，制定了《音像、录像制品和游戏产品法》，在 2006 年 4 月 28 日制定了《游戏产业振兴法》，同时废止了上述法律，之后该法经历了 24 次部分修订。

依据该法第 1 条规定，该法的目的为：通过规定打造游戏产业基础和游戏产品利用的事项，振兴游戏产业的同时确立国民健全的游戏文化，对国民经济的发展和国民的文化生活质量提高做出贡献。该法的主要内容包括：游戏产业振兴所需的创业扶持；人力培养；技术开发；标准化等事项；预防过度痴迷于游戏和中毒预防措施；利用教育扶持等事项；游戏产品管理委员会的设置和等级分类；游戏制作业和游戏发行业的申告事项。

3. 《音乐产业振兴法》

1991 年 6 月 9 日，制定了《音像和录像制品法》，1999 年 5 月 9 日，制定了《音像、录像制品和游戏产品法》并废止了上述法律，2006 年 4 月 28 日，制定了《音乐产业振兴法》，之后，该法经历了 11 次部分修订。

依据该法第 1 条规定，该法的目的为：通过规定音乐产业振兴所需事项，促进相关产业的发展，提升国民的文化生活质量，为国民经济的发展做出贡献。该法的主要内容有：音乐产业振兴所需的创业支持；人力培养；技术开发；标准化等事项；音像和音乐影像制品制作业和发行业的申告、注册事项；练歌厅业主的教育和注册所需事项；对此行政处置和处罚的根据。

4. 《漫画振兴法》

该法制定于2012年2月17日。依据该法第1条规定，该法的目的为：通过规定漫画创作和漫画产业振兴所需事项，促进漫画创作，促进漫画产业振兴，对国民文化生活的提高和国民经济的发展做出贡献。该法提供了漫画创作人和漫画从业者的权利保护所需的法律和制度装置。主要内容包括：漫画创作和漫画产业振兴所需的漫画家和专门人力的培养；保护漫画家知识产权所需的流通秩序确立；共同制作漫画认定为韩国漫画等事项。

5. 《电子体育振兴法》

该法制定于2012年2月17日，至今经过一次部分修订。依据该法第1条规定，其目的为：通过规定电子体育振兴所需事项，确立电子体育文化和产业的基础，并图谋竞争力的加强，通过电子体育扩大可供国民选用的休闲产品，并为国民经济的健全发展做出贡献。在认定电子体育为增长潜力大的高附加值文化产业的认识下，该法提供了能够对其提供扶持的法律和制度依据。

该法的主要内容包括：电子体育的定义和电子体育振兴咨询委员会的设置；专门人力培养；电子体育大会的培育；指定电子体育种类选定机构和电子体育产业扶持中心。

6. 《大众文化艺术产业发展法》

该法制定于2014年1月28日，至今经过一次部分修订。依据该法第一条规定，其目的为：打造大众文化艺术产业的基础；规定对相关事业者和大众文化艺术人等的事项，从而确立健全的大众文化，致力于提升国民的文化生活品质。

基于韩国大众文化艺术产业虽然取得高速的数量增长，但存在大众文化艺术人专属合同问题，青少年大众文化艺术人权问题，不公正交易问题等的前提下；该法要达到：规定国家为培育大众文化艺术产业而提供扶持的法律根据，规定青少年大众文化艺术人的人权保护相关事项，规定旨在确立公正营业秩序的规定，从而图谋大众文化艺术产业的先进系统确立和高质增长。

该法的主要内容包括：为造成公正的营业秩序，推进标准合同；推进支持中心和现状调查；推进旨在保护青少年大众文化艺术人的各种方案；推进大众文化艺术规划业务的注册制实施。

7.《工艺文化产业振兴法》

该法制定于2015年5月18日。依据该法第1条规定，其目的为：通过规定工艺文化产业的扶持和培育所需事项，打造工艺文化产业发展基础，对国民文化生活质量提高和国民经济的发展做出贡献。

五 文化产业法律体系的特征和问题

（一）文化产业和内容产业的二元化体制

1. 文化产业和内容产业的概念和范围

文化产业和文化产品的法律定义是通过1999年2月8日制定的《文化产业振兴基本法》得以规定的，这在世界上是第一次。该法第2条第1款规定：文化产业是指文化产品的规划、开发、制作、生产、流通和消费以及提供与此相关服务的产业。而该法第2条第2款则规定：文化产品是指艺术性、创意性、娱乐性、休闲性、大众性（文化要素）得以固定，能够创造经济附加值的有形和无形的财物（包括文化内容、数码文化内容及多媒体文化内容）及其服务和它们的复合体。

《文化产业振兴基本法》制定当时，将当时对该法的主管部门——文化观光部所管法律中，电影、音像、出版物等能够产业化的全部通过列举条款的形式纳入文化产业的范畴（指下列各项之一），之后，随着文化产业领域的多样化以及其成为国家支柱产业和新的增长动力备受瞩目，在2002年1月26日对该法进行全文修订时将文化产业的定义改为例示条款（包括下列各项之一），从而扩张了文化产业的概念。

尽管将文化产业的定义转换为例示条款，《文化产业振兴法》中的文化产业范畴继续得到变化。

与此同时，依据《内容产业振兴法》第2条第1款第2项规定，内容产业是与能够创造经济附加值的内容或提供该内容的服务（包括复合体）之制作、流通、利用相关的产业。而，内容则指：包括符号、文字、图形、色彩、声音、图像和影像（包括复合体）等的资料或信息的最为广泛的概念。对此，《文化产业振兴基本法》和《内容产业振兴法》都采用着相同的定义。

从内容是媒体的内容物这一点来看，内容产业可以包含在文化产业中，而有些内容并未固定文化因素，因此，其又并未完全包含在文化产业领域。

2. 文化产业和内容产业法制的二元化过程和问题

韩国文化体育观光部在将《网上数码内容产业发展法》全面修订为《内容产业振兴法》的过程中，通过对现有法律体制的研究，决定了对文化产业和内容产业法制的二元化方案。即，韩国政府在维持现有法律中所使用的文化内容、数码内容定义的同时，将内容产业扩张为包括数码内容在内的宽广领域。这是维持现有《文化产业振兴基本法》中文化产品和内容的定义之二元化，同时也将振兴政策的推进体系二元化，被评价为符合立法经济的效率原则。即，文化产业和内容产业是基于立法当时的状况和政策因素共同作用下，得以各自确立其定义的。

而从现实中来看，文化产品和内容之间的区别并不明确。现行法上，内容是文化内容的上位概念，而与文化产品和文化产业是区分的概念，文化产品则又是文化内容的上位概念，如此说来，这些概念之间的关系存在矛盾。

再说，文化产品也以创造经济附加值作为前提，因此，可以将文化产品中的无形财物视为内容产业规定的内容。如此解释的话，可以说内容产业是文化产业的同位或下位概念。

大部分的文化产品和内容存在重复，有可能导致政策的反复性。随着技术和产业的融合，文化产业和内容产业间的界限变得模糊，特别是因一源多用战略，题材间的变异也容易。因此，对文化产业和内容产业的振兴政策实际上是对同一或类似领域的，从基本计划树立阶段开始就发生了重复要素。

这种概念的不明确性和政策的反复性在《内容产业振兴法》制定当

时也被提出存在问题。

3. 一元化可能性

基于上述理由，有必要对文化产业和内容产业的概念进行再次检讨。随着围绕文化产业和内容产业的技术、利用形式的变化和融合加剧，将内容和文化产品继续维持在二元体制的需要降低。在内容中能够创造经济附加值的就是文化产品及文化产业，因此，有没有继续维持内容产业这一概念必要性需要进行讨论。

之后发生了文化产业和内容产业政策环境的变化。2013 年，成立未来创造科学部，文化体育观光部的业务得以调整，下设的数码内容产业科得以解散，《文化产业振兴基本法》和《内容产业振兴法》的主管部门统一到文化产业政策科。在过去，《内容产业振兴法》随着《网上数码内容产业发展法》的扩大和发展，对现有内容产业振兴政策推进体系和文化产业振兴推进体系二元化，图谋了行政的便利和稳定性。但是，到了现在，随着文化产业和内容政策推进体系的一元化，可以消除概念和政策的重复，检讨走向一元化的行政体制。

（二）基本法和个别法之间模糊的关系和重复性

1. 基本法和个别振兴法的关系

基本法是指同时具有政策立法和程序立法的功能和性质的独特立法形式，将该政策的理念或构成基础的事项予以规定后，依据其推进实时政策和整备制度的立法类型。这种立法类型是提示展望性和程序性的内容或政策所希望的方向，在此基础上进行其他立法的意图，而非将新的行政事项随时以需求予以规范。一般来说，基本法会在具有类似目的的法律领域中将政策基本方向的事项规定在法律中，图谋立法的体系化，理解容易化和立法经济。由基本法规定的内容一般来讲包括基本用语的定义，政策推进的原则或方向，推进体系，资助的提供方法等。

基本法的功能有些缺陷。基本法能够向国民提示国家重视该政策并重点予以推进的认识，明确其责任和决心，同时按照提示的方向和方针推进有计划，综合和长期的推进政策。现代社会里国家的功能得以扩张并且变得复杂，在特定领域提示制度和政策的全体面貌，图谋综合化和体系化，从而确定政策的基本方向，能够成体系地整备相关的诸多问题。基于长期和综合的视野和展望，提示政策方向，就算国会的构成或政府变更也能确保政策的持续性、一贯性和稳定性。但是，因为基本法只规定政策基本方向的内容，因此，其是否能够作为法律起到完善的功能会成问题，而且，执行力和实效性较差，只具有宣言的意义。尽管如此，考虑到现代立法逐渐多样化和复杂化的现实，有必要存在制定整体政策方向的立法必要性。而且，就算基本法仅具有宣言性规定，其与其他个别立法一起适用的话，也会充分地具有作为法律规范的前提条件。

那么基本法在韩国的立法中处于何种位阶呢？一般可能会认为基本法在韩国的法律体系中处于宪法和一般法律的中间地位，而其实在韩国宪法中并未规定有基本法这类立法形式。因此，正确的理解应为只要是国会制定的法律，不管其是否带有基本法的字样，应是具有同等的地位。基本法虽然在立法内容上成体系化，但并不比个别法具有上位法的地位。但可以理解成在同等效力的前提下，在立法体系中具有补充作用。就是说，除了有不同规定，在一个立法系列中，个别法要比基本法优先适用（特别法优先的原则），基本法的规定仅在个别法未做规定的事项中起到补充适用的功能。将基本法理解成比个别法处于上位是因把总论和分论的关系看成法律效力的上下位问题。

一般来讲，在基本法中规定政策或规制的目的、方向或大体事项，而具体内容将会在个别法里予以规定。基本法和个别法仅在对特定领域处于总论和分论关系时才有意义。在个别法的目的条款中明确指明其要达到基本法所定事项，并且在文本中规定具体内容的话，能够在法律体系和内容两方面使得两个法律具有联系。

2. 文化产业领域基本法的问题

目前，在文化产业领域有《文化产业振兴基本法》《影像振兴基本法》《内容振兴法》三大基本法。但是，这些基本法的地位和规范范围相异，导致无法与个别法达成体系关系。《影像振兴基本法》局限于影像产业，《文化产业振兴基本法》适用于包括影像产业在内的所有文化产业，《内容产业振兴法》又以其他范畴作为对象。《影像振兴基本法》和《电影和录像制品振兴法》虽将类似领域作为对象，但看不出相互间的关系，也看不到《影像振兴基本法》的部分事项委任给《电影和录像制品振兴法》或后者的部分事项以前者为根据的情况。虽然依据《内容产业振兴法》第4条第1款规定，该法对于内容产业振兴优先适用于《文化产业振兴基本法》，但却在该法第2条中对内容具有与《文化产业振兴基本法》相同的概念，因此存在内容和文化内容适用范围的叠和相互排除问题。

3. 文化产业领域个别法的问题

目前，文化产业领域的法律有：《电影和录像制品振兴法》《游戏产业振兴法》《音乐产业振兴法》《漫画振兴法》《电子体育振兴法》《大众文化艺术产业发展法》《工艺文化产业振兴法》七个个别法。

但是，个别振兴法存在和不存在的产业之间标准不明确的问题。《文化产业振兴基本法》第2条第1号所例示的文化产业中，具有个别法律的产业有：电影、录像、音乐、游戏、出版、期刊、广播影像物、文物、漫画等。人物形象、动漫、教育娱乐、除产业设计外的设计（时装）、广告、美术品等并未制定个别法。而漫画与电子体育则在2012年制定了个别法，特别是后者，尽管不在《文化产业振兴基本法》例示条款中，却被制定为个别法。而在新设个别振兴法的产业和其他产业之间并不存在明显的差异或必要性，以法律公平观点来讲，也会存在一些问题。

少数民族非物质文化遗产的产业化开发研究

——以扎染为例

胡 曼 田 艳*

（中央民族大学法学院）

摘要 少数民族非物质文化遗产的产业化开发是当前民族地区非遗保护的热点问题之一，本文以Z村扎染为例，在调查中我们发现，Z村扎染产业发展面临的问题包括："扎"和"染"技艺均面临传承危机，扎染行业之间无序恶性竞争，现代企业管理观念滞后致产业发展受阻，化学染料使用带来的环境污染问题等。在借鉴贵州N蜡染公司的发展经验之后，笔者认为促进少数民族非物质文化遗产的产业化开发的具体建议包括：政府出台对非遗相关产业的扶持政策，明确非物质文化遗产专利推广中的国家责任，提高非遗产品的文化和艺术品位，充分发挥行业协会的自律作用，切实提高非遗传承人的待遇，对非遗行业适用特种行业教育制度等。

关键词 少数民族；非遗；扎染；产业化开发；环境污染

少数民族非物质文化遗产的产业化开发是当前民族地区非遗保护的热点问题之一，本文以扎染为例，试图对这一问题做深入细致的调查研

---

* 作者简介：胡曼，女，陕西西安人，中央民族大学法学院2016级民族法学专业博士生；田艳，女，黑龙江桦川人，中央民族大学法学院教授，主要从事民族法学研究。

究，以期为当前的非遗产业把脉，并提出切实可行的建议。

扎染，是我国民间传统的染色技术之一，与蜡染和镂空印花并称为我国古代三大印花技术，扎染一般以棉白布或棉麻混纺白布为原料，主要染料来自山上生长的寥蓝、板蓝根、艾蒿等天然植物的蓝靛溶液。扎染的主要步骤有绘图、绞扎、浸泡、染布、蒸煮、晒干、拆线、漂洗、碾布等，其中的核心步骤有扎花、浸染两道工序，技术的关键是绞扎手法和染色技艺。扎染取材广泛，常以当地的山川风物作为创作素材，在浸染过程中，由于花纹的边界受到蓝靛溶液的浸润，图案产生自然晕纹，别有一番情趣。

Z村，是位于A城的一个B族村寨，全村总面积4.7平方公里，下设16个村民小组，农户2540户，人口10470人，其中，B族人口占到99%，是全国最大的B族自然村落。早在20世纪90年代的时候，Z村就被文化部授予“B族扎染艺术之乡”称号。2006年，扎染技艺入选第一批国家级非物质文化遗产代表作名录，Z村扎染更是因此而声名鹊起。目前，Z村共有B族扎染代表性传承人7名。其中，国家级代表性传承人1名，省级代表性传承人1名，市级代表性传承人5名。

一　Z村扎染产业的发展现状

笔者从村委会处了解到，现在整个Z村的扎染户有19家，有段××（以下简称Puzhen公司）、陈××（以下简称Qingbai公司）、张××（染坊3）、张××（染坊4）、布××（染坊5）、桂××（染坊6）、杨××（染坊7）、杨××（染坊8）、杨××（染坊9）、董××（染坊10）、段××（染坊11）、段××（染坊12）、董××（染坊13）、杨××（染坊14）、七××（染坊15）、兆××（染坊16）、作××（染坊17）、全××（染坊18）、段××（染坊19），共计19家染户。[①] 除了段××经营的Puzhen B族扎染有限公司（Puzhen公司）和陈××经营的Qingbai扎染坊文化有限公司（Qingbai公司）为公司形式经

① 村委会的统计资料中显示，2013年Z村有45家染户。

营外，其他的染户均为私人作坊的个体户经营模式。但是通过笔者的调查，这19家染户的业务模式也存在一定的差别，靠近Z村中心一条街的染户们由于交通、销售的便利，自己进行染制的已经很少了，大多是从其他家拿货进行销售，像布××（染坊15）、张××（染坊4）、杨××（染坊14）、七××（染坊15）这四家便是这种情况；远离中心街的染户们大多还是以染制为主，染来的布料除了一部分拿给其他的染户进行销售，还有一部分是通过零售向外售卖，偶尔也有外来的销售商找上门的，也就是说，真正进行规模染布的染坊数量在减少。

Puzhen公司，即Puzhen综艺染坊，是Z村第十二村民小组的成员段××和妻子段××创办的。2004年至2006年期间，段氏夫妇结合扎染工艺，开发出了一批仿尼泊尔、泰国风格的扎染制品，大受市场欢迎，三年之内净赚了500多万。于是，夫妻俩在2006年底以300万元资金将原A城民族扎染厂盘接了过来，开始了民族文化的传承和传播的工作。夫妇俩在原A城民族扎染厂的基础上重修厂房，利用原来老房子上拆下来的木头，重修了两座极具B族民居建筑风格的房屋，将传统扎染技艺的展示与B族民居文化相结合，传承民族文化。整座院落内设一间B族扎染技艺传承室，一个B族扎染文化展厅，一个传统扎染作坊。Puzhen公司本着传播和传承民族文化与产品销售为一体的宗旨，对于每一个来染坊内参观的游客，都会有专门的讲解人员把扎染技艺从绘图、制版、扎花、染制、拆线等整个详细的过程为游客们进行讲解和说明。淡季的时候染坊每天的参观游客可以达到200—300人，旺季的时候可以达到300—400人。另外，染坊中也有扎染体验项目，对于想要学习和体验扎染工艺的参观者，有专门的扎花工人负责教授技艺。2015年初，Puzhen公司老板段××在收集和积累的丰富的扎染工艺设备与制品的基础上，向省上递交了成立B族扎染博物馆的申请，已获得批准。目前，Puzhen公司的特色旅游产品已经初具规模，有固定职工20多人，承担扎染加工及成衣加工的农户400人，同时解决了本村和周边村寨乃至临近县扎花工近2000人的就业问题。

尽管如此，扎染产业发展的整体形势不容乐观。从扎花供应来说，Z村有2540户，10470人，能够扎花的约2000人，但是实际上现在参与扎花的也就1000多人，且大多为老年人、残疾人、中年妇女。其中，参与扎花的中年妇女人数也在下降，年轻人大多外出打工或者从事其他行业，参与到扎花中的人数逐渐减少。从染料使用来看，村子中的这19家染户，Puzhen公司在承接原A城民族扎染厂的时候，接收了厂里囤积的约3吨左右的板蓝根染料，并且于2009年开始培植了20亩的板蓝根作物。但是由于天气原因，第一批培植的板蓝根没有成功存活，2013年又重新培植了一批板蓝根，以补充植物染料的供应，植物染料仍然处于紧缺状态。平时公司里面的染制品主要还是用化学染料染制的，销往国外的或者是客户定制的货物才会用板蓝根染料染制。另一家Qingbai公司自家培植了约2亩地的板蓝根，特殊预定的供应商品会用植物染料染制，大部分产品要么是用化学染料和植物染料掺杂在一起染制，要么就用化学染料染制。除这两家公司之外，其他家的染户由于缺少植物染料供应，其制品都是用化学染料染制而成的。化学染料的使用情况，根据村委会对村中扎染户基本情况的估算表显示，2014年村中19家扎染户使用染料53181公斤，按照化学染料占到90%的标准来计算的话，化学染料的年使用量为47863公斤。① 化学染料的大面积普及使得传统上使用植物制作土靛的工艺已经逐渐失传，现在村子里面会这项技艺的已经仅剩下几位老人了。从扎染产业销售业绩来看，这几年来普遍有所下降。近三年来，Z村的19家染坊②，除了Puzhen公司的销售额可以达到每年300万左右，其他家的染坊销售额在30万到100万不等，净利润大致为销售额的1/3—2/3。扎花工人的工资是非常低的，在染坊里面每天固定扎花的工人大多是老奶奶，每天的平均工资大概为10—30元，一个月也就是200—300元。空闲时间在家扎花的妇女工资基本上是按件计算，根据扎花图案的大小、复杂难易程度计算工资。从带动的就业人口来看，逐渐呈下降的趋势，除了不定期不固定地为各家染坊进行扎花的工人有1500人左右，Puzhen公司有长期固定员工20人，其他各家染坊大多是除了自家人工作之外，另外又请了1—2人来染坊中长期工作，

① 数据来自对Z村村委会副主任段××的采访，他提供的2014年度Z村扎染户基本情况统计表。随后在对染坊15的染坊主段××的访谈中，这一数据也得到了验证。

② 2013年，从村委会的统计资料中显示，Z村有45家染户。

也就是说，大理Z村现在的扎染产业带动了Z村1500—2000人的就业，占村中人口比例的20%左右。

二　Z村扎染产业发展面临的问题

通过对Z村扎染产业进行的实地走访调查，笔者认为，目前Z存的扎染产业发展主要面临着以下四个方面的问题。

（一）“扎”和“染”技艺均面临传承危机

所谓扎染，其实包括了“扎”和“染”两个大的部分。扎花的活儿比较细致、需要耐性，所以大多数情况下都是妇女来完成，而调制染膏、染布的工作大多数情况下由男子来完成。但是目前Z存扎花工人的工价很低，老人做得好的每个月可拿到300元左右，年轻人做得再辛苦，每个月最多也只能拿到500元左右。老年人因为年老体迈不能出门干活儿，只能靠在家里扎花的工作赚取一些收入，基本上是扎染队伍中的主力军。中年妇女只能在农闲的时候、家里事情操持安排好的情况下，抽出空闲时间去扎花。年轻一辈也大多不愿意再去从事扎花工作，更愿意外出打工赚取更多的收入。所以，扎花工人的队伍主要以老年人和中年妇女为主，年轻人不喜欢学、不愿意学，是现在扎花工艺面临的一个严重的传承危机。另外，从Puzhen公司处了解到，为了筹建B族扎染博物馆，他们已经搜集到了4000多张扎染制版图案，笔者从扎染技艺市级代表性传承人杨××老先生那里也看到了400多张非常精美的扎染样品图案。但是走遍Z村的这些扎染坊，还在使用和染制的扎染图案只有1/10不到，精美、复杂的扎染图案受制于成本高、扎花工价低、市场需求等因素的影响，大多数染坊已经不再制版和染制，长此以往，难保一些复杂、精美的扎染图案和工艺不会失传。

染制技艺的传承主要集中在传统土靛染膏的制作，传统的扎染染料大多用的是野生的板蓝根植物。后来，随着扎染行业的发展，野生的板蓝根原料供不应求，村民便开始人工培植板蓝根作物。可是自20世纪90年代化学染料引入Z村扎染行业之后，已经逐步地取代了传统上使用板蓝根制作植物染膏的技艺，Z 村目前 90% 以上的扎染制品都是用化学染料染成的。传统上用板蓝根制作土靛染膏的这项技艺也已经鲜有人在使用了。笔者在多日的调查中了解到：目前也就是 Puzhen 公司、Qingbai 公司以及 B 族扎染国家级代表性传承人张 × × 老师的儿子段 × × 的染坊 3 和侄儿子董 × × 的染坊 10 会制作板蓝根土靛染料，其他人基本不会制作板蓝根染料了。

此外，2006 年 B 族扎染技艺入选国家级非物质文化遗产代表作之后，政府的非遗部门便组织评定了 B 族扎染的各级代表性传承人。目前，国家级代表性传承人为张 × × 一人，但是，实际上扎染技艺的传承“扎”和“染”两个部分是不可分割的，国家级的代表性传承人张 × × 老师，深精土靛染膏的制作和染制技艺，但是对扎花技艺却并不精通。

（二）扎染行业之间无序恶性竞争

Z 村目前有 19 家染坊，Puzhen 公司可以算是扎染产业的排头兵了，其负责人段 × × 在 2013 年成立了 Z 村扎染协会，自成立以来举办了 2 次扎染技能大赛，让普通的扎花工人把自己的作品和产品通过比赛这个平台展示出来，给予奖励，从而促进了扎染技艺的交流和传播，提高了扎花工人的积极性。但是到目前为止，只有 7 家染户加入该协会。在访谈的过程中，染户们大多对 Puzhen 公司持排斥和抵抗的态度。

个体私人染户之间的生意也大多各自为政，彼此之间很少交流和沟通，长期的疏于往来造成了染户之间的无序恶性竞争，主要表现在无序的价格竞争和恶性的客源竞争。一方面，染户们普遍都抱着薄利多销、打价格战的心理来售卖扎染制品。只要是不低于成本，哪怕利润只有 1 元、0.5 元也会以比其他家低的价格向外售卖；另一方面，Z 村的 19 家染户分布在不同的街道街区，有些家离中心街道近些，产品的宣传和销售相对比较方便，有些家离中心街道远一些，产品销售和宣传不易。因此有些染户便请了 Z 村的一些妇女集中在 Z 村中心街的集市入口处，为自家染坊争取客源，遇到来 Z 村的外地游客，这些中介便上前邀请游客去染户家参观和推销扎染制品，按照卖出去的产品件数和价格由染户付给这些中介提成。这些中介争夺客源的行为直接造成了中心街染户们与其他染户之间的矛盾。在给游客留下不良印象的同时①，周而复始，这些中介争夺客源的行为直接也造成了中心街染户们与其他染户之间的矛盾。

（三）现代企业管理观念滞后致产业发展受阻

无论是已经成立的两家规模较大的 Puzheng 公司和 Qingbai 公司，还是另外的已经存续了好几代的老染坊，受制于目前 Z 村整体经济、社会发展的程度，在对染坊的现代化管理和发展方面都存在很多问题。

1. 产品供应不能保证，无法承接合同订单

产品供应不能保证，这是 Z 村 19 家染坊普遍面临的问题。Z 村是一个传统的 B 族自然村落，村中的妇女大多还是本着以家庭、家事为主的原则，空闲时间才会去扎花工作，赚取点儿额外收入。在对 Puzhen 公司老板娘段 × × 访谈的时候，她说道："原来的 Z 村民族扎染厂还在的时候，厂子里面 90% 的货都是发往日本的，但是那个时候是大集体式地在工厂生产，工厂里面有固定的工人扎花、染布，可以保证货源的供应。但是现在，日本的合同订单公司是不敢轻易承接了，最大的一个原因就是公司无法按时交货。有的时候，那边出价还是比较高的，别人出到 25 元，日本的公司可以出到 30 元，但是公司承接了订单之后，交货时间按照合同约定晚了 2 天或者 3 天，就会被对方要求承担很多的违约赔偿责任，反倒会亏损。"在采访其他染户的时候，也普遍存在这个问题，染户们大多不会承接外来批量订单，都是自家根据市场判断染出一定的产品，吸引客源过来挑选现货。

2. 工人工作时间无法规制，产品质量无法保证

对于 Z 村这 19 家染坊来说，最大的 Puzhen 公司有长期固定的员工 20 人，其他家的染坊都是家庭作坊，一家人就是染坊内的所有员工。有些染坊请到家里的扎花工人都是清一色的老人，开出的工价大

---

① 笔者在访谈的时候，发现一些中介在拉取客源的时候，看到比较有潜力购买的客人，尤其是外国游客，往往会死等在游客旁边，跟着游客吃饭、参观、游说游客去染坊内参观，给游客造成了很大的困扰和不便。另外，这些中介大多与其他家染户之间关系不好，没有请中介的染户认为这些中介的存在扰乱了市场的秩序，妨碍了游客们的自由选择权利。

约为每月 300 元左右。但是对于大多数中年的扎花妇女来说，一是时间上并不允许她们整天待在染坊中扎花，家庭的事情需要照看；二是各个染坊由于成本问题也无法开出令她们满意的工价标准。这样扎花工人在自己闲余时间扎出来的作品的质量就无法得到保证。Puzhen 公司老板娘段 × ×说：把所有扎花工人请到厂子里面来工作这个工价太高了，我们是承担不起的，她们也没有那么多的时间，我们只能请一小部分人来厂子里面长期扎花。她们扎的时候，我们就在旁边看着点儿，不合适的地方我们就指出来，她们就及时修改，这样扎出来的作品就精致一些，质量好一些。放到外面扎的作品我们没法儿在旁边看着，她们扎的质量不好拿来了，我们又不能让她们全部拆了重做，那她们也是很辛苦的，所以只能给她们低一点儿的价格收来，然后我们也按照低价格卖掉。扎花的成品染制、洗染之后，还要经过最后一道拆的程序，染坊 8 的老板杨 × ×说道：这个拆线过程是非常复杂的，那个线头特别小、特别密，有些老奶奶眼睛不好的，难免就会拆出些小洞，这个是没有办法控制的，因为扎花和拆线都是拿到自己家去做的。有些年纪大的人我们跟他们解释，他们还能理解，有些年轻人他们不懂这个扎染制作的，看到这种有一两个小洞的就要求退货、换货，这个我们就是很难做的。

3. 企业对外宣传力度不够，产品价值不被认可

2006 年，B 族传统扎染技艺入选国家级非物质文化遗产项目代表作，这对 Z 村的扎染产业发展来说无疑是一个巨大的宣传。但是，大多数的人都是只知扎染之名，不知扎染之实。所以，很多游客在购买扎染制品时都会觉得价格偏贵，这也是国内旅游市场上售卖的大多是做工比较粗糙、用化学染料染制的扎染作品的原因之一。在 Z 村的 19 家染坊中，只有 Qingbai 公司的负责人陈 × ×在网上开有自己的一家淘宝网店进行产品宣传。总体上来说，Z 村扎染产业的宣传还处于比较被动的地位，染坊销售扎染制品主要依赖于 Z 村旅游业的发展，旅游业发展带来的游客是购买扎染制品的主要人群。扎染产业的客户大部分也是因为旅游到了 Z 村之后，发现了扎染这门工艺，有意向的便长期与当地的染坊合作。

4. 产品开发层次较低，品种比较单一

目前，Z 村扎染产品的制作已经从传统上的板蓝根染料单色染制、图案复杂精致化向化学染料多色染制、图案简单化的方向发展。笔者在采访原 A 城民族扎染厂副厂长兼设计杨 × × 先生（扎染技艺市级代表性传承人）时，他拿出了当时民族扎染厂开发出来的扎染图案样品：有双面巾花型 16 种、围腰花型 10 种、八卦巾花型 13 种、平板布花型 283 种、手巾花型 114 种、枕巾花型 57 种、围巾花型 122 种、小桌布花型 74 种、老式门帘花型 5 种、床单花型 177 种、大桌巾花型 80 种、新门帘花型 85 种、小围巾花型 28 种、茶垫花型 30 种、民族包 31 种、日本门帘花型 35 种，图案精致奇巧，素雅大方，非常得漂亮。

然而，笔者在走访了 Z 村的 19 家染坊之后发现，各家染坊的作品都是大同小异，互相模仿，扎染的图案大多是一些比较简单的图样，笔者在杨老先生家看到大量的印有各种虫鱼鸟兽的精美图案在 19 家染坊几乎没有看到。现在染坊使用的扎染制版图案基本上都是当时民族扎染厂开发出来的，且使用的比例不到原来的 10%。[①] 在对各家染坊采访的过程中，大部分人也表示自家并没有专门的设计师开发新的图案，一般就是别的染户开发出新的图案，大家觉得比较好看，就会互相模仿使用。染坊 19 的主人段 × × 说：有的时候一些游客过来体验扎染工艺，年轻人的奇思妙想会设计出来一些图案，我们觉得比较好看的，也就会留下来使用。在扎染产品的种类上，染坊开发出来的产品仍然集中在传统的民族包、围巾、床单、时装、布匹等，开发层次较低，远远没有形成自己的特色品牌效应。

（四）化学染料使用带来的环境污染问题

自原 A 城民族扎染厂解散之后，化学染料逐渐传入 Z 村，在扎染制品的染制中被染坊普遍使用。目前，Z 村的污水处理厂每天可处理污水的最大容量为 2000 立方米，实际上处理污水大约每天 700 立方米，扎染水约占到污水处理量的 30%，也就是每天产生的扎染污水量

① 信息来自对原 A 城民族扎染厂厂长张 × × 老师的访谈。

为210立方米，年污水排放量为76650立方米①。因扎染产生的污水第一步先通过染户们自家修缮的换底池进行初步过滤，然后排出由村里的污水处理厂进行二次处理，第三步是经过污水处理厂周边的湿地过滤再排入Z村旁的E湖内。因Z村位于E湖（风景旅游区）周边，污水排出实行的是国家城镇污水处理的二级标准，但是现在Z村经过污水处理厂处理之后的水质仍然不能达到该二级标准。2009年之前，Z村对于村中污水的处理只有两个土壤净化槽和相关设施。随着Z村旅游业的不断发展，饭店、酒店和旅馆数量的增加以及染料使用量的增加，Z村所属的A城政府申请了中央专项资金，请D大学建筑设计研究院的教授主持设计了Z村的污水处理工艺，简称“奥贝尔氧化工艺”，2012年开始投入使用。三年多以来，Z村污水处理厂对于处理日常的生活污水起到了很大的作用，然而在扎染污水的处理上却出现了问题。目前，Z村所属的镇政府正在等待D大学设计研究规划院的进一步的污水处理工艺提升规划。

2015年初，习近平总书记来A城考察，要求各级政府把提高E湖的自然生态环境、保护E湖的水质水源作为今后的一项重点工作来抓。随后，在A城6月份召开的政府常务会议上，针对Z村使用化学染料产生的化学污染问题，市里面初步提出的应对策略是：如果不能尽快地通过污水处理工艺解决掉化学染料的污染问题，下一步就要考虑对Z村整个扎染产业的布局调整，把扎染产业整体地搬迁到E湖下游一带，以缓解和减少化学染料污水排放对于E湖水质和环境的影响。同时，2015年初，为了缓解污水处理工艺提升之前使用化学染料造成的污染问题，镇政府出面决定，本着“谁污染、谁治理”的原则，由D大学建筑设计研究院给出了一份换底池的规划图，要求村中的19家染户根据自家化学染料的用量修缮相应规模的换底池。目前，村中的19家染户已经有11家修缮了换底池，但是换底池的污水处理效果还在进一步地检验和完善中。

① 数据来自对Z村村委会副主任段××的采访记录。

三　贵州丹寨N蜡染有限公司的经验借鉴

贵州N蜡染有限公司位于黔东南州“蜡染之乡”的丹寨县，该公司由安徽客商L女士于2008年领头在黔东南州丹寨县投资设立的。2008年由于受金融危机的冲击，L女士原来做的进出口布料生意受到巨大冲击，企业面临倒闭。但是在一次偶然参加“多彩贵州”展示的能工巧匠大赛的时候，她敏锐地发掘可以将当地的非物质文化遗产——蜡染技艺与原有的大量库存囤积布料进行结合，开发出具有地方民族特色的蜡染工艺品。L女士认为，蜡染的核心是蜡画的绘制，没有优秀的蜡画绘制高手，就很难有上等的蜡染。因而，给绘画工人的工资是比较高的，根据数量，每个工人每月的收入在2000元至4000元（包吃包住），整个绘画的成本占到销售收入的70%。

在这个过程中，公司团队通过各种方式改良和克服蜡染生产中的小批量、不能规模化生产的弊端，取得了很大的进展。首先，在面料的选择上大胆启用了棉布和棉麻，并且还有用彩色布料染制出来的作品，还有公司设计的“反绘”，就是把原来白色地方变成蓝色，蓝色的地方变成白色；第二，在工艺上进行了提高，丹寨蜡染缸一般都比较小，只能染小件的东西，并且一次只能染少量的东西，N蜡染经过开发将蜡染池改装成3立方米的池子，并且设置在室内，向地下再挖深4米，这样蜡染池里水的温度借助地热可以一直保持合适的温度，即使是在数九寒冬，染池里照样可以进行染色。再者，大片的布料在染制时每20分钟得提起来晾一次，但是这样会造成染色不均匀的情况出现，N蜡染公司经过改进工艺，把提拉晾晒程序设计为电动的，这样不仅不受染色制品的质量限制，而且克服了染色不均匀的情况出现；第三，除了将蜡染制作工艺开发成常见的手包、围巾和衣服等外，L女士结合蜡染织品本身素雅、清新的特点，寻求与知名旗袍商家的合作，将各种旗袍新颖别致的款式和蜡染织品结合起来，开发出新产品；第四，N蜡染公司在生产管理的过程中，更加尊重当地的风土人情，实行人性化的管理模式。在生产的过程中，公司一直坚持蜡染生产的灵魂三要素，即纯天然纤维的面料、纯手工制作和纯植物染料。一方面吸纳了当地很多农户中会做蜡染的妇女来工厂工作，绘制蜡染织品；并且妇女的丈夫在家里种植蓝靛，制作染料，工厂每月需要蓝靛一吨左右，2015 年的 7、8、9 三个月，每月需要蓝靛三吨。这样互相配合，农户的家庭收入增加，并且家庭稳定和谐。经我们对宁女士访谈，蓝靛的成本占到销售收入的 10%，以 2014 年为例，其销售额为 200 万元左右，估算下来，蓝靛的成本为 20 万元左右。这样计算下来，公司的利润不会超过 20%（还有一部分服装加工成本，工厂目前使用的高档面料都是 L 女士先前经营布料生意囤积下来的）。她认为，蓝靛的种植用塑料薄膜进行种植，成本并不是很高，还是值得推广的。另一方面，在外上学的孩子暑期放假都会到工厂里随母亲一起居住，N 蜡染公司在这个过程中又为孩子提供了免费学习蜡染技艺的平台；第五，N 蜡染公司与黔东南州的民族职业技术学校合作的校园工厂项目，学校与公司签订了 10 年合同，一方面，学院为工厂免费提供了 800 平方米的场地供工厂使用；另一方面，由公司的员工在学校内为学生们进行教学指导，培养后继人才；第六，N 蜡染公司在进行蜡染织品的商业化开发的同时，也把眼光投向国际市场，加大在外界的宣传力度。2013 年底，N 蜡染公司组织 27 名员工，依照《百苗图》历时 50 多天，绘制成了长达 60 米的蜡染图画作品，以此准备申请吉尼斯世界纪录。这无疑是蜡染织品走向世界，走向国际的一个很好的平台。民族的才是世界的，但是只有走出大山，走向世界为世界所知才能变成世界的。

尤其值得一提的是：截至 2013 年底，N 蜡染公司已申请了 60 项知识产权专利，26 项已获批准，其中，2 项发明专利、2 项实用新型专利、22 项外观设计专利。2011 年 12 月 23 日，贵州省文化厅授予 N 蜡染公司“省级非物质文化遗产生产性保护示范基地”称号。2010 年贵州省知识产权局授予 N 蜡染公司“贵州省中小企业知识产权战略推进工程实施单位”称号。2012 年 12 月，国家民委、财政部、中国人民银行，为 N 蜡染公司颁发“‘十二五’期间全国民族特许商品定点生产企业”证书。N 蜡染公司在蜡染织品开发过程中所做的创新和开拓是值得我们思考的，也是现在黔东南州大部分民族文化开发产业所需要改进和学习的。

四　非物质文化遗产产业化开发的相关建议

在总结Z村扎染产业面临的问题和困难，以及N蜡染公司与其他地方有关非物质文化遗产产业化开发先进经验的基础上，笔者认为，可以从以下六个方面入手改善和推进Z村扎染产业向着健康的方向发展。

（一）政府出台对非遗相关产业的扶持政策

为了保护和传承黔东南州的非物质文化遗产，促进对非物质文化遗产项目的开发，黔东南州出台了一系列对设立公司的扶持政策。黔东南州认真贯彻和落实省政府的指导意见，2013年5月23日发布“小型微利企业所得税优惠政策”“小型微利企业享受企业所得税税收优惠政策办税指南”，进一步落实对于微利企业的扶持和优惠政策。由此可见政府对于当地企业发展中的扶持力度和重视程度，这是值得借鉴的。建议A城各级政府能够出台积极的鼓励措施，引导扎染户恢复传统的蓝靛纯植物染制工艺。当然，政府的扶持和帮助措施还可以体现在很多方面，比如说：为了保护和传承扎染纯植物染制的传统工艺，需要人工培植板蓝根作物来制作植物染料，但是限于Z村的气候原因，板蓝根植物种植培育的成本较高，政府在这方面可以给予相应的扶持，例如在土地租赁方面提供便利、给予扎染产业一定的资金扶持。没有资金扶持，个体私人染户是很难改变目前的现状的。

（二）明确非物质文化遗产专利推广中的国家责任

扎染和蜡染虽然在前期的图案制作方面截然不同，但也有共性，即从工艺上讲，主要都是一个“染”字。我们认为，为了促进少数民族非物质文化遗产的传承与发展，保护西南地区的原生态环境，国家应购买丹寨N蜡染公司的前述两项发明专利，在西南少数民族地区或者整个行业中推广。原因在于：第一，该专利采用纯天然蓝靛植物，有消炎保健的作用，有利于身体健康，也是蜡染的生命力所在；第二，当前的第二类蜡染生产过程中，很多厂家采用的是化学染料，虽然省时省力，但是在洗染阶段的废水会对周边环境造成严重的环境污染，而使用纯天然植物染料，则不存在污染环境的问题。

（三）提高非遗产品的文化和艺术品位

非物质文化遗产所具有的活态遗产性、民间传承性、环境依存性、口传心授性[①]的特点决定了对非物质文化遗产项目的产业化开发必须本着“先保护后开发的可持续发展原则”。对于非物质文化遗产的商业开发一定要首先注重对它的保护和传承，只有这样非物质文化遗产的开发才有继续存在的发展空间。就拿蜡染织品来说，有的商家为了节约成本，获得高额利润，在制作蜡染织品的过程中，用机器进行绘图，并且使用工业染料而非纯植物染料蓝靛对布料进行染制，这样的做法就是割断了对于蜡染技艺文化的传承，丢掉了蜡染技艺的灵魂，完全的商业机械化生产必将使得对于非物质文化遗产的开发走向失败。[②]

扎染制品不能一直处于低层次的开发水平，应该将精美、复杂的这些扎染图案开发出来，结合扎染制品自身的特点，开发出多层次多种类的商品。比如说：将扎染制品运用到高档家具中、家庭装裱画、吊灯等上面。

（四）充分发挥行业协会的自律作用

在社会经济生活中，行业协会以其民间性、自治性、中介性等特征行使着服务、代表、沟通协调、自律等功能，在市场经济的运行中发挥着越来越重要的作用。黔东南州已于2012年成立了银饰刺绣蜡染行业协会，行业协会在实际中就可以结合相关产业发展中面临的问题，一方面积极与政府沟通反映行业、会员的诉求，提出行业发展和立法等方面的意见和建议，例如黔东南州民族文化产业加工场地分散的问题；另一方面积极履行自身服务企业、加强行业自律的功能。在实践中，组织涉

① 韩小兵：《中国少数民族非物质文化遗产法律保护基本问题研究》，博士学位论文，中央民族大学，2010年。

② 苑利、顾军：《非物质文化遗产的产业化开发与商业化经营》，《河南社会科学》2009年第4期。

及相关行业的技能培训和经验交流，对会员进行现代企业管理制度和观念、相关法律知识的培训。加强本行业之间信息资源的共享，创办本行业的报刊和网站，积极贯彻和推进有关银饰刺绣蜡染工艺品地方标准的执行。作为政府职能的一个重要补充，行业协会有助于规范和约束行业整体的运行、提高行业人员的整体素质和技能，建立与政府之间的沟通与联系，积极反映行业发展中面临的问题和诉求，这无疑会对整体银饰刺绣蜡染行业的良性可持续发展起到推波助澜的作用。Z村应充分发挥行业协会在制定行业标准、扎花工人的工资标准、价格标准、市场规划、产品开发，扎染户的行业自律等方面的作用。

（五）切实提高非遗传承人的待遇

我国《宪法》第67条规定，全国人大常委会有权“规定和决定授予国家的勋章和荣誉称号”；党的十七届六中全会《决定》提出，要“落实国家荣誉制度，抓紧设立国家级文化荣誉称号”。这是尊重劳动、尊重知识、尊重人才、尊重创造的体现，有利于调动全社会的积极性、主动性、创造性。这方面我们可以借鉴日本的相关经验，为了使非遗这些重要无形文化财产不至失传，从1955年起，日本政府开始在全国不定期地选拔认定“人间国宝”，将那些大师级的艺人、工匠或团体，经严格遴选确认后由国家保护起来，日本政府鼓励保持者尽可能多地招收徒弟或者传承给后代。自1974年始，日本对每个保持者或保持团体每年拨付200万日元（约14万元人民币）的特别补助金，用于培养传承人并提高保持者的艺能。据了解，日本文化厅年度预算超过1000亿日元，其中10%被用来保护国内重要有形文化财产和重要无形文化财产。[①] 日本政府不但对“人间国宝”在经济上给予必要的补助，在税收等制度上也给予优惠，还给他们相当高的荣誉或相应的社会地位。

另外，黔东南州实施的100名民族民间文化传承拔尖人才扶助工程值得借鉴。2006年12月，黔东南州下发《黔东南州100名民族民间文化传承选拔管理办法》《黔东南州百名“州级拔尖人才”选拔管理办法

---

① 冯树龙：《日本：人间国宝认定制度》，《人民日报》（海外版）2002年12月13日。

（试行）》。同时，黔东南州还在全州开展了民族文化艺人职称评定工作，对民间工艺、民间建筑、民族乐器等方面的494名民族民间艺人（非物质文化遗产代表性传承人）评定了初、中级职称工艺师、工匠师、歌师、戏师，增强了群众对民族文化的自豪感，使民族民间优秀文化得到更好的传承。

（六）对非遗行业适用特种行业教育制度

我们建议，在各层级的教育体系中都尽可能地设置非物质文化遗产相关专业，加强对传承人的培养。在义务教育阶段，《义务教育法》第14条规定，根据国家有关规定经批准招收适龄儿童、少年进行文艺、体育等专业训练的社会组织，应当保证所招收的适龄儿童、少年接受义务教育；自行实施义务教育的，应当经县级人民政府教育行政部门批准。由于前述规定中有“等”字，我们建议，对于必须从小进行传承的非物质文化遗产，恢复中国传统的非物质文化遗产的教育传承体系，但同时保证接受非物质文化遗产教育的未成年人接受义务教育，这是不违背《义务教育法》规定的。

在中等或高等职业教育中，则应设置非遗相关专业来进行专门的人才培养，在我国技能型人才高度匮乏的今天，非遗职业教育的前景将会更为广阔。例如，N蜡染公司的很多传承人都有比较不错的收入，对于传承人个人社会价值的实现及家庭生活的改善都很有帮助，这对蜡染职业教育具有很好的示范作用。在普通高等教育中，改革现有的少数民族高考优惠政策，对于熟练掌握少数民族语言或某一项非物质文化遗产的考生在现有的加分政策基础上大幅度提高加分幅度，如教育部直属高校设置统一的加分标准，地方高校可以根据本地的实际情况，选择相应的非物质文化遗产项目，设置适合本地区的加分标准，但一般来讲，不能低于教育部直属高校的加分标准。传承中华优秀非物质文化遗产是每一个公民的义务，从娃娃抓起，效果可能会更好。

体育法

我国体育彩票立法规制问题研究

韩忠伟[*]

（甘肃政法学院）

摘要 纵观我国体育彩票运行现状，体育彩票管理及市场化运营中存在着立法层次低、制度不健全、政府角色定位混乱、体彩种类单一、发行成本较高等诸多弊端。针对目前体育彩票业的立法现状和存在的主要问题，提出建构体育彩票相关立法规制模式。

关键词 体育彩票；监管；定位；立法规制

体育需求增长与国家投入不足的矛盾，是当今世界各国政府面临的共同问题。体育彩票在很大程度上相对缓解了这个矛盾，体育彩票是体育产业的重要组成部分。运用发行体育彩票的方式吸收社会游资、弥补国家财力不足、推动体育事业发展，是越来越多的国家普遍采取的措施。从我国"1984 年北京国际马拉松赛"发展体育奖券（体育彩票雏形），到 1994 年国家批准正式发行体育彩票，直至 2018 年修订《彩票管理条例》，一系列规章制度对我国体育彩票诸多方面进行规范化管理，以促进体育彩票业的健康、稳步发展。另外，体彩管理中心人浮于事、效率低下、发行体制间接造成监管疲软、发行成本巨大以及体彩经营管理的政企不分也掣肘了整个体育彩票业的市场化运行。我国体育彩票业亟待立法规制已成为难以回避的现实课题。

* 韩忠伟，男，汉族，甘肃政法学院副教授，主要从事立法学和行政法学研究。

一　体育彩票的内涵之界定

为了资助全民健身计划、竞技体育和群众体育的发展，以及大型运动会的成功举办，我国发行了体育彩票。而关于体育彩票的概念至今尚无一个统一的界定。最初由原国家体委在《1994 — 1995 年度体育彩票发行管理办法》中将其界定为："以筹集国际和全国性大型体育运动会举办资金等名义发行的，印有号码、图形或文字的，供人们自愿购买并能够证明购买人拥有按照特定规则获取奖励权利的书面凭证"；学者赵豫认为："体育彩票是指政府或者是政府批准的发行机构为了某种特定的筹资目的发行的并设定相应的规则由购买者购买的，以抽签方式或者其他方式决定受奖的范围，不还本、不计息的特殊的有价证券"[①]；还有学者将其界定为"公平竞争的娱乐性游戏"[②]；欧美学术界更倾向于将其视为一种门槛低、奖额高、概率小的特殊的机会游戏，一种类似烟草和酒精之类的带有轻微上瘾性质的"精神消费品"[③]。

总之，无论体育彩票的内涵如何界定，体育彩票的购买行为在性质上都是国家法律许可下的合法性博彩行为。因为，首先体育彩票不属于实体资产或金融资产，购买体育彩票所取得的仅是对于票面载体的所有权及未来不可预期的中奖机会；其次，购买体育彩票并不是为了能在未来获得与风险成正比例的预期收益或资本的升值，即达到保持现有财富。这源于中奖机会是不可预期的，中奖概率微乎其微，预期收益是不可衡量的。即使中奖也并不是资本的保值与增值，而是可能大大超过本金且不返还本金的一种收益。

---

① 赵豫：《我国体育彩票法律制度探析》，《体育学刊》2003 年第 2 期。

② 赵芳：《对我国体育彩票管理体制和体育彩票性质的研究》，《首都体育学院学报》2002 年第 1 期。

③ 蔡国宏、朱勇军：《对体育彩票的认识与思考》，《北京体育大学学报》2007 年第 S1 期。

二 我国体育彩票的立法现状

1994 年 3 月，国务院批准体育总局统一管理体育彩票发行工作。1994 年 7 月公布实施的《1994—1995 年度体育彩票管理办法》成为体育彩票发行和运作所依据的基本规范。至此，我国的体育彩票业开始迈入规范化管理时期。1998 年 9 月体育总局颁布《体育彩票发行与销售管理暂行办法》；2002 年 3 月，财政部发布《彩票发行与销售管理暂行规定》，统一规范了全国彩票发行和销售的管理制度；2004 年 4 月国家体育总局下发《关于加强即开型体育彩票销售管理的紧急通知》；2009 年 4 月国务院颁布《彩票管理条例》；2012 年 1 月财政部、民政部、国家体育总局审议通过《彩票管理条例实施细则》（2018 年修订）；2012 年财政部印发《彩票发行销售管理办法》（2018 年修订于 2019 年 1 月 1 起施行）。

至 2018 年我国已相继出台 40 余件体育彩票管理和发行的各种文件、通知、地方法规等。这些出自各部门的规范往往是“急先用”，主要采取部门规范性文件、规章形式加以规制相关体育彩票管理和发行的“立法”规范过于粗糙，出现了很多紧急通知、暂行办法、暂行条例等之类的字眼，这在体育彩票的尝试发行初期是行之有效的。但随着我国体彩业市场化发展，长期依靠监管部门规范性文件规制体育彩票运行，难免造成政策不稳定性与杂乱性，导致政企不分、监管责任缺失等弊端，难以适应体育彩票市场化发展需要，弊端表现在：一是诸多规定过于原则、抽象，一些规定形同虚设[①]；二是对有关体育彩票发行、资金分配使用、财务管理公开和信息批露、中奖规则、从业人员资格要求等不甚明确；三是尽管诸多行使着规范体育彩票运作的部门性规章、地方性法规曾起过积极作用，但随着市场经济逐步发展，日益凸显出立法内容不完备、可操作性不强等弱点；四是对违规发行者或私彩违法者的惩

① 戴狄夫：《我国体育彩票立法若干问题的认识》，《天津体育学院学报》2004 年第 4 期。

处力度不够。[①] 同时体育彩票业销售兑奖实践中因主管部门制定的《彩票兑奖规则》文件无法可依，导致兑奖纠纷时有发生。直到 2009 年国务院颁布《彩票管理条例》，体育彩票规范上的不稳定和混乱现象才得以明显改善。

三　我国体育彩票运营中彰显出的立法问题

目前，我国体育彩票的发行采取国务院批准、财政部监管、国家体育总局具体发行的方式，这决定了我国现行体育彩票三个层次的管理体制。第一层次是国务院，主要负责批准发行彩票，确定每年的彩票发行额度；第二层次是国家体育总局，主要负责彩票发行和销售管理，国家体育总局下属的国家体育彩票管理中心依照法律、法规和中国人民银行有关规定，具体负责全国体育彩票的统一发行、统一印制及销售额度的统一分配等工作；而各省、自治区、直辖市体育局则具体经管当地体育彩票；第三层次是财政部，包括财政部和各级地方财政部门，主要负责制定彩票法规和政策，建议和下达每年彩票发行额度，监督管理彩票市场。这种运行模式由于存在以下问题，影响了我国体育彩票的良性发展。

（一）立法层次较低，适用效果有限

至 2018 年，我国已陆续出台 47 件有关彩票管理和发行的各种规章、规范性文件等，国务院颁布的《彩票管理条例》的规定过于原则，难觅处罚细则，有限的规定形同虚设，对有关彩票发行、资金分配使用、财务管理公开和信息批露、中奖规则、从业资质等具体问题不甚明确。财政部国家体育总局行使体彩运行管理职能的部门规章、规范性文件在彩票市场化前期具有积极的作用，但随着体彩市场化的发展，日益暴露出立法层次较低、立法内容滞后、可操作性不强、适用效果不力等问题。

① 胡丽英：《对完善我国体育彩票法律规制的思考》，《现代经济信息》2011 年第 10 期。

我国体育彩票发行从宏观管理到微观组织和运行，一直仅靠几部行政法规和部门规章来规范运作的模式已经不能适应发展需要。彩票管理部门面对彩票发行过程中出现的各种违规行为常常是一罚了事，即使进入司法程序，因欠缺相应法律制度而显得无可奈何。例如，我国彩票发行了20余年，彩票的销售和管理过程中产生了多样的纠纷，但至今游戏规则依然不清晰。一个兑奖期限问题若发生纠纷就能从诸多不同的方向去适法，所以有人把纠纷的发生归结为没有专门的彩票法。诸如《彩票兑奖规则》之类的文件，只能说是经过主管部门审批的游戏规则，而不是法律。[①] 所以当人们对这些规则有疑问的时候，自然会拿出不同的法律对其进行阐述，所以就有了彩票兑奖规则中某些条款是否有法律效力的争论。北京高级人民法院在2001年第45号《北京市高级人民法院关于对彩票管理规程提起诉讼人民法院不予受理的批复》中规定："公民在认购彩票过程中，对彩票的发行机构、摇奖现场混乱、财务不公、摇奖程序和技术有误、开奖前未提前停售等一系列的行为提起的诉讼不属于民事和行政诉讼的调整范围，不予受理"。现实生活中，体育彩票业发展因无法可依导致彩民之间围绕彩票的纠纷时有发生，如中奖所得是否属于夫妻共同财产，未成年人能否参与购买，合伙买彩票中奖归属，发行单位的监督，"私彩"控制。彩票发行方与彩民之间的纠纷出现时，只能靠行政进行干预，缺乏强有力且较完备的立法条文对体育彩票业相关主体的行为进行规范，导致对利益受损者不能提供有效救济，对违法犯罪者不能给予应有惩罚；导致部门利益的冲突不断、彩票业混乱无序。

为了体育彩票业走上稳定可持续发展道路，应通过完善配套立法来逐步明确体育彩票的发行和销售的程序、规则，理顺管理体制，规范有关组织及彩民的权利义务，以确保彩票业健康发展。

（二）政府双重角色定位混乱，市场监管缺失

国外的彩票立法中，政府在彩票中主要是负责监管，即只当"裁判

---

① 《中国彩票走过20年　纠纷层出不穷》，新浪网，http：//www. sina. com. cn。

员”，而具体的经营操作都交给了企业。而我国政府在体育彩票的运行过程中所扮演的是既当“裁判员”又当“运动员”的双重角色，这种双重角色的扮演导致了许多问题的出现，因此，我国的体育彩票立法应将政府的角色转换成只当“裁判员”的单一角色，这样才与政府的职能相符，具体来讲，政府主要负责对体育彩票的监管。[①]

从发行监管体系来看，我国体彩发行的监管部门是财政部，这包括财政部和各级地方财政部门；然而就实际运行情况来看，由于财政部门人员有限，并没有对体彩发行进行有效监管，而仅仅对彩票收益进行财务管理，实际体育彩票管理中心直接承担了很多本属于财政部门的监督管理职责。政府既充当了“裁判员”，又充当了“运动员”，与其说财政部是在行使体育彩票监管职能，不如说是体育总局的自我监管，双重角色定位必然导致彩票市场的扭曲，难以避免监督风险。由于初始监管缺失，导致应该起到事实监管作用的体彩中心也放松了对各级委托销售商的监管，加之体育彩票所具有的商品隐含的契约特性，各种违法违规事件的频繁发生不足为怪。同时由于体育彩票管理中心双重角色定位的混乱决定了体育彩票监管、发行与公益金使用的尚未分离，公益金的使用缺乏长效和动态管理，导致了体育彩票公益性资金使用效益不高，违规违纪问题严重。一些地方政府及企事业单位挤占、挪用公益性资金，兴建各种经营性体育场所；一些地方公益性资金投向结构不合理，用公益性资金参与金融拆借、购买股票及投资办经济实体等，严重违背了彩票公益金的“公益性”，扭曲了体彩市场。

（三）体育彩票经管政企不分，彩票发行成本较高

国际彩票的发展历史证明，所有彩票的发行都普遍遵循高奖额、低中奖概率和低成本的原则。高奖额原则使彩票具有市场吸引力，低中奖概率则决定了绝大多数购买彩票的人不可能中奖，购买彩票实质上是对社会进行无偿捐赠；低成本一方面使所有社会成员都有能力购买彩票，另一方面也强调彩票发行和经营过程的低成本运行，从而显示出彩票的

---

① 国家体育总局：《2002 年度体育彩票公益金使用情况公告》，《中国体育报》2003 年 8 月 16 日。

公益筹资特性。日本彩票发行、经营成本为10.1%；德国为16.3%；法国彩票的经营成本为15.0%；保加利亚为10.0%，西班牙足球彩票10.0%。2002年以前我国彩票发行、经营成本超过20.0%，即使2002年后成本降低到15.0%，仍然在世界上数一数二。① 我国彩票发行成本高、筹资效率低是由机关、事业、企业三位一体的体制造成的。民政和体育部门既是彩票的发行经营主体，又负责指定本部门的彩票管理制度和财务制度，兼有经营和行政管理双重职能。市场经济条件下，这种体制导致福利彩票和体育彩票各执行一套发行管理办法和财务制度，这些办法和制度体现着不同部门利益，财务制度在会计处理方法和程序上差异较大，有的规定明显不符合一般会计原则，比如对发行费用和使用范围规范不严，发行费用节余经常被用于补充彩票发行机构主管部门的经费；风险基金的提取和对弃奖资金的处理规定各不相同。这种互不相同的制度规定，使得财政部门的监管缺乏统一的标准和依据。

（四）体育彩票种类单一，市场竞争力较弱

在国外，由于有诸多体育项目的彩票发行，体育彩票的种类繁多。美国等西方发达国家的体育彩票多是与某项体育赛事直接相关的竞猜型彩票，乐透型彩票只占了很小一部分，有的国家的体育彩票发行管理机构甚至是只发行竞猜型彩票。竞猜型体育彩票是以体育比赛为载体的彩票，是真正意义上的体育彩票，其发展较快，投注额较大。而我国自正式统一发行体育彩票以来，体育彩票公益金收益基本全部是由即开型和电脑销售两种方式销售的。其中即开型体育彩票因销售过程中的透明度始终难以得到保证，特别是“西安4·20宝马案”之后，相关部门制定了限制其销售的政策，使得即开型体育彩票已基本退出市场；其中电脑型体育彩票主要是乐透型和竞猜型。累计发行体育彩票收入中与赛事博彩相关的竞猜型体育彩票所占份额较少，基本与体育赛事博彩产品无关。虽然我国自2001年开始在北京、广东、江苏等部分省市试点发行足球彩票，2001年前9期销售额达13.3462亿元，显然，竞猜型体育彩

① 刘苏、陈陨：《对我国体育彩票法律规制的思考》，《首都体育学院学报》2009年第7期。

票在我国具有巨大发展潜力，但其游戏规则和竞猜体育彩票市场的管理方法、法律制度几乎一片空白。可见，我国的体育彩票没有与各类体育项目结合，没能将运动项目比赛的观赏性、竞争性、结果不确定性与体育彩票的竞猜性结合起来，未能将市场价值较大的体育运动项目引入我国体育博彩业的经营范围，没能根据体育彩票发行的现状、市场需求随时增加新品种和创新玩法，单一的体育彩票类型使其缺乏市场竞争性。

（五）彩票的同质性较强，恶性竞争加剧

目前，中国福利彩票发行中心和中国体育彩票发行中心及其下属机构是我国两家合法的彩票发行机构，分别负责福利彩票和体育彩票在全国的发行。两个机构发行的各种彩票品种虽然叫法不同，但从彩票的基本玩法和游戏规则、销售方式与购买对象看，实际上都属于相同的彩票类型。除了足球彩票是体彩中心一家发行外，其余即开型、传统型、乐透型和数字型彩票由两家机构同时发行。虽然我国的彩票市场结构与英国一样都是双寡头的直接竞争模式，但我国彩票市场的同质竞争程度比英国更加严重。发行体制政企不分，两大彩票发行机构分别隶属于民政和体育行政部门，彩票的发行工作直接受各级民政和体育部门的指导和保护，彩票监管机构的监管形同虚设；两大发行机构的销售网点相伴设立；不同类型的彩票规定相同的返奖比率，此“彩票类型”不是通常说的一个具体的彩票产品，而是根据彩票的游戏规则和开奖方式等方面的基本特点划分的五种基本类型：传统型、即开型、乐透型、数字型和竞猜型（足球彩票）。原则上讲不同彩票类型的目标消费者的偏好是不同的，为了满足这些消费者的不同偏好，作为游戏规则重要要素的返奖率应该有所不同，才能使购买彩票的顾客的偏好得到满足。以上因素导致我国各地两个彩票机构恶性竞争的同质化和白热化程度加剧。

（六）体彩市场秩序混乱，私彩问题严重

由于中国体育彩票发展轨道上走的是“先发展，在发展中针对具体情况再立法”的道路，体现了体育彩票法治滞后理念，导致了彩票市场中非法和私人彩票以及其他非法行为和手段的产生。一些地方监管不严、打击不力，甚至公私勾结，纵容私彩发行，严重影响了彩票市场的秩序。立法滞后性为私人彩票、非法彩票、彩票市场中非法手段和行为的滋生提供了可能。近年香港、澳门的“六合彩”“赌马”“赌球”（世界杯和欧锦赛也是足球赌博的重要赛事）、“赌恒生指数”和其他合彩都对内地正常的体育彩票市场产生了巨大冲击，因为非法彩票返奖率高，投注方式多样、灵活，加之对赌博犯罪的取证难、认定难、量刑偏轻、打击力度较小等原因，造成了非法彩票的蔓延与猖獗。

四 建构体育彩票立法规制模式的思考

（一）推进《彩票法》立法工作，力行体育彩票有法可依

彩票起源于西方，目前在世界上开展彩票发行的150多个国家和地区中，大多数国家完成了博彩立法，西方已有相当数量的发达国家完成了彩票立法体系的建构，例如，美国彩票立法由各州自行制定，较著名的有肯塔基州、路易斯安那州、新泽西州和加利福尼亚州的彩票法；日本有《中彩金付票证法》；英国有《1993年国家彩票业法》；法国有《取缔随机性游戏法》；瑞士有《彩票与职业赌博联邦法》。这些国家在彩票立法技术方面值得我国借鉴。而我国目前体育彩票发展总体较好，但由于立法严重滞后，一旦出现问题，现行管理规定只能作为一般政策性依据而不能作为法律意义上的依据，因而诸如“私彩”这类违法事件屡禁不止。

随着我国彩票业的发展，《彩票管理条例》已经不能满足彩票行业发展需要，需要推进《彩票法》立法工作，《彩票管理条例》细则规范也要逐步完善。应借鉴西方发达国家的先进立法经验来加强彩票业相应的法律制度建设，建构彩票业相关的立法体系，健全彩票业监督体制，完善彩票业管理，研制与法治市场经济相适应的统一的《彩票法》，将体育彩票纳入《彩票法》调整，以此来界定体育彩票发行管理和销售的主体资格和职责、彩民权力和义务，明确体育彩票的制造、发行、销售和购买、兑奖、纠纷解决方式等流程；甚至有必要在《彩票法》中规定出现纠纷后寻求救助的途径，规定纠纷双方的举证责任等，这样不仅有

助于彩票纠纷的及时有效解决，而且增加了在司法层面的可操作性；建立一个完整的法律制度体系，包括对彩票发行中出现问题的法律纠纷裁决体系，彩票发行过程中的技术规范，彩票资金的使用规范以及市场监督规范等。借此来防止体育彩票滥发和擅自批准发行、非法承销和印刷问题，保证体育彩票发行销售的安全，保护彩民的合法利益。

（二）设立独立的体育彩票监管委员会

虽然国务院规定财政部是彩票的监管部门，但国家体育总局实际上分享了彩票监管的部分权力。财政部在制定与体育彩票有关的政策与规章时需要与国家体育总局协调方能得到较好的贯彻，地方体育彩票发行企业出现了违反体育彩票政策的行为很难得到及时有效制止；体彩公益金的分配与使用方向为体育行政部门掌控，财政部很难对其使用效果进行监督。为此，成立独立的体育彩票监管委员会很有必要，将主要由财政部和国家体育总局的监管权移交给体育彩票专门性的监管机构。体育彩票监管委员会通过研制能切实有效地对彩票发行、资金分配和使用的额度全程进行有效监管法规政策，提交财政部审批。财政部授权体育彩票监管委员会独立依法行使监管职能，具体对体育彩票发行销售行为和规则、体育彩票承销商和印刷商资格、体育彩票公益金收缴分配和使用等进行审核。

我国现有的彩票监督管理体制，带来了严重后果：发行机构所依附的体育部门也承担着部分监管职能，很多时候自己做自己的“法官”，具有仲裁者的意味。据此，有必要建立专门的彩票监管机构，加强对彩票业的监控，建立一个类似于证监会、银监局的超脱于部门利益的专门监管机构——“彩监会”[①]，并制定一系列权威性的监管规则，使彩票事业的监督管理走上制度轨道。同时，尽量排除政府和各部门的非法行政干预，保证体育彩票市场自由、健康地发展。

---

① 宋海辉：《对我国体育彩票立法若干问题的初探》，《齐齐哈尔师范高等专科学校学报》2007 年第 3 期。

（三）确立政企分离市场化运营模式，压缩发行成本

目前，我国体育彩票的管理体制正向市场经济运作方式过渡，为了减少彩票的经营成本，最有效的手段就是尽快改变体育彩票的经营管理模式。首先，实行即开型彩票的印制、电脑彩票的技术规范及中央数据库由财政部门统一掌管。其次，尽快实行体育彩票行政管理部门与销售机构相分离，政府体育行政部门管发行，企业管销售市场化模式，并在具体的管理过程中要严格执行统一发行、统一印刷、统一销售管理的“三统”规定；定额度、定方向、定玩法的“三定”准则；严肃法纪、严格管理、严惩重奖的“三严”方针。第三，公益金实行通过审计、监督、检查，减少流通领域；降低发行成本，提高中奖金和公益金的数额，确保我国体育彩票的管理体制和运行机制走上科学化、规范化、法治化的发展轨道，维护体育彩票市场的公平、公正性。

与垄断模式相比，竞争模式能有效地刺激彩票产品创新和技术创新，从而降低彩票发行成本。英国、美国、加拿大和澳大利亚 4 国的彩票发行成本证明，竞争性的彩票发行与销售体制能够有效地降低彩票发行成本。例如，英国国家彩票的发行成本最低，发行成本占销售收入的比重仅为5%，而美、加和澳三国分别为5.8%、6.4%、6.4%[①]。这些国家允许许多机构通过特许经营权来发行各种合法的彩票，诚然，这些彩票与国家彩票存在着程度不同的竞争，但可间接地抑制彩票成本的上升，推动国家彩票的创新。我国应改变体育彩票发行与销售归结为一个机构垄断的模式，并根据彩票的特点、销售方式、游戏规则的不同，把不同类型的体育彩票划分为相对独立但又有一定替代性的市场，构造一个间接竞争的彩票市场结构。

（四）立法应明确体育彩票信息披露内容

信息披露制度是证券法制度的核心，它是指证券发行和证券交易过程中，依法真实、完整、准确和及时地将有关信息向证券管理部门、投

---

① 李海、丁英俊：《国内外体育彩票发展现状的比较研究》，《西安体育学院学报》2001 年第 1 期。

资者予以公开以便于证券管理部门和投资者做出投资价值判断的法律制度。因而，体育彩票同样也可通过立法引入信息披露制度①。

为了维护体育彩票市场的公开、公平、公正，保护彩民的合法权益，体育彩票信息披露的主要内容至少应包括两个方面：一是对体育彩票发行与销售的信息进行披露。这些信息包括以下方面：在发行与销售前，要将彩票名称、发行机构、发行数量、发行期限、彩票面额、奖金的额度、游戏规则、设奖兑奖方法、奖金的累积情况等信息，明确地在发行地主要媒体上公布。② 在发行与销售中，应将整个过程进行录像，尤其是即开型彩票，应从装箱到抽取直至兑奖的整个过程都要录像，并且允许媒体到现场监督。发行与销售结束后，要将实际发行量、中奖情况和彩池累积情况及时地在发行地主要媒体上公布。二是对体育彩票公益金分配使用的信息进行披露：要选择由中国人民银行认定的会计师事务所对彩票发行与销售总额、销售收入分配、公益金划拨与使用及节余等进行审计，并定期将审计结果在主要媒体上公告，以加强对彩票发行、公益金使用的监督。

（五）探索体育赛事博彩产品开发，重新确定体育公益金分配使用方式

体育彩票与体育赛事有着紧密的联系，发达国家发行的体育彩票绝大部分是以体育比赛为载体的竞猜型彩票，乐透型彩票只占了很小的一部分，有的国家的体育彩票发行管理机构甚至是只发行竞猜型彩票，这不仅对于推动体育竞赛表演业的发展有重要作用，而且有利于吸引更多的人关心体育比赛活动。比如，很多国家发行足球彩票就吸引、培养了大量球迷，足球比赛的观众数量多，从而推动了足球的发展。美国的足球、篮球、棒球、橄榄球、拳击、网球项目等都发行彩票，体育彩票业年收入近40亿美元；法国有赛马、足球彩票；意大利有足球、赛马彩票。因为西方发达国家的体育赛事博彩产品除了具有投机性、冒险性外，还具有比较强的娱乐性、趣味性，需要一定的智力，所以对彩民具

① 国家体育总局：《2003年度体育彩票公益金使用情况公告》，《中国体育报》2004年9月9日。

② 沈源生：《我国体育彩票立法的现状及对策研究》，《怀化学院学报》2008年第8期。

有比较大的吸引力。如意大利的 Totocacio 和 Totogol 两种足球彩票就是其国家所有彩票销售中最火爆的一种。意大利经常购买足球彩票的人数约占国家人口总数的 1/4，每期销售量约有 5000 多万张，几乎平均每个意大利人购买 1 张彩票，每年发行量高达 20 多亿美元，占所有体育彩票销量的 90%。而我国自 2001 年虽然在部分省市试点发行了足球彩票，但其游戏规则和足球彩票市场的管理方法很不健全。竞猜型体育彩票只占了体育彩票市场相对较小的市场份额，大部分市场份额被乐透型体育彩票所占据。

针对我国体育彩票种类少的现状，建议应学习和借鉴国外的先进经验，积极开发一些与体育项目或各大型赛事相联系的竞猜型体育彩票，并将更多的体育赛事引入竞猜的范围，开发出体育赛事博彩产品的巨大潜力，适合不同消费层次的需求，但依据发达国家的经验，体育赛事博彩的健康发展，离不开法律的有效保障。发达国家凭借相对健全的法律制度来保证竞猜型体育彩票的载体——体育比赛的纯洁和公正，进而促进了体育赛事博彩产品的销售。例如，英国有以《1993 年国家彩票法》和《1998 年国家彩票法》为主的十分完备的体育彩票法律体系；美国政府对体育博彩持有非常慎重的态度，依靠相对健全的法制保障体育比赛的纯洁性，防止博彩导致比赛失去公正性，破坏体育比赛纯洁的事件发生。为此，我国急需立法规制运动员、体育官员、执法人员从事体育赌博活动，严厉打击体育比赛中的贿赂活动，维护体育比赛的公正性和合法性，使体育比赛结果不被操纵，使广大彩民相信比赛结果公正，提高彩民对体育赛事彩票的信心、兴趣和购买热情。

政府通过发行彩票来筹集体育公益金以解决政府在体育领域的投资不足，是世界各国发行体育彩票的主要目的，因而体育公益金的分配使用方式也就成为了各国彩票立法的重要内容之一。根据我国现行体育彩票立法的规定，我国体育彩票的公益金是部分用于体育事业，部分纳入财政收入的混合使用方式，然而这种方式不太合理。所以，我国应通过立法重新确立体育彩票公益金的分配使用方式。

我国体育彩票发行正处于初级阶段，体育彩票业的本质属性是博彩业，属于特种行业，市场需进一步培育和规范。通过立法，加强对其宏观调控和对体育彩票市场的管理，建立健全相关的法律法规，逐步使体育彩票成为促进公益事业发展的有效手段，使体育彩票走上良性的发展道路，建立公平公正的体育彩票市场化运作机制。

中国运动员商业权益保护的法律实务研究

吴　丹　季列夫*

摘要　我国体育产业正处于蓬勃发展的阶段，特殊的国情对于我国运动员商业权益的保护提出了特殊的要求。本文首先分析了我国运动员商业权益诉求的特殊性，和运动员身份的复杂性。“举国体制”的持续影响导致我国运动员商业开发权益的归属争议较大。由此，对于运动员商业权益的侵害也可能从多个维度产生。针对不同维度的侵害，本文在借鉴国内外案例的基础上，以分析其解决途径。在此基础上本文对我国运动员商业权益保护方面的立法完善以及纠纷解决机制的构建提出了一定的建议，并对律师在此领域所能起到的作用提出了希冀。

关键词　商业权益；举国体制；救济途径

2019 年 1 月，国家统计局和国家体育总局联合发布公告，公告显示，2017 年全国体育产业总规模（总产出）为 2.2 万亿元，增加值为 7811 亿元[①]，离《体育产业发展“十三五”规划》中的“3 万亿总规模”，产业增加值在国民生产总值中占比“1.0%”的目标又迈进坚实的一步。

---

* 吴丹，华东政法大学法学学士，英国爱丁堡大学体育管理专业硕士，浙江六和律师事务所律师；季列夫，南京大学宪法学与行政法学硕士，浙江六和律师事务所律师。

① 中华人民共和国中央人民政府网站，http：//www.gov.cn/xinwen/201901/08/content_5355941.htm。

发达国家的竞技体育产业已形成了业余体育和职业体育两大子产业，以美国为例，其两大子产业形成了运转良好并相辅相成的模式。学校体育为大型综合性运动会（如奥运会）和职业联赛输送大量人才，并诞生了久负盛名的四大职业体育联盟。中国体育产业从百废待兴到蓬勃发展，不过70年的时间，而中国的特殊国情和文化特性孕育了自身独特的发展模式和奇特现象。

本文将结合我国运动员身份的特点以及国内体育法律服务的现状对我国运动员商业权益的保护做系统论述。

一　运动员商业权益

1995年颁布的《中华人民共和国体育法》是目前规范和维护运动员权益的基本法律依据。然而该法律条文的制定大多是纲领性、原则性的规定，在经过二十余年的发展演化后，很难适应日益变化的体育市场需要，也无法满足运动员日益增长的权益诉求。

有鉴于此，2006年国家体育总局颁布了《关于进一步做好运动员社会保障工作的通知》，2010年国家体育总局、教育部、财政部、人力资源和社会保障部联合颁布了《关于进一步加强运动员文化教育和运动员保障工作的指导意见》等一系列指导性文件，力图对运动员的权益进行保障。但前述规定更偏重对运动员文化教育、社会保险、退役安置等领域的保护，而对商业领域的权益保护鲜有涉及。

基于笔者的观察，我国运动员的商业权益诉求主要包括以下几个方面。

首先，表现在运动员与用人单位之间的关系上。运动员劳动合同纠纷应归属于《劳动合同法》。[①] 但基于运动员职业的特殊性和复杂性，实践中无法完全依照该法执行。

其次，运动员的无形资产纠纷是运动员与用人单位之间发生冲突的

---

① 杨海东、王一博、邱金芝：《我国职业运动员权益诉求的障碍和突破》，《体育文化导刊》2018年第7期。

主要来源。原国家体委1996年颁布的《关于加强在役运动员从事广告等经营活动管理的通知》（以下简称505号文）这一被废止的旧文件精神在实践操作中一直被延续。运动员无形资产的归属以及商业利用的方式是本文讨论的重点。

二　中国运动员身份的特殊性

（一）业余体育和职业体育

1. 奥林匹克运动

现代奥林匹克之父顾拜旦“复兴奥林匹克运动”的初衷是“一切体育为大众”，业余原则自现代奥林匹克萌芽之时即已生根。1933年颁布的《国际奥委会和现代奥运会》是第一部拥有完整英文版本的《奥林匹克宪章》,[①] 该文件明确了“国家奥林匹克运动会……负责解决争议并保持（运动）纯业余性”“每一个参赛者必须根据单项国际体育联合会的定义属于业余选手，并不得为所从事的运动或其他运动的专业选手，且不得就工资损失获得任何补偿”[②] 等业余原则。

虽然1980年代表大会上，《奥林匹克宪章》中删除了有关“业余原则”的规定，1988年开始，职业网球选手、NBA巨星相继出现在奥运会赛场上，但2018年颁布的最新《奥林匹克宪章》中依然保留了“从事体育运动是人的权利，每一个人都应享有从事体育运动的可能性……”的奥林匹克主义的基本原则，而这正是业余体育所倡导的理念和宗旨。从某种意义上说，奥运会仍是业余体育运动的最高表现形式。

2. 职业体育

职业体育和业余体育两种体制、观念的碰撞和较量堪称奥运百年史一道风景线，但分庭抗礼的面纱下，双方之间并非泾渭分明。

---

① 注：根据国际奥委会官方网站《奥林匹克宪章》（https：//library. olympic. org/default/olympic-charter. aspx? _ lg = en-GB），1908年、1911年、1921年、1923年、1924年的《奥林匹克宪章》只有法文版本，1930年只有部分英文内容。

② 资料来源：国际奥委会官方网站，https：//www. olympic. org。

一方面，职业体育往往是业余体育发展市场化的产物。如英国草地网球协会最初坚守业余主义原则，但随着社会和经济发展，人才的流失和竞技成绩的下滑，使得英国草地网球协会最终向职业化妥协。同时，也将温布尔登网球公开赛发展为最有商业价值的职业赛事之一。

另一方面，职业体育和业余体育的内涵和外延并不清晰。最直观的争议就是对于举国体制下的运动员应归属于哪一类。有观点认为这类运动员应当属于业余选手，因为他们没有任何的商业赞助；而相反的观点认为，这些选手都是职业选手，因为他们在事业期可以不从事其他工作，有固定的收入来源。《新华字典》对于职业的定义为“个人服务社会并作为主要生活来源的工作”，《元照英美法词典》对职业的定义为“需要专门技能，尤指需要较高教育水平”。显然由国家支付报酬的选手应当属于职业选手，但事实上奥运会从未阻止过这些选手参赛。

职业体育的定义和内涵未形成统一的定论，也并未在中国任何法律层级文件中出现，但就其“商业性”的本质属性已达成共识。

（二）中国体育的举国体制

“举国体制”并非体育的专有名词。《中华人民共和国国民经济和社会发展第十三个五年规划纲要》就强调在科技创新重大关键项目上发挥市场经济条件下新型举国体制优势。举国体制被世人熟知，正是因为其是我国奥运战略不可动摇的基石。

虽然自2008年北京奥运会雄踞金牌榜首位以来，国人对奥运金牌的认识开始趋于理性，各种职业化的呼声持续不断，但举国体制仍然是中国体育的重要方针。

中共中央、国务院于2002年下发《关于进一步加强和改进新时期体育工作的意见》，明确提出要“以新世纪我国在奥运会等重大国际比赛中取得优异成绩为目标，进一步发挥社会主义制度的优越性，坚持和完善举国体制”；国家体育总局在备战东京奥运会、北京冬奥会工作中同样强调发挥举国体制的优势。甚至在职业化程度极高的足球领域，国务院办公厅2015年发布的《中国足球改革发展总体方案》依然强调

“举国体制与市场机制相结合”。

（三）中国运动员身份探究

原劳动部出台的《劳动部关于界定文艺工作者、运动员、艺徒概念的通知》对国内运动员的身份做出了概念界定，即运动员系指专门从事某项体育运动训练和参加比赛的人员。

如前所述，举国体制背景下，除极个别项目和运动员外，中国并没有所谓的“职业体育”和“业余体育”之分，更贴切的称呼是“专业运动员”。中国商业化价值最高的几位运动员中，刘翔和孙杨由国家供养、姚明登陆 NBA 和李娜单飞之前也都是国家培养，只有丁俊晖可以称得上真正的职业运动员。

中国大部分运动员都经历了地县级业余体校到省级专业运动队到国家集训队“一条龙”的成长之路。但随着中国体育事业的蓬勃发展，运动员的身份也开始复杂化。

鉴于运动员市场价值的根基是竞技成绩，全国比赛是其必经之路。根据原国家体育运动委员会于 2003 年颁布的《全国运动员注册与交流管理办法（试行）》，运动员参加国家体育总局主办的全国综合性运动会和全国单项比赛必须经有注册资格的单位进行注册，各省、自治区、直辖市、新疆生产建设兵团、解放军、行业体协及经过国家体育总局、全国性单项体育协会或运动项目管理中心批准认可的参加全国成年、青年和少年比赛的单位是具有注册资格的单位（香港和澳门除外）。根据该规定，运动员既可以同时拥有前述注册资格单位身份和俱乐部运动员身份，又可同时拥有前述注册资格单位身份和学生身份。前者一般根据运动员的编制情况由运动员和职业俱乐部签署劳动/劳务合同，双方之间形成劳动/劳务关系，后者一般分为学生运动员和运动员学生。也即，运动员可以同时拥有体制内外之身份。

运动员作为中国代表团成员的身份问题也颇为值得研究。中国奥林匹克委员会（以下简称中国奥委会）是代表中国参与国际奥林匹克事务的非营利性组织，受国家体育总局、民政部社团登记管理机关的业务指导和监督管理。

《中国奥林匹克委员会章程》第7条第3款载明，其主要职能包括“全权代表中国组团参加地区性的、洲级的和世界性的综合体育赛事……在有关全国单项体育协会的合作下，选拔运动员组成中国奥林匹克代表团（以下简称中国代表团）参加上述运动会，并为该团提供必要的费用和体育装备”。也就是说，经中国奥委会选拔产生的集结了各运动项目运动员的中国代表团，形成了一个新的主体。从法律关系上来看，运动员和中国奥委会就其成为中国代表团的一员参加大型运动会实为形成了劳务关系。运动员与中国奥委会之间的劳务关系理应受民法和合同法调整，但在实践中却并不存在这样的劳务合同，中国奥委会更多地表现为一个行政管理者。

三　运动员的商业开发权利归属

中国的竞技体育处于并将长期处于从体制化向商业化转型的过程中，政府的不放手和市场的不成熟，再加上运动员自身能力的欠缺，导致运动员的商业价值开发大多数由国家统一管理。虽然以国家体育总局为首的各级体育主管部门尝试各种不同的改革，但由于官本位的思想和政府对体育的期望，收效甚微；2018年网上一份《中国国家队联合市场开发方案》更是令人“不寒而栗”。下面，将在现有法律和政策框架下对中国运动员几种常见身份的商业开发做出剖析，以期抛砖引玉。

（一）国家队运动员

2006年，国家体育总局发布《关于对国家队运动员商业活动试行合同管理的通知》（以下简称78号文），并废止505号文，从国家体育总局层面整体构建了运动员无形资产开发权的归属由合同约定而非行政管制的架构。这标志着体育总局在运动员无形资产归属问题上，由“在役运动员的无形资产属国家所有”的行政管制时代进入合同约定时代。

该文件规定各运动项目管理中心或单项运动协会（以下合称管理单位）应当“与进入国家队的运动员签署相关合同，对国家队运动员商业活动进行管理……明确约定管理单位与运动员的基本关系及相关权益的处置”，并在附件提供了《国家队运动员商业开发合同》的参考文本，合同的第2条第3款中载明，乙方（运动员）在国家队期间，可选择“以国家队运动员身份的商业开发权归甲方（管理中心或协会）所有”或“和以个人身份的商业开发权归甲方所有”。即无论如何，运动员以国家队成员身份进行活动时，其商业开发权均归管理中心或协会所有，行政部门负责国家队运动员商业开发的本质并未改变。更为甚者，据笔者向某运动员核实，其从未签署过该份合同，更从未按照合同约定收取过任何商业开发收益，以管窥豹，对于大部分国家队运动员来说，《国家队运动员商业开发合同》可能形同虚设。

各管理单位的职责之一是国家队的队伍建设和国家队运动员的培养和管理，这其中就包括对运动员商业活动的管理，而实践中各管理单位往往扩大管理导致行政权的滥用。

比如，里约奥运会前夕，游泳队当红小生宁泽涛被传因私自接拍国家游泳队赞助商竞品广告而被取消参赛资格。虽然最后搭上了里约的末班车，但其成绩的下滑乃至26岁即退役的结果显然与此阴影分不开。

值得一提的是，2010年中国游泳队无视78号文，径直宣告“国家游泳队在役运动员的无形资产属国家所有”（《国家游泳队在役运动员从事广告经营、社会活动的管理办法》）。

（二）中国代表团运动员

如前所述，管理中国代表团的机构不是各个管理中心或协会，而是中国奥委会。而《国家队运动员商业开发合同》第2条第5款中载明：“商业开发活动应当遵循中国奥委会及国际奥委会市场开发计划，保证上述计划不受任何其他商业开发活动的影响”。可见，中国代表团运动员的商业开发权属于中国奥委会，其行使商业开发权不得影响国家奥委会的市场开发计划。

从上述规定可以看出，2018年雅加达亚运会闹得沸沸扬扬的孙杨代言门事件法律上并无多大争议，即若未就78号文中的示范合同条款做出过变更，纵使孙杨与361°有约在身，也不应影响中国奥委会及中国代表团与安踏的合作关系。

（三）俱乐部运动员

虽然中国目前已经拥有了足球、篮球、排球、乒乓球、羽毛球等单项的职业联赛，但在一定程度上只有足球和篮球联赛属于真正意义上的职业联赛。其他联赛的运动员仍然以体制内的身份为主，与俱乐部签署的多为劳务合同。无论是劳务还是劳动合同，关于市场开发权多会在合同中予以约定，权利的让渡以及权利的“度”都需要非常明确。

（四）体校、体工队

中国大部分运动员的身份基本上都依附于体校或者体工队，就非国家队运动员及国家队运动员以个人身份进行商业开发的行为“法无禁止即可为”，但以举国体制的传统，体校、体工队承担了运动员的成本，自然也不会放弃其成名后的权利，这一类的商业开发权归属一方面取决于其与运动员之间的合同，另一方面也取决于各级体校和行政机关之间利益的博弈。

（五）未成年运动员

未成年运动员是竞技体育中的重要存在。根据《中华人民共和国民法总则》第18条“十六周岁以上的未成年人，以自己的劳动收入为主要生活来源的，视为完全民事行为能力人”和第19条“八周岁以上的未成年人为限制民事行为能力人，……但是可以独立实施纯获利益的民事法律行为或者与其年龄、智力相适应的民事法律行为”的规定，虽然限制民事行为能力人可以从事与其年龄、智力相适应的民事活动，但是商业开发往往涉及较为复杂的民事活动，因此一般难以认定16周岁以下的未成年运动员具有相应的民事行为能力。

结合《全国运动员注册与交流管理办法（试行）》第8条“运动员法定监护人与注册单位签订的代表资格协议的终止日期不得超过该运动员年满16周岁的日期”的规定，16周岁以上的运动员可以行使其商业开发权。但无论是法定代理人还是运动员自行行使，依然无法摆脱前述四种类型的束缚。

四 权利受损的救济途径

（一）运动员商业利益受到侵犯的主要形式

如前文所言，不同类型和发展阶段的机构组织会以不同形式与运动员发生法律关系上的连接；而其侵犯运动员的商业利益的形式，也很大程度上取决于其与运动员发生关系的形式。笔者简单将其区分为商业开发程度较低的项目和商业开发程度较高（一般指职业化）的项目。

1. 商业开发程度较低的项目

该类项目以奥运会和世界大赛为导向，仍然采用偏行政化的管理模式。以国家队为例，通常情况下采取的是集体合同，统一开发的模式。该种模式显然会引发明星运动员与管理机构之间的矛盾。该等矛盾的缘起不仅表现在签订集体合同时不保障运动员的知情权和参与权；更为甚者，管理机构在处理矛盾的时候，基于其管理思路和官本位的思想，往往不会通过法律途径进行协商解决，而更多地采取内部处罚的方式，由此引发舆论的争议。

例如，前述宁泽涛事件中，国家队采取的措施是停训、写检查等自上而下的处罚形式，其间更出现了如食堂卡销卡、退宿舍这样带有闹剧性质的新闻。国家队的组织和管理人员，没有通过法律途径与宁泽涛进行沟通和协商，最终导致宁泽涛的被开除和被退役①。当然，宁泽涛海军体工队的单位背景在一定程度上更增加了这一问题的复杂性。这也是很多商业开发程度较低项目中运动员权益保护目前存在的困境。

2. 商业开发程度较高的项目

中国足球、篮球等领域，因为能够与国际先进发展水平相接轨，同时受到国际联盟规则的规制，逐步使用商业合同进行内部治理。在该类型项目中，往往体育俱乐部会与运动员订立专门的商业开发合同，通过商业合同对运动员与俱乐部在形象权使用和收益领域进行约定。此外，

① 《宁泽涛事件成为了一桩悲剧，个人对抗集体难以成为胜利者》，凤凰网，http：//sports. ifeng. com/c/7lAaA8ulXir。

因为体育联盟对运动员限薪或者对体育俱乐部财务平衡等方面的规定屡见不鲜，通过商业开发合同对前述规定的限制加以规避，也是颇为常见的手段。[①] 在此情况下运动员和体育俱乐部可以就因合同履行所引发的纠纷，通过司法途径解决。当然，受到客观发展阶段的影响，职业化的领域仍然面临着反复。例如在足球领域就出现了诸如国家集训队模式的反复。为了规避体育联盟或者体育协会规制的阴阳合同也是一大顽疾。

值得一提的是，“国球”乒乓球虽然并非公认的职业运动，但自20世纪90年代开始国内就有各种俱乐部赛，发展至今的超级联赛更是形成了独特的风景线，与中超联赛的“烧钱”引援不同，乒超联赛主要是以其实力吸引海外兵团的加入。然而国内许多运动员因其运动员的编制等原因，与俱乐部形成的并非是劳动合同关系，而是劳务合同、雇佣合同，但在实践中不仅本人会对身份的法律性产生偏差，劳动仲裁委、法院也往往会混淆法律关系互相推诿，以致不少运动员的纠纷解决无门。

3. 个人模式运动员以及退役运动员

个人模式运动员及退役运动员大多采用专门合同形式对自己的商业开发进行授权。前者例如丁俊晖的商业开发一般由其经纪人与赞助商单独协商签约。[②] 得益于斯诺克的高度商业化，丁俊晖的商业开发十分成功。后者中较为成功的例子是吴敏霞。退役后的吴敏霞独立成立工作室，并与专业体育经纪公司签约。在经纪公司策划下，吴敏霞获得了诸如商业代言、电视节目等诸多商业合同。[③] 因此由此引发的纠纷也基本可以围绕着合同的违约责任进行界定。

（二）主要救济途径

1. 诉诸舆论

仍以宁泽涛事件为例。因为缺乏有效的纠纷处理途径，在该事件中

---

① 宋雅馨：《运动员形象权的域外法律实践研究》，《体育成人教育学刊》2019年第1期。

② 《丁俊晖商业价值超千万》，网易体育，http：//sports. 163. com/14/0406/03/9P48NHH500051CAQ. html。

③ 《赛事、营销、经纪、产品……看星烁体育如何撬动万亿体育市场》，搜狐网，https：//www. sohu. com/a/154245303_ 118792。

更多地体现为通过媒体舆论的交锋来推动矛盾的发展。央视体育频道“体育人间”栏目播出的纪录片《转折点——宁泽涛》为宁泽涛带来社会舆论的普遍同情。但另一方面，由于我国媒体与行政机构的特殊关系，导致在此后的媒体系统批评之下，作为个体的宁泽涛缺乏有效的反制措施。这也在某种程度上导致了宁泽涛职业生涯的提前终结。

2. 体育主管部门和体育协会

作为运动员和体育俱乐部管理者的体育主管部门和协会，显然是商业权益纠纷的直接解决机构。但需要注意的是，“单项体育协会”在505号文中即是运动员商业活动的直接经办和管理单位。在体育主管部门、体育协会直接与运动员权益发生冲突的前提下，运动员不得不诉诸其他途径寻求救济。

3. 国家奥委会

国家奥委会在批准参加国际比赛和决定运动员参赛资格方面具有专属的管辖权，这与运动员商业权益之间存在一定的直接关系。国家奥委会还曾经在商业开发领域制定一系列规章。如果纠纷发生在国家队与运动员之间，很可能会受到国家奥委会的规制。

4. 国内法院和国内仲裁机构

《国家队运动员商业开发合同（参考文本）》中对于纠纷直接约定由“北京市仲裁委员会进行仲裁”。作为我国纠纷解决的两个主要途径，在尚未建立专门体育仲裁机构情况下，通过普通的法院和仲裁机构进行纠纷解决，也应当是法制国家的题中之义。

5. 国际体育仲裁院（CAS）

国际体育仲裁院（CAS）位于瑞士洛桑，是体育争议解决国际仲裁机构。2012年国际体育仲裁院在上海设立了上海听证中心，是其在亚洲设立的首个听证机构①。近年来见诸报端的国际体育仲裁院案例以中超俱乐部与大牌外援之间的纠纷为主，国内运动员的争端相对较少涉及。

上海申花足球俱乐部与德罗巴之间的纠纷中，上海申花足球俱乐部

① 《中国不该成为体育仲裁的盲区》，网易体育，http：//sports.163.com/15/0624/10/ASSAMBIC00051C8U.html。

不服国际足联裁决，随即上诉至国际体育仲裁院。[①] 天津权健足球俱乐部也因欠薪与转会问题与莫德斯特互相诉至国际体育仲裁院。[②]

6. 瑞士联邦最高法院

虽然国际体育仲裁院有体育界的“最高法院”之誉，但其裁决仍然有司法审查的救济途径。因为国际体育仲裁院裁决是依据瑞士联邦国内法，因此瑞士联邦最高法院有权行使司法审查管辖权，有权撤销国际体育仲裁院做出的仲裁裁决。

王炜等游泳运动员与国际泳联之间的矛盾，最终即上诉至瑞士联邦最高法院。[③]

五　商业权益保护的案例研究

（一）国内商业开发和权益保护的成功案例

姚之队模式是近年来比较成功的商业权益保护团队案例，并被此后如丁俊晖等人的团队所仿效。

王晓鹏是姚明的顾问律师，也是姚之队的核心成员之一。王晓鹏律师利用其法律知识为姚明商业权益的保护做出了突出贡献，其主导的与上海东方大鲨鱼俱乐部的谈判深入细致，甚至将姚明受伤的潜在影响、未来利率、通货膨胀等因素都考虑了进去。[④] 而为了解决姚明与篮协之间的矛盾，由其参与协商，通过协议方式，以姚明与篮协分享个人部分商业收益的做法，来获取加盟 NBA 后对其肖像权商业开发的自主权。[⑤] 王晓鹏代理的姚明诉可口可乐公司肖像权姓名权案，在当时成功突破了

---

① 《体育仲裁法庭月底将召开申花与德罗巴纠纷听证会》，新浪体育，http：//sports. sina. com. cn/j/2015 -01 -22/17297493238. shtml。

② 《天海和莫德斯特还没完！闹到仲裁法庭 互索 3000 万》，新浪体育，http：//sports. sina. com. cn/china/j/2019 -02 -19/doc -ihrfqzka7111880. shtml。

③ 罗曲：《从案例角度论 CAS 裁决司法审查存在的问题》，硕士学位论文，湘潭大学，2012 年。

④ 任盼红：《体育产业化中体育经纪人的作用——以“姚之队”为例》，《吉林省教育学院学报》（学科版）2010 年第 8 期。

⑤ 《505 号文件成运动员卖身契　马家军曾为奖金兵变》，网易体育，http：//sports. 163. com/11/0904/08/7D3GMSO600051CAQ. html#from = relevant。

505号文关于集体肖像权的规定，以和解撤诉方式维护了姚明的商业权益。[①]

（二）国外商业开发和权益保护的成功案例

由于社会和市场发展阶段的不同，今天孙杨、宁泽涛等人所面对的纠纷和困局，美国等先进国家也曾经面对过。

以乔丹为例。1992年巴塞罗那奥运会上，锐步成为美国奥委会的签约赞助商。锐步试图推动美国奥委会与参赛运动员签署行为守则，要求奥运奖牌获得者必须在颁奖典礼上穿着美国奥委会提供的服装。而美国国家篮球队（梦一队）中的主要成员乔丹、巴克利等人是耐克的签约球员。为了解决不同赞助商之间的矛盾，乔丹的幕后团队设计由乔丹等人身披美国国旗登上领奖台，以国旗遮掩锐步商标[②]。该做法为此后的运动员效仿，其中也包括孙杨。

由于乔丹团队对其赞助商耐克利益的维护，双方的合作得以进一步深入，耐克也据此开发了以乔丹形象为标志的air乔丹系列体育产品，乔丹由此获得了巨大的商业成功。

六　运动员商业权益保护未来发展的建议

（一）立法

1. 对于体育立法的迫切需要

我国现行《中华人民共和国体育法》中没有与运动员权益相关的条款，其他法律法规也缺少有针对性的条款。在职业体育发展过程中，当职业运动员个人利益与国家利益、俱乐部利益发生冲突时，当职业运动员在比赛中产生纠纷时，除了在职业道德、职业精神层面的评述外，很难找到与之对应的法律法规解决这些矛盾与冲突。

---

① 《姚明诉可口可乐公司肖像权姓名权案和解撤诉》，中国法院网，https：//www. chinacourt. org/article/detail/2003/11/id/89676. shtml。

② 《那一年奥运会的领奖台上，乔丹用国旗遮住了锐步的商标》，搜狐网，http：//www. sohu. com/a/251878887_ 503725。

职业运动员的合同纠纷归属于《劳动合同法》，但是由于职业运动员的特殊性质，并不能够完全按照《劳动合同法》中规定的内容执行。因此，应该尽快完善《中华人民共和国体育法》，在以后产生纠纷时，能够做到有法可依。

2. 国内体育仲裁制度的建立

国内体育仲裁制度载于《中华人民共和国体育法》第32条，但自该法公布至今已有二十余年，这一制度却始终未能建立。

从实践上讲，2012年，国际体育仲裁院即设立上海听证中心。国内的种种案例也实现了对国际体育仲裁的参与，留下了诸多良好先例。

因2022年冬奥会的需要，国家体育总局委托法大仲裁研究院开展了“体育仲裁与反兴奋剂法治”的课题研究[①]。冬奥会的临近产生了国内体育仲裁制度的迫切需求，有理由相信这一搁置二十余年的制度能够在冬奥会到来之际取得较大进展。

（二）确权和职业化改革

“举国体制”曾经被视为现阶段我国合理配置体育资源最有效的途径[②]。但随着社会主义市场经济的发展，特别是《国务院关于加快发展体育产业促进体育消费的若干意见》等一系列决策的做出，深刻要求着对于原有的举国体制、行政化管理的现状的改变。据此，从行政管理走向合同管理，从身份到契约，并最终将运动员商业权益的保护纳入司法途径，是当下的必由之路。

我国已经在足球、篮球等领域实践了职业化、市场化的改革。下一步应当是在已有的职业化领域引进国际先进管理理念，深化改革。而在还没有职业化的领域进一步实现职业化的试点。

在经过实践无法完全实现职业化的项目和领域，也应当进一步确权，区分运动员个人和国家队权益的边界。体育主管部门和体育协会应该强化自身的服务理念，不能够既当管理者又当裁判者。各体育主管部

---

① 《中国体育仲裁制度有望建立》，http：//sil. cupl. edu. cn/info/1042/1997. htm。

② 崔志翔、沈丽娟、张宏成：《中国竞技体育“举国体制”渐进式改革的再思考》，《体育研究与教育》2013年第1期。

门和体育协会，应当做到全流程的规范化和透明化，使得所有纠纷的管理和处理能够做到清晰明了，并实现与司法、仲裁途径的良好衔接。

（三）深化专业律师的作用

目前运动员通过委托代理措施进行权益保护主要包括体育经纪人代理和律师代理。[①] 但显然体育经纪人代理在履行前述职责的时候，更多偏向于运动竞技，对合同谈判、权益保障和纠纷处理方面相对有所欠缺。

律师基于《中华人民共和国律师法》赋予的特殊职业性质和地位，具备法律专业知识和法律专门性授权。因此，具备体育运动专业知识背景的律师某种意义上更能够深入保障运动员的商业权益。

七　总结

我国目前规制体育商业行为的基础性法律仍是1995年颁布的《中华人民共和国体育法》。由于长期以来的举国体制背景，运动员地位和性质具有特殊性。对于运动员的商业权益的归属存在一定的争论。但总体而言，运动员正逐步取得对自己商业权益的主导权。在此过程中，基于现有案例，是否有律师介入，以及律师介入时机、介入程度均是最终能否获得令人满意结果的重要影响因素。在维护运动员商业权益的过程中，立法的进一步完善和体育仲裁制度的建立显得愈发急迫。

笔者相信，随着社会主义市场经济的进一步发展，以及社会主义改革的深入实施，我国的体育产业必将实现布局合理、功能完善、门类齐全的发展目标，而作为其参与者和直接发展动力来源的运动员，其商业权益也必将得到良好的保护。

（本文成稿于2019年）

① 中国法学会体育法学研究会编：《中国体育法学十年（2005—2015）》，中国法制出版社2016年版，第391页。

体育赛事网络平台直播权问题研究

——基于新型权利理论

赵钰琼[*]

（浙江工业大学文化与法制研究中心）

摘要 近年来，体育赛事商业化程度不断加深，诱发了许多赛事直播侵权行为。在司法实践中，由于赛事直播权缺乏明确的请求权基础，导致不同地域不同层级间法院的判决理由与结论相互矛盾。故本文从网络平台赛事直播权利的定性问题切入，探寻其请求权基础，在对比分析现有权利实现途径的情况下，提出将赛事直播权作为数据财产权这一新型权利加以保护，并对其权利构成、权利内容以及在民法中的具体规制方式提出初步设想。

关键词 体育赛事直播节目；赛事直播权；新型权利

绪 论

（一）选题目的与意义

1. 选题目的

本文立足于信息网络环境下体育赛事直播的实践，就体育赛事网络平台的直播权展开讨论，目前看来，国内外的理论与实践尚未形成定论，如

---

* 赵钰琼，浙江工业大学文化与法制研究中心助理研究员，浙江工业大学法律硕士。

何选择权利客体、如何界定权利性质、如何选择保护路径等问题的争论在体育赛事直播节目的转播实践中常常成为问题焦点。从现有的司法实践来看，对于体育赛事的直播实践，不同地区法院、同一地区不同层级法院对于体育赛事直播权的权利基础和权利性质的认定都各不相同。

因此，本文从体育赛事网络平台的直播权切入，在辨析赛事直播权、转播权与赛事转播权的基础上，以现有的法律实践和学理研究为基础，通过其权利主体、权利客体、权利内容、权利性质、权利保护路径等，对比分析其与著作权法、民法、合同法等的适配性，对该项权利加以论证，并寻找合适的法律路径对该问题加以规制，以解决实践问题。

2. 选题意义

（1）现实意义

职业体育赛事相关权利，以体育比赛自身不断商业化的背景为前提，基于其自身的经济价值，而产生的相应的权利，无论是其法律性质的探讨、法律保护的寻找以及权利主体的确认，最终目的都是保护基于体赛事直播行业而产生的经济价值。[①] 该选题对于赛事直播节目的学理与实践现状进行讨论，给予体育赛事直播行业以维权之思考，有助于解决该行业目前的实践难题，同时也利于促进体育赛事直播这个新兴行业的发展。

（2）理论意义

本选题一方面，分析赛事直播侵权实践中的定性问题，在充分讨论其与现有权利的适配性后，对其进行对比分析。另一方面，结合新型权利理论，在前述分析的基础上寻求赛事直播权利在现有法律体系中的最佳保护路径，是在现有理论基础上的研究与尝试，有助于推动相关领域的立法与实践。

（二）文献综述

1. 国内研究现状

本文涉及了两个方向的理论研究，一是关于体育赛事直播节目的权

① 向会英：《比较法视野下欧美国家职业体育赛事转播权研究》，《成都体育学院学报》2019 年第 1 期。

利的研究与探讨，二是对新型权利的理论探索。

1.1 体育赛事直播权

在现有研究方面，学界更倾向于把赛事直播权，称为体育赛事转播权，但赛事转播权，并不能将其算作严格意义上的法律概念，其最早源于西方国家对于其体育比赛的电视转播的规定，当时被称为电视转播权，但基于信息网络技术的发展，该说法也由电视转播权变为体育赛事转播权、独家转播权等。我们通常所说的转播，是指由广播电台或者电视台播送别台的节目[①]，如卫视频道对中央电视台《新闻联播》的转播等；著作权法上的转播权可以表述为禁止或允许他人同时播出的权利。对比以上转播权，我们可以发现，此转播权非彼转播权，赛事转播权这一商业用途的概念能否直接在法律层面使用是有待商榷的。

对于赛事直播节目的讨论，首先集中在权利的主体客体上。就权利客体而言，理论研究中有以下三个观点：体育赛事、体育赛事节目画面、赛事直播信号。体育赛事节目本质上是一系列运动的画面，但又是基于信号而得以传播的，因而“画面”与“信号”成为主要的争议点。而赛事本身是否构成作品对于解决盗播行为问题并无实质影响。[②] 在赛事主体方面，传统的对于体育赛事直播节目权利所有者的讨论主要有两种观点，即某一主体所有或者几个主体共有。个体独有中，主要观点是体育赛事组织机构独有[③]、体育赛事协会和联盟所有或者是俱乐部所有。而在多主体共有的观念中，以俱乐部、赛事组织者共有为主要观点。[④]就现阶段而言，赛事主体研究的发展趋势是：体育赛事组织者与俱乐部共同拥有体育比赛及赛事节目所产生的财产权益。[⑤]

在权利的定性上，国内学者也做了很多讨论，主要有以下几种说

---

① 参见徐国东《互联网环境下体育赛事转播的法律保护研究》，南昌大学，硕士学位论文，2007年。

② 胡晶晶：《“信号”抑或“画面”之保护——体育赛事实况转播保护路径研究》，《北方法学》2019年第13期。

③ 参见吴雨辉《体育赛事转播权法律保护的新路径》，《知识产权》2018年第12期。

④ 向会英：《比较法视野下欧美国家职业体育赛事转播权研究》，《成都体育学院学报》2019年第1期。

⑤ 金雪涛、于晗：《英国体育赛事转播权营销分析》，《体育文化导刊》2011年第9期。

法：（1）契约权利说。[①] 赛事直播权通常源于转让协议或赛事章程，其产生方式源于契约。国际奥委会通过签订合同将奥运会的电视转播权转让给转播方可予以佐证。[②]（2）商品化权说。该观点认为，赛事直播是近年来不断商业化的产物，其具有独立的经济价值和类物权的权利内容，应纳入商品化权的范畴。[③]（3）表演者权说。该观点的持有者认为体育比赛虽然不是作品，但参赛运动员对于体育赛事这一非作品的参与，也可以构成表演，并由此而享受表演者权[④]。但在目前看来，我国暂不承认运动员的表演者地位。（4）著作权说。部分学者认为赛事直播中，摄制者与制作者在主观化记录和后期的创造性添加的过程中，已然为赛事直播画面添加了足够的独创性，使之可以达到著作权法规定的作品的范畴，从而受到著作权法的保护。（5）无形财产权说。无形财产说将赛事直播权看成一种私人财产，权利人能独占使用，并排除他人干涉，是绝对权，对世权。（6）复合权利说。该观点认为，从权利救济角度出发，将赛事直播权作为新型财产权以及邻接权的复合权利，更有利于其权利的保护。[⑤]

就赛事直播权而言学界也进行了诸多探讨，对于赛事直播权可选的保护路径，提供了很多可选的方案。基于赛事直播权的权利表现形式是赛事直播画面、同时又具有财产权的特性，故而这些观点主要集中在著作权领域与民法领域，并附加不正当竞争的兜底式救济途径。（1）以著作权中邻接权之广播电视组织者权保护。[⑥] 该观点认为赛事直播的独创性程度不足以构成影视作品，故而只能以没有独创性要求的录像制品制作者权予以保护。（2）以著作权中邻接权之录像制品制作者权保护。[⑦] 录像制品制作者权的途径更像是赛事直播权在著作权法领域的兜底式救

---

① 陈壮：《网络环境下体育赛事转播权的保护——中超赛事侵权案为视角》，《现代商贸工业》2018年第23期。

② 参见张玉超、曹竟成《体育赛事转播权的法律属性》，《首都体育学院学报》2014年第6期。

③ 参见张玉超、曹竟成《体育赛事转播权的法律属性》，《首都体育学院学报》2014年第6期。

④ 参见张玉超、曹竟成《体育赛事转播权的法律属性》，《首都体育学院学报》2014年第6期。

⑤ 向会英：《比较法视野下欧美国家职业体育赛事转播权研究》，《成都体育学院学报》2019年第1期。

⑥ 参见管荣齐、李祥萌《体育赛事转播权的保护路径选择》，《中国发明与专利》2009年第4期。

⑦ 参见管荣齐、李祥萌《体育赛事转播权的保护路径选择》，《中国发明与专利》2009年第4期。

济方式，即在其不能满足著作权法的独创性要求且无法纳入广播组织者权的范畴内时，将其被固定下来的赛事画面予以录音录像制品的保护。（3）以著作权之新设权利保护。该说法旨在通过扩大广播组织权等方式，将其纳入著作权的保护范围。[①]（4）以合同契约之授权保护。这一观点简单粗暴地认为体育赛事直播权是形成于契约或者合同，故属于合同债权。（5）以民法总则之数据条款保护。有学者提及体育赛事直播的内容，在表现形式上常常以数据方式存在，通过建构数据权利，对于体育赛事经济利益保护将会更加有力。（6）以一般侵权行为条款保护。一般侵权行为条款是对于不特定类型侵权的兜底性规定，对侵权法的具体要件和侵权行为进行概括抽象的规定，并将其作为相关侵权法具体开展的基础。[②] 赛事直播权类似绝对权，但不能完全具备绝对权属性的，可以视情况纳入《民法总则》第 3 条的调整范围。（7）以反不正当竞争法保护。该观点从权利的救济角度出发，认为权利人与侵权人均提供体育赛事直播服务，由于赛事直播的时效性，二者之间实际上存在着竞争关系，权利人有来自赛事主办方的授权，而侵权人的直播行为在增加己方网络流量的同时，相对减少了权利人本应获取的流量，和依靠这些流量获取经济收益的机会，使之本应获取收益而未能获取，实质上损害了其消极利益，可以借由不正当竞争寻求救济。

1.2 新型权利

对于新型权利的探索与研究，是我国权利领域近些年来较受关注的研究方向。由于新型权利涉及权利这一基础的法学概念，在不同学科中都有所渗透与辐射，故而在不同的法学研究方向，我们都可以看见新型权利的身影。但就目前的研究来看，目前关于新型权利的研究还停留在基础问题的阶段，尚未对该问题形成深入体系的理论。[③] 总而言之，当前的新型权利研究已然有不少研究成果，但其尚不能提供普通大多数能

---

① 张璟：《体育赛事直播权的知识产权保护——以“央视国际公司诉北京暴风公司侵害著作权纠纷案”为例》，《新闻传播》2018 年第 14 期。

② 胡晶晶：《“信号”抑或“画面”之保护——体育赛事实况转播保护路径研究》，《北方法学》2019 年第 13 期。

③ 参见谢晖《新型权利的基础理念》，《法学论坛》2019 年第 3 期。

适应良好的基础理念。

在新型权利探讨中，我们会注意到，“新兴权利”“新型权利”这两个词出现的频率似乎是一样的，故而在新型权利研究伊始，先要尝试对二者进行区分。对于新兴权利与新型权利，学界对其关系的认知主要有以下三种：部分学者在论述新型权利时并不严格区分“新型权利”与“新兴权利”，他们认为这两者概念上几乎一致，新兴权利即在现有法律规定中没有或者未明确概括出来的权利，其相对于原有的权利是全新的不曾出现的类型，在这个层面上，新兴权利的概念即等于新型权利。另一种说法认为，新兴权利包含新型权利。持该观点的学者认为，新兴权利的概念更为广泛，不仅是在立法司法上，事实上提出的新权利也是新兴权利，从这个角度来看，新型权利是新兴权利的一部分，被其所包含，而从新兴权利到新型权利，则需要经历一个规范化和法定化的过程。第三种观点认为，新型权利与新兴权利二者截然不同。有学者从权利范畴、权利类型、权利的发展趋势等角度分析，得出新型权利与新兴权利二者是截然不同的两个概念。

在此基础上，学者们对于新型权利的界定标准做了非常多的研究，用以综合判断一项权利是否属于“新”的范畴。在这之中，界定标准又可以分为两类，第一类是形式标准，以时间与空间为判断标准界定其“新”与否。以时间为标准，即过去没有而现在出现的，包括法律未明文规定但其他法律文件确认的，如公民的私有财产权；法律未明文规定但可借由现有法律推导的，如隐私权；法律未明文规定且无法确认与推导的，如承包方的优先受偿权。以空间为标准，即国内没有但国外有的，包括国际的、区域的和其他民族国家的独立法域的。第二类是实质标准，从权利构成的逻辑层面出发，概括出四种情况：新确立的权利主体与客体；主体范围变化；客体范围变化；新境遇下权利内容的变化。

除新型权利界定的标准外，学界还对新的权利诉求被法律肯定与确认的方式进行了讨论，其中包括（1）通过立法创制与设定权利；（2）通过立法确认与转化权利；（3）通过实践中的司法解释延展或限缩得出相应结论；（4）基于社会实践的合情、合理、合法的权利推定。

前两者是真正将权利以法律形式固定下来，区别在于创设是从无到有，确认与转化则是由此及彼。而后两者，更像是新型权利从实践出发的，由法益向权利转变的过程。

2. 国外理论与研究现状

从现有文献来看，国外对于体育赛事直播权，其称为体育赛事转播权，但是不同国家的法律体系中，体育赛事转播权又有所差别，这种差别体现着其对于该权利不同的侧重方向。

美国对于赛事转播权的称谓主要有 sport TV right 和 sport broad-casting rights，翻译成中文就是体育电视权和体育广播权。从翻译也可以看出，该说法强调的是广义的电视转播权，侧重对其广播电视组织者身份的叙述。英国、德国与法国对于赛事转播权的叫法是 media rights，也就是媒体转播权，强调其是媒体性权利的合集，注重赛事的传播。相比美国，该说法对于传播主体的定位更加宽泛，在赛事直播发展的当下也能对其进行涵摄。葡萄牙称赛事转播权为 broad casting rights，可直译为广播权或者说是转播权，从权利名称可以看出其对于主体的限定更为宽泛。西班牙与意大利将其称为 audio-visual rights，即视听权，这种说法与著作权法上对于类电影作品和录音录像制品的定性类似，将权利的核心集中在了赛事节目的视听画面。

权利性质是探讨体育赛事直播权不可回避的问题，在这一方面，国外基于其立法和司法实践，对于其赛事转播权的权利来源做了诸多探讨：（1）赛场准入权说。[①] 该说法早期在荷兰、英国等国家盛行，认为转播权源于赛事组织者对比赛场馆的绝对控制。不过该说法目前已被取代。（2）娱乐服务提供说。[②] 该学说源于英国实践，认为组织比赛是提供娱乐服务，有权收取服务费用，故转播机构也需向赛事主办方付费。（3）企业权利说。[③] 该说流行于英国和意大利，依据无形

① 转引自张朱玛、玉超、曹竟成《体育赛事转播权的法律属性》，《首都体育学院学报》2014 年第 6 期。

② 参见裴洋《欧洲足球比赛电视转播权基本法理问题探讨》，《奥运会等大型赛事与中国体育法制之完善学术研讨会暨山东省法学会体育法学研究会 2008 年年会论文集》2011 年 5 月 30 日。

③ 参见杨婷《奥运会转播权法律问题探讨》，湘潭大学出版社 2009 年版。

财产权利理论，将举办比赛看作一项经济活动，赛事组织者就是企业家，赛事转播权则是企业权利。（4）肖像使用说。[①] 该说源于美国、意大利，认为运动员是其肖像权的合法拥有者，近些年，运动员已经通过合同将其可能享有的利益让渡于俱乐部，故由俱乐部进行维权。（5）版权说。[②] 该说以美国为代表，认为现场直播的目的是让不在现场的观众能接收直播或转播的信息节目，即使是非作品，也应属于版权法的保护范畴。

国外对于赛事直播权的保护路径，大致上也与国内相一致，主要包括以下几种：（1）以著作权保护。（2）以著作权中邻接权之体育赛事视听权保护。典型代表是意大利于西班牙，其专门为体育赛事的视听传播创设了一项邻接权。（3）以著作权中邻接权之表演者权保护。以葡萄牙为代表，将体育赛事看成是运动员、教练员与赛事组织者的共同表演，而赛事转播权作为其副产品，属于著作权中邻接权之表演者权。（4）以体育法保护。以西班牙和法国为代表的典型国家，在体育赛事领域专门创建了体育法。

（三）研究的主要内容与方法

1. 研究目标

从体育赛事网络平台的直播权利入手，在分析典型案例中的裁判理由和推理逻辑与司法论断基础上，归纳赛事直播权在实践中类案不同判，维权困难的核心的定性问题，并在此基础上，结合现有的理论研讨与司法实践，对于赛事直播权可行的保护路径与已有权利做适配性分析，并结合新型权利的相关理论研究，对于赛事直播权作为新型权利而非将其纳入传统权利进行利益衡量并得出结论。

2. 研究内容

（1）体育赛事直播行业现状与赛事直播侵权的定性问题。

---

① 转引自张玉超、曹竟成《体育赛事转播权的法律属性》，《首都体育学院学报》2014 年第 6 期。

② 转引自张玉超、曹竟成《体育赛事转播权的法律属性》，《首都体育学院学报》2014 年第 6 期。

（2）赛事直播权、赛事转播权与著作权法上的转播权的理解与辨析。

（3）赛事直播权基于实证研究的请求权基础的梳理。

（4）赛事直播权现有可选择的权利保护路径与适配性分析。

（5）新型权利的理论研究与界定标准分析。

（6）赛事直播权作为数据财产权之证成。

3. 研究方法

（1）整理归纳。整理现有的赛事直播侵权纠纷案例，通过案件的归纳分析找出当下对体育赛事直播权的争议焦点，即定性之争。

（2）逻辑分析。通过三段论等逻辑分析法，利用新型权利证成的标准，对体育赛事直播权加以证成。

（3）对比分析。通过对比现有相似的权利，分析体育赛事直播权与其他权利有无包含关系，能否被其他权利涵摄；通过对比体育赛事直播权的权利构成和权利特征，判断选择何种权利保护路径更为适宜。

一 体育赛事直播诉讼中的权利诉求及问题聚焦

（一）体育赛事直播权利纠纷及其背景

体育赛事，一般是指比较有规模有级别的正规体育比赛。[①] 就常见的体育赛事而言，主要分为两类：综合性赛事，典型的如奥运会；单项体育赛事，如游泳世锦赛、足球世界杯等。综合性赛事和传统单项体育赛事基本上由官方电视台转播，比如我们常在 CCTV5 收看的奥运会实况转播和各类世锦赛的实时放送。而另一类赛事，如篮球、足球赛，虽然在奥运会正式项目中，但其体系内的比赛，由于俱乐部运营和赛事的商业化，单项赛事的关注度已然超过其在奥运会等综合性赛事中的关注度。

热度的攀升伴随着的是近年来频发的赛事直播的侵权行为。从中国裁判文书网和无讼网的搜索结果来看，自 2010 年至 2018 年，其间因体

---

① 百度百科：https：//baike. baidu. com/item/体育赛事/10078029？ fr = aladdin。

育赛事传播而产生的纠纷有六十几起。虽然看起来数字不大，但与每年屈指可数的赛事相比，仍然较为可观。在此类侵权案件中，诸如央视国际、新浪等业内大公司也未能幸免。2016 年 8 月 18 日，新浪公司诉天盈九州公司著作权及不正当竞争纠纷一案在北京市朝阳区人民法院开庭审理。新浪公司诉称天盈九州公司未经授权，在其门户网站上设置专门频道，擅自将正在直播的中超比赛的电视信号通过信息网络同步向公众进行传播的行为侵犯了新浪公司对涉案赛事节目的著作权。一审法官认为赛事节目制作是一种创作性劳动，且该创作具有一定的独创性，达到我国著作权法对作品独创性的要求，应当认定为作品。① 被告不服一审判决，上诉至北京知识产权法院，二审法官则认为涉案两场赛事直播画面不符合电影作品的固定要件，亦未达到电影作品的独创性高度，未构成电影作品。②

一、二审法院对于赛事直播节目性质完全不同的认定，反映出在司法实践中现有制度对于赛事直播保护的不足。在具体实践中，由于请求权基础的判定与侵权行为的定性尚处于不明朗的状态之下，体育赛事直播节目的权利难以维护，侵权现象泛滥。如前述新浪诉天盈九州著作权侵权案，北京知识产权法院二审推翻了一审的原告对涉案赛事节目享有著作权的结论与判定。又如，广州市中级人民法院认为体育赛事直播可以构成录音录像制品；上海市一中院认为可以根据赛事直播节目的独创性高度的不同，给予其著作权或邻接权保护；北京市海淀区人民法院认为体育赛事的转播行为不能以著作权或者邻接权加以保护。③ 上述事例说明，现有法律中对于体育赛事直播尚未有明确的规制与保护的规定，实践中对于体育赛事直播节目未经许可即被盗播的问题只能依靠法官对于该行为和相关法律的个人理解和判断去解决，但这又导致了不同地域不同层级间法院的判决理由与结论相互矛盾。故最终聚焦的问题是体育赛事直播权利的定性问题。

---

① 参见北京市朝阳区人民法院（2014）朝民（知）初字第 40334 号。

② 参见北京知识产权法院（2015）京知民终字第 1818 号。

③ 参见褚瑞琪、管育鹰《互联网环境下体育赛事直播画面的著作权保护——兼评“中超赛事转播案”》，《法律适用（司法案例）》2018 年第 12 期。

（二）体育赛事直播权的基本界定

1. 赛事转播权

网络平台的赛事直播究竟是何种权利，这是首先要厘清的问题。在现有研究方面，学界更倾向于称为体育赛事转播权。事实上，“赛事转播权”不是一个法律概念，而是由于媒体在报导中频繁使用，最终被广泛使用和接受①，后被西方国家用于转播的法律当中。如今随着信息网络技术的发展，网络传播成为赛事转播一个不可或缺的部分，该说法也由电视转播权变为体育赛事转播权、独家转播权等，但“转播权”这一概念被沿用了下来，并且增添了新的内容。现在常说的体育赛事转播权，是指在体育赛事进行时，允许他人通过电视或网络现场进行直播、转播、录像，并从中获取报酬的权利。②

2. 转播权

转播权是著作权法中的一个法律概念，是广播组织者权下的一项子权利，其表述为禁止或允许他人同时播出的权利，是指允许或禁止他人同时播放相应作品的权利，权利主体是广播电台、电视台，传播方式为无线电传播，常见的如《新闻联播》转播、《春节联欢晚会》的转播等。

3. 赛事直播权

对比以上两种转播权可以发现，体育赛事的“转播权”的权利内容显然比著作权法中的转播权丰富，不仅包含著作权法上的转播权，还包括直播、录制、重播等权利，其含义远超文义。“赛事转播权”这一商业用途的概念直接沿用会导致概念混杂，故直接以赛事转播权代称并不合适。另一方面，赛事直播权的主体为直播平台，而网络直播平台并不属于传统转播权的主体，而数据传输的直播方式也与无线电传播有着本质区别，将其称作转播权也不适宜。“体育赛事转播权”是有其特殊背景与情境的，我们将其称为“转播权”不意味着这个权利就是转播权。此外，网络直播使得赛事直播的形式更加丰富，使其与传统的赛事转播

① 参见《利益平衡视角下体育赛事转播权的法律保护》，《河北法学》2015 年第 2 期。

② 沈梦雪：《浅析我国体育赛事网络转播的版权问题》，《社会体育学》2016 年第 22 期。

得以区分开。

表 1 **权利概念对比分析**

	赛事转播权	转播权	广播组织权	赛事直播权
权利主体	以电视台为主	广播、电视	广播、电视	网络直播平台
传播方式	无线电传播	有线、无线	有线、无线	数据传输
权利内容	直播、转播、录像、收益等	转播	直播、转播、录制、复制、发行、收益等	直播、转播、录制、复制、收益等
概念性质	商业概念	法律概念	法律概念	

由表 1 可知，“赛事转播权”与广播组织权类似，传统的赛事电视直播，可以借由广播组织者权予以保护；转播权是广播组织权下的一项子权利，是广播组织权权利内容的一部分，在与赛事转播权进行对比时可以发现，二者权利内容体现出了较大的差异，因而概念难以等同；而赛事直播权，相较于广播组织权与赛事转播权，其传播方式有了显著差别，“赛事转播权”这一概念除了易引起分歧外，传播方式的更新也导致这一概念不再适用。故本文采用“赛事直播权”这一名称来代指网络平台对于赛事节目享有的直播权利。

（三）实践中赛事直播权定性的争论点及其评析

从中国裁判文书网、无讼网等法律文书查询网站的搜索结果来看，自 2010 年至 2018 年，与体育赛事直播节目相关的裁判文书共 32 份，其中，符合体育赛事直播第三方侵权这一要求的判决文书共 16 份，涉及的案例共 11 起，一审判决 6 起，二审判决 5 起。案件数量看似不多，但与每年有限的体育赛事相比仍较为可观。笔者将 11 起裁判案例按照判诉请、判决结果、判决逻辑等项目进行整理，罗列成表（见附件一），聚焦权利的定性问题。

1. 案由分析：被侵权人主张

将上述 11 例案件的原告的起诉请求与对于体育赛事直播节目权利侵权行为的定性进行整理，制作成诉请分析图（图 1）。图中著作权法、民事权利与不正当竞争为诉请的三大方向，由于不正当竞争不涉及权利定性，故单独列为一项。另录音录像制作者权并不属于统计的原告诉请，但鉴于该权利在多例判决中均提及，故亦列为一项。

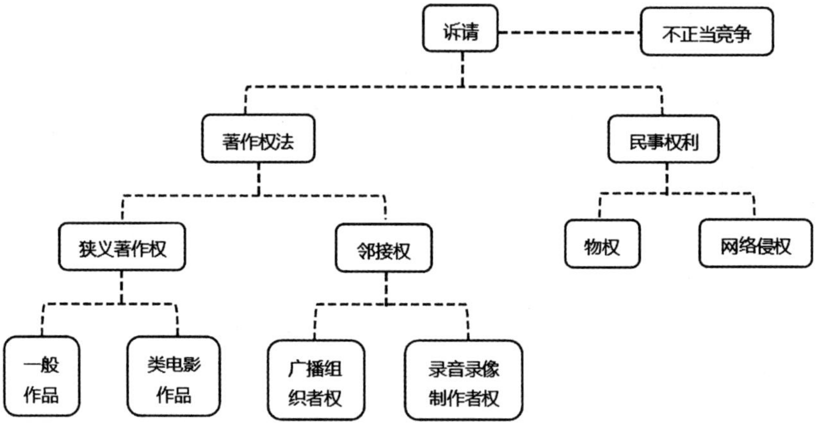

图1　诉请分析图

（1）著作权

上述案例中，原告以著作权侵权定性的共8起。其中5例，即序号04、08、09、10、11的案例认为，赛事直播节目满足作品的要求，但未明确其属于何种作品类型，另3例序号05、06、07的案例则明确将其定义为以类似摄制电影的方法创作的作品。此外，有1起案例，即序号01的案例，其从邻接权角度定性，认为赛事直播权是一种广播组织权。[①] 由此可以看出，以著作权及其邻接权作为请求权基础是司法实践中最常见的做法，体育赛事直播与传统的电视转播具有形式上的相似性，其以视听画面传播实时赛事讯息的方式也与著作权法中视听作品有相似之处，这也是众多学者认为应从著作权法角度保护体育赛事直播权的根本原因。

（2）民事权利

另2例案件比较特殊，一个是序号02体奥动力诉上海全土豆案，

① 参见北京市海淀区人民法院（2013）海民初字第21470号。

一个是序号03体奥动力诉上海新赛季足球公司案。二者都将其与赛事组织者签订合同获得的权利称为独家播放权，但不同之处在于，前一个案例中，原告主张其享有的独家播放权是一种基于合同让渡的商业权利，被告擅自转播涉案赛事的节目直播视频的侵权行为系网络侵权，在后续审理中，原告明确不通过著作权法途径解决，认定该权利系物权属性的权利，后因权利定性不明，物权法定无法救济，未被法院支持；① 而后者，原告将权利定性为民事权利，但又未说明其属于何种民事权利，无法明确其请求权基础及可以适用的法律，故也未被支持。② 由此可以看出两点：一是赛事直播权与著作权存在不匹配的因素，导致当事人不以著作权作为请求权主张；二是通过民事权利来主张其赛事直播权在现有民法体系下缺乏具体依据。

2. 判决分析：法官释法论证

从判决结果来看，司法实践中对赛事直播侵权并未形成统一的性质认定或裁判标准。比如，对于体育赛事直播节目是否适用著作权进行保护时，有2个案例，即序号04、06的案例，法官认为体育赛事直播节目具有较高的独创性，可以以作品加以保护③，而01、05、07、08、09、10、11等7个案例则认为其独创性较低，不构成著作权法上的作品；其序号05中央视国际诉暴风集团一案以及序号11未来电视诉华数传媒一案的二审判决认为应该将其纳为广播组织权中的传播权加以规制④，而在序号08央视国际诉华夏城视一案中，法官则认为其应当作为录音录像制品加以保护⑤。

类似的案情，各不相同的认定，甚至同一案件的一、二审出现了完全不同的认定情况，如新浪诉天盈九州著作权侵权案，鲜明体现了不同审级，定性各异现状。更有趣的是同一法院，定性也有不同，序号05

① 参见上海市第一中级人民法院（2013）沪一中民五（知）终字第59号。

② 参见上海市杨浦区人民法院（2013）杨民三（知）初字第66号。

③ 参见北京市海淀区人民法院（2015）海民（知）初字第14494号、北京市朝阳区人民法院（2014）朝民（知）初字第40334号。

④ 参见北京知识产权法院（2015）京知民终字第1055号、天津市滨海新区人民法院（2018）津0116民初796号。

⑤ 参见深圳市福田区人民法院（2015）深福法知民初字第174号。

央视国际诉暴风集团案、序号 06 新浪诉天盈九州案、序号 10 央视国际诉北京多格案这三个案例，同样都是原告诉被告著作权侵权，侵权行为同样都是被告未经许可擅自在其平台上向公众直播赛事节目，案件均是由北京知识产权法院二审，但三者二审的认定各不相同。央视国际诉暴风集团一案中北京知识产权法院认定其可以作为录音录像制品加以保护①，新浪诉天盈九州一案则将其纳入广播组织者权予以保护②，而央视国际诉北京多格一案中，北京知识产权法院则认为其不适用著作权法进行保护③。

审级间认定不同与同法院认定差异的问题根源就在于定性，故笔者在根据案件中法官对于原告请求权基础的定性对案件进行归类，具体的案例序号对应的态度与结论分布如下：

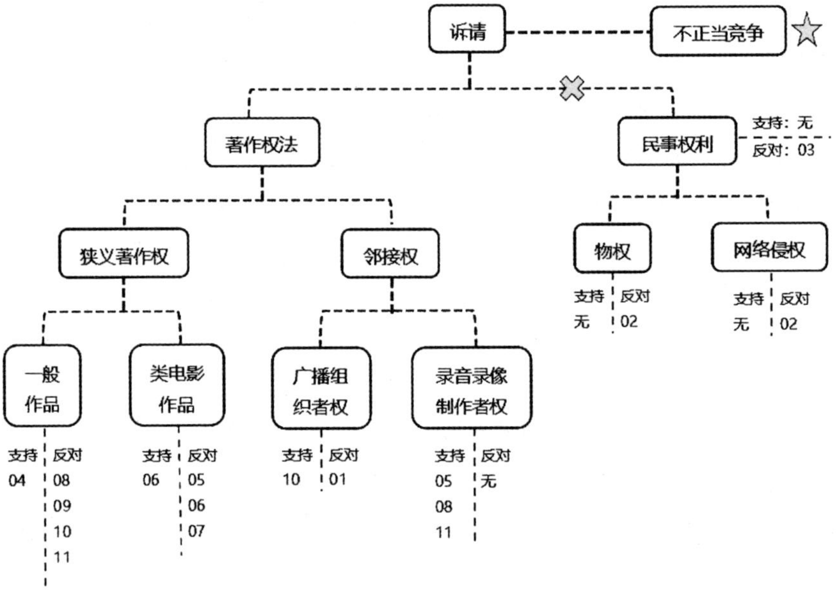

图 2　判决结果分析

① 参见北京知识产权法院（2015）京知民终字第 1055 号。
② 参见北京知识产权法院（2015）京知民终字第 1818 号。
③ 参见北京知识产权法院（2017）京 73 民终 2109 号。

图3表示包括一审、二审在内的所有判决书下的不同诉请间支持与反对的比例。

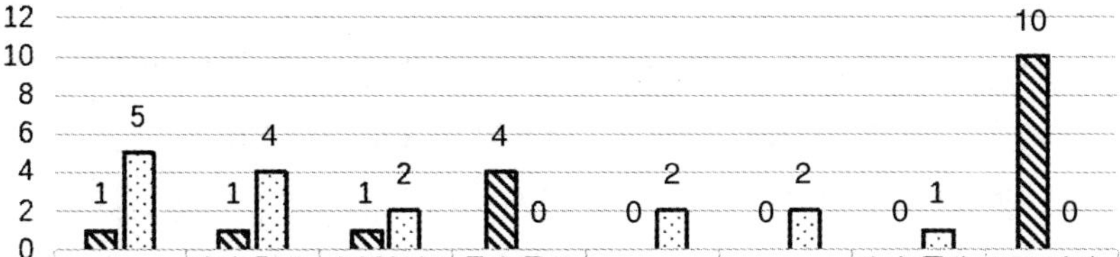

	一般作品	类电影作品	广播组织者权	录音录像制作者权	物权	网络侵权	广义民事权利	不正当竞争
支持	1	1	1	4	0	0	0	10
反对	5	4	2	0	2	2	1	0

支持　反对

图3　诉请结果对比

从以上两张图，可以得出以下结论。

（1）体育赛事直播节目具有类似著作权法上作品的特质

就本文涉及的11个案例，16份判决书中，没有一份判决书能完全脱离“体育赛事直播节目是否为作品?”“是否能受到著作权法的保护?”这两个问题。即使有的诉请都刻意避开了著作权法，法官在释法说理中仍提及了体育赛事直播节目与著作权法的关系。如体奥动力诉上海全土豆案，在其二审判决中，法官就在辨析体育赛事本身、体育赛事节目二者的区别时提出可以根据体育赛事节目所添加的元素判断其独创性的高低，从而判别其能否获得《著作权法》的保护。①

由此可见，赛事直播权必然与著作权有着相似之处。这种相似之处，大致可以归结为以下几个方面：一是赛事直播节目具有一定的独创性。主要体现在后期加工行为，如直播过程中所增加的元素等。二是赛事直播节目的表现形式与视听作品趋同。赛事直播节目的表现形式为连续的视听画面，既有对赛事实况的反馈，又有对于精彩瞬间的突出与演

① 参见上海市第一中级人民法院（2013）沪一中民五（知）终字第59号。

绎，追求保证真实性情况下的观赏性。三是赛事直播节目的侵权方式与著作权侵权类似。赛事直播侵权主要表现为擅自在其他网络制作或提供链接、分流观众、赛后提供录播点播、未经许可剪辑相关赛事画面作盈利使用等，与视听作品的侵权行为雷同。四是传统体育赛事节目的著作权法保护背景。早在电视机普及之前，人们从广播收听赛事转播，当时的体育赛事节目以口述作品纳入法律保护；电视机普及后，电视转播成了主流，彼时体育赛事节目以邻接权中的广播组织者权保护。在这样的背景下，网络直播成为新的体育赛事传播方式，著作权法似乎是最合适的保护路径。

（2）大部分判决认为体育赛事直播节目不能达到作品的独创性

数据上看，共9例判决中在分析中认为体育赛事直播节目不是作品，关键原因就在于独创性认定。独创性在节目制作过程体现为个性化的选择，但个性化选择会被各种主客观因素所影响，受到的客观条件限制越多，表达的个性化余地越小，独创性也就越低。就赛事直播节目而言，其客观上的选择空间较少，赛事的摄制与后期加工受到如实反映赛事的限制，个性化选择体现的不甚明显，所添加的素材的独创性也因为选择空间的不断压缩而减小，最终导致其无法满足作品的独创性标准。

（3）民事权利方面因其权利对象缺乏具体靶向而无法界定请求权基础

民事权利的诉请在案例中只占很小的一部分，如体奥动力诉上海全土豆案，原告主张其独家转播权系物权性质的权利，试图以网络侵权加以规制①，体奥动力诉上海新赛季足球案原告仍主张其为物权属性的权利②。这两个案例最终都以原告败诉收尾，均因未说清该权利是什么。前者，法庭以物权法定，而我国法律并未对赛事组织者的权利做出规定驳回。后者，法庭则在判决书中提出“原告在诉讼中应当明确其所主张的权利属性并提供相应的法律依据”。

---

① 参见上海市第一中级人民法院（2013）沪一中民五（知）终字第59号。

② 参见上海市杨浦区人民法院（2013）杨民三（知）初字第66号。

不能界定权利性质，就无法选择适用的法律，而赛事直播权在民事权利中尚未找到自己的位置。就物权而言，其载体为有体物，且有物权法定之限制，虽然体育赛事直播节目需要其对世权的特性，但无法为之纳入，其形式更类似于无形财产。就债权而言，体育赛事直播节目的权利是通过合同转让的。由赛委联盟协议授权的内容，核心主要是专有或独有传播权。所以双方的合同所受让的权利可以算作一种契约权利，但这个契约权利只针对合同，仅约束合同双方，而不对合同以外的他人产生约束力，故而无法有效保护。

（4）不正当竞争成为原告维权的主要途径

从现有案例来看，除一例案件原告的著作权诉请得到支持外，其余案件均以不正当竞争支持原告诉请。一方面来说，这在某种程度上保护了原告的权益，使之得到了部分赔偿，但另一方面，不正当竞争仅限在商业的事后救济。换言之，不正当竞争的诉讼裁判是在商业秩序上，而不是在权利界分上；是在权利关系上，而不是在权利属性上对侵权行为的救济、恢复的判定，仅依靠不正当竞争法无法对赛事直播权保护周全。

（四）赛事直播权纳入既有制度保护之局限

《体育法》第 34 条规定：“在中国境内举办的重大体育竞赛，其名称、徽记、旗帜及吉祥物等标志按照国家有关规定予以保护。”这是在该法中唯一与体育赛事无形财产有关的条款。[①] 由于缺乏法律明确规定，实践中基于赛事直播权的权利表现形式以及权利特性，概括出著作权与民事权利两个权利实现的方向。

1. 著作权法

（1）体育赛事直播节目不足以构成作品

著作权法的目的主要是调整基于创作、使用和传播文学、艺术、科学作品而产生的社会关系。[②] 其任务不仅仅以保护作者利益为核心，更

---

① 朱玛：《利益平衡视角下体育赛事转播权的法律保护》，《河北法学》2015 年第 2 期。

② 杨巧：《知识产权法》，中国政法大学出版社 2016 年版，第 94 页。

有鼓励创作，促进文化发展的重要意义。[①] 这也决定，想获得著作权法保护，就必须达到相应门槛。体育赛事本质上是竞技活动，展现的是运动员的身体力量、体育技巧与体育精神，拍摄过程的忠实记录与忠实呈现不足以使其达到作品应具有的创作高度。如果将赛事直播纳入作品，则不利于新的作品的产生，那鼓励创作的目的也就失去了意义。[②]

（2）难以纳入广播电视组织者权

《著作权法》第45条第1款把广播电视组织者权的主体限于广播电台、电视台，且规定其有权禁止他人未经许可而转播其播放的广播、电视信号的行为。[③] 但是体育赛事直播依赖网络数据传输，直播平台也并非广播电台或电视台，"网络组织"并未包含在广播组织者权的主体范围内。[④] 现行《著作权法》以及最新的《著作权法修订草案》，都没有提及邻接权的兜底条款，故我们不能对权利主体或客体随意进行扩张。现有法律并未留下足够的扩张空间，也就不能通过扩大解释广播组织权或者设立体育视听权等方式将赛事直播权纳入保护范围[⑤]，因为这样会突破著作权中关于邻接权权利主体与客体的限制。

（3）不适合以录像制品制作者权保护

另有主张认为，赛事直播节目播出后即被固定，虽不具备独创性高度，但仍可以依据我国著作权法实施条例的第5条第3款，作为录像制品予以保护。该主张的问题在于，一方面，赛事直播的侵权通常发生在直播时，而直播画面的固定则是在直播后，其是否属于已被录制在物质载体之上的连续声音和影像尚有争议。另一方面，我国关于录音录像制作者权的权利内容是复制、发行、出租、信息网络传播等，并不包含转播权，也就无法充分保护赛事直播的相关权利了。

---

① 吴高盛：《〈中华人民共和国著作权法〉释义及实用指南》，中国民主法制出版社2015年版，第19页。

② 董慧娟、汪超：《论体育赛事直播画面之著作权法保护方案》，《中国发明与专利》2009年第5期。

③ 管荣齐、李祥萌：《体育赛事转播权的保护路径选择》，《中国发明与专利》2009年第4期。

④ 王迁：《著作权法》，中国人民大学出版社2015年版，第290页。

⑤ 张璟：《体育赛事直播权的知识产权保护——以"央视国际公司诉北京暴风公司侵害著作权纠纷案"为例》，《新闻传播》2018年第14期。

2. 现有民事权利

将赛事直播权纳入著作权法保护，显然争议尚存，故求助于民事权利。赛事直播权具有无体性、对世性、排他性、财产性等特质，就物权而言，赛事直播权的权利客体并非有体物，故无法予以规制。就债权而言，赛事直播权需要约束合同外的不特定多数人，而债权仅限制合同当事人，故也不适宜。赛事直播权表现为无形财产权，但在现有法律下无法找到具体的请求权基础。

而另一种说法，即民法中的一般侵权行为条款作为兜底保护。《民法总则》第3条规定“民事主体的人身权利、财产权利以及其他合法权益受法律保护，任何组织或者个人不得侵犯”。但该路径仍属事后救济，无法在整个权利阶段予以保护，也不妥善。

3. 新型民事权利

赛事直播权，是由所有权人享有排他性的向他人传播的权利，其核心在于独家播放权与直播的时效性，除了有体性外，权利性质与物权的属性高度类似。至于如何将其作为财产权以保护其排他性的独占、播放、收益及处分的权利，尚无合理路径。

在高度类似的物权、知识产权均无法涵摄的情况下，则需要在上位概念中寻求突破，即无形财产权。人的财产从财产权的客体来说可以分为两类，有形财产权和无形财产权，有形财产权典型的比如物权，无形财产如知识产权等。无形财产权是知识产权的上位概念，既具有物权的权利属性，是无形的物权，又兼具知识产权的价值属性，但不受独创性门槛的限制。

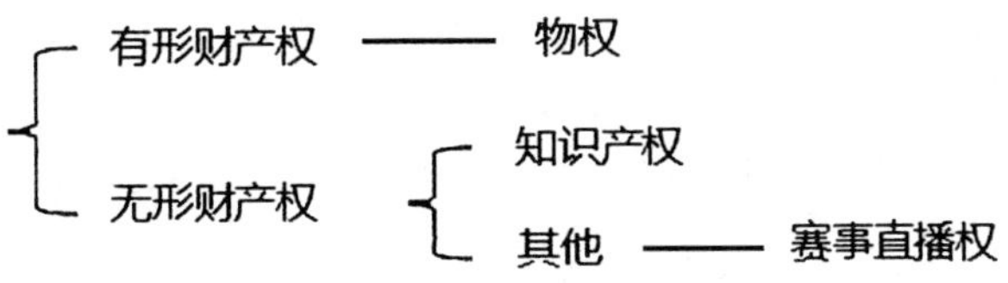

图4 权利分类示意

回归赛事直播权区别于传统直播、转播的权利之区别而言，赛事直播的特点在于其时常以非结构化的数据方式存在。而无形财产权项下，《民法总则》中第127条规定数据的相关权利，即数据受到法律保护，故我们可以尝试建构合理的数据财产权，确定直播数据及其内容的权利归属与使用规则，既能满足财产性权益的保护，又充分考虑了无体性的特质。从这个角度来看，将赛事直播权定性为一种新型权利，显然更为合理。

二　体育赛事直播权作为新兴权利之论证

（一）新型权利之理论背景

从赛事直播权性质的讨论中不难看出，赛事直播权与现有的权利体系如著作权、物权、债权等都无法高度适配。在其权利表现和权利实现无法被现有制度所容纳时，则需寻求新的权利实现路径。赛事直播权是对于特定数据集的财产性权益，前文也提出了作为数据财产权保护的可能性，但数据权本身也是一项新型权利，故将赛事直播权视为数据财产权，则需要讨论其作为这一新型权利的合理性与可能性。

在传统法理学中，关于权利的阐释一直困难重重。在权力意识觉醒的今天，人人都将权利挂在嘴边，以保护自身利益，权利既受人尊重又模糊不清。① 由于新型权利涉及权利这一基础的法学概念，在不同学科都有所渗透与辐射，故而在不同的法学研究方向，我们都可以看见新型权利的身影。常见的如民法领域的被遗忘权、公私法领域交叉的环境权等。但就研究看来，关于新型权利的研究还停留在基础问题的阶段。归结起来，当前的新型权利的探讨，主要分为两个方向，一是对于权利理论的法理学与立法法方向的研究，即一个权益如何成为一项权利，在法律上如何确立；二是基于某项具体的新兴的法益，对其是否应予以纳入法律规制范畴以及如何融入现有法律体系的探讨。前者给权利定性，后者探讨权利的实现，二者在新型权利的确立中缺一不可，文章对于赛事

① 廖磊：《论新生权利的创设——以“冷冻胚胎案”中监管权与处置权的创设为例》，《河北法学》2017年第9期。

直播权的探讨也将围绕这两个方向进行分析。

1. 新型权利与新兴权利

在新型权利探讨中，我们会注意到，“新兴权利”“新型权利”这两个词出现的频率似乎是一样的。对于新兴权利与新型权利，两个概念的关系只有三种可能：二者内涵几乎一致；新兴权利包含新型权利；二者是不相同的两个概念[①]。

本文更倾向于第一种观点，即二者的内涵并无太大的区别。但是这并不代表二者完全等同，在不同的语境下或角度下，新型权利与新兴权利是有区别的。从字面意义上来分析，新型权利是侧重权利的新的类型与形态，是在对已有权利进行类别划分后出现的不同于已有权利类型的权利；而新兴权利则侧重权利的产生兴起与时代的关系，与传统权利相对应。二者既有交叉，又有区别。如离异父母对于未成年子女的“亲权”，是近年来提出的新兴权利，但不能构成新型权利。

当然，在对待新型权利与新兴权利的问题上，学界通常二者混用，但在现代语境下，权利的兴起，并因此确立为一种新类型的权利，这既是一个发生学视角的论述。前者强调其存在于既有的权利体系之外，后者强调其在构成要素和本质属性上是一种权利、个体的、公民的或自然人的权利。所以从这个角度分析，新型权利与新兴权利，二者更倾向于是对权利认知的不同视角。新兴权利侧重于从历史的、发展的角度认知权利，因而有了传统权利与新兴权利之分；而新型权利则是从权利的构成、特性、归属等角度去认知，从逻辑上将其演绎为新型权利。故本文从新型权利的逻辑视角去分析，一个权利作为新型权利之证成。

2. 新型权利的标准与论证

新兴权利的产生，在根本上是因应社会的发展到一定程度，新的产业或利益的出现，现有制度无法予以保护情况下产生的新的法律需求。但从不同的角度，新兴权利之“新”可以有不同的判定标准。

众所周知，不是所有的利益都可以成为法律保护的利益，即法益，也就不能称其为权利，所以，一种利益要获得民法这一制度外衣，则需

① 参见谢晖《论新型权利的基础理念》，《法学论坛》2019 年第 3 期。

要将其反映在一定的法律规范条文中，使之具有规范层面上的依据，这一过程，我们称为权利的证成。学界有关证成的标准说法不一，具有代表性的有以下几种：（1）三要件说。[①] 任喜荣提出界定新兴权利的三要件说，即合法性、合理性、社会基础。这也是对一项权利的三个基本要求，即可以被现有法律逻辑所证成；符合社会认知与社会现实；具有一定的社会实践基础与需求。（2）形式与实质相结合的标准。[②] 三要件说简单但却抽象，合法性合理性都留有较大的思考空间，与之不同的是，姚建宗提出的形式与实质相结合的界定标准，形式标准包括两个方面：时间标准与空间标准，即纵向的现在与历史的对比以及横向的国内国外的对比。实质标准包括四个方面，体现在主客体的类型、主体范围、客体范围以及新的法律境遇。（3）概念标准与实证标准相结合。[③] 与姚建宗相似的是，雷磊在提出了自己的概念标准与实证标准相结合的证成标准。一方面是概念标准，即属于法律上的利益且值得保护，另一方面是实证标准，即可通过法律逻辑以论证，且符合社会道德，与社会政策方向相一致。

在具体的新型权利论证的过程中，不同学者也采用了不同的逻辑论证，有其不同的侧重点。如对于个人信息权这一权利的论证，作者先就权利概念进行探讨，点明权利的合法合理性，再将其与现有法律体系中可能作为权利依据的上位权利一一比对，最终得出其是独立的新型民事权利这一结论。[④] 其论证过程是一个线性逻辑，先明确其实证标准，再从概念和权利内容上予以定位。又如在论证土地发展权的立法转化时，作者从既有制度瓶颈、社会实践需求、私权层次理论、霍氏权利理论四个角度充分论证了权利的合法性合理性，权利的定位以及制度的构建。[⑤]

---

① 转引自魏治勋《新兴权利研究述评——以2012~2013年CSSCI期刊相关论文为分析对象》，《理论探索》2014年第5期。

② 转引自魏治勋《新兴权利研究述评——以2012~2013年CSSCI期刊相关论文为分析对象》，《理论探索》2014年第5期。

③ 参见雷磊《新兴（新型）权利的证成标准》，《法学论坛》2019年第5期。

④ 参见李伟民《“个人信息权”性质之辨与立法模式研究——以互联网新型权利为视角》，《上海师范大学学报》（哲学社会科学版）2018年第3期。

⑤ 参见姚宇《论新型民事权利的立法转化——以土地发展权为例》，《西南民族大学学报》（人文社会科学版）2018年第5期。

而在新兴权利“安宁死亡权”的证成中，作者认为以安宁死亡权为例的新型权利的证成要以内在理由为核心，进而探讨内在理由的判定标准。[①]

从上述分析我们可以看出，就新型权利之“新”，归结起来主要体现在三个方面：是否具有社会基础与实践需求；是否具有立法转化的必要性；权利如何定位与构建。更加简明扼要地阐述，则表述为利益定位、法益定性、权利定分。

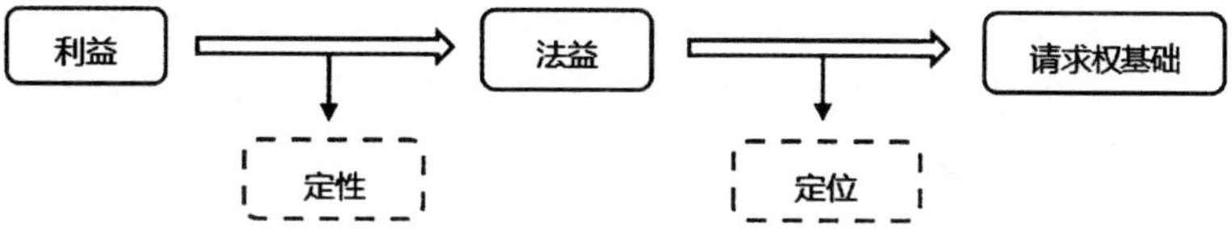

图5　新型权利证明路径示意

（1）利益定位——具有保护价值

新型权利的主张表现为要求，要求要成为实在法上的权利，即成为实在法上的排他性理由，则需要价值上的证成。[②] 也就是说，一项权利必须有被保护的价值，更进一步，要成为新型权利，必须具有利益基础，即在符合社会道德的基础上，满足不特定多数人的利益诉求。

所以一项新型权利的产生，首先要有新的利益产生。社会发展带来生产关系和社会关系的变化，使得社会利益形态产生分化，并进而在社会价值观念上被认可具有一定的合理性，最终在实质上产生了新型社会利益。如数据权，美国与欧盟调整数据财产权益的法治实践认可了数据享有独立的财产权益。而在我国，随着数据价值的日益凸显，数据业已成为重要的生产要素和战略资源，国家也在政策层面提出了完善数据产权保护的要求。[③] 这也表明，一方面，由于信息网络技术的发展以及不

① 参见刘小平《新兴权利的证成及其基础——以“安宁死亡权”为个例的分析》，《学习与探索》2015年第4期。

② 朱振：《认真对待理由——关于新兴权利之分类、证成与功能的分析》，《求是学刊》2020年第2期。

③ 习近平：《实施国家大数据战略加快建设数字中国》，http：//www. xinhuanet. com/politics/leaders/2017 -12/09/c_ 1122084706. htm。

同产业的信息化融合，使得数据的经济利益正不断凸显。另一方面，物联网、云计算、人工智能等以数据为驱动的新兴行业更是将数据视为宝贵资源。[①] 而在大数据时代，数据的使用价值已然突破，成为具有普遍意义的长效性价值。[②] 正是由于数据的稀缺性与日益增长的使用价值，数据的经济利益已经成为司法实践中又一项亟待保护的利益。

（2）法益定性——值得法律保护

权利是以一种独特的方式来表达对人的道德地位的尊重和保护，即尊重和保护权利人的自由意志或者说自治。拥有权利不仅证明了行为的正当性，也为外界强制性干涉设置了限定条件。[③] 也即于某种价值主张和利益诉求，将其确认为权利，最大限度上不能够由此使得以公共利益的名义而可以对个人的权利和自由进行干预或介入。正是由于一项权利不仅关乎自身，也关乎他人，故要成为一项权利，其利益就必须得到法律的承认。某种利益在司法实践中是否为合法利益，成为一项权利，需要依据特定的标准进行检验和分析。因此，是否是一项新的合法利益，是新型权利确立的核心。

就新型权利而言，其利益必须是值得法律保护的，具体展开为被社会认可，被实践需要，且在法律逻辑上得以论证的利益。如数据权，大数据时代，使得人们可以在信息网络中完成日常衣食住行消费娱乐等一系列活动，但是网络在给人们生活带来便利的同时也催生了许多问题，诸如个人数据的盗取、篡改，企业数据的泄露等，现实中的问题催生了对数据保护的需求，而民法中，确有对数据保护的总括性条款，且数据利益作为无形财产性的利益得到了广泛的认可，故数据利益被作为一项法益，是基于其具有的客观性、受益性、可分性及对其以处分和收益的正当性，从而将实存的自在的利益状态法权化，进步或提升为“法益”。

（3）权利定分——权利实现方式

从新兴权利到实在权利的转化不是自动的，这一转化既需要形式条

---

① 袁昊：《数据的财产权构建与归属路径》，《晋阳学刊》2020 年第 1 期。

② 袁昊：《数据的财产权构建与归属路径》，《晋阳学刊》2020 年第 1 期

③ 参见雷磊《新兴（新型）权利的证成标准》，《法学论坛》2019 年第 5 期。

件，更需要实质条件，即评价性。[①] 对新兴权利评价的过程，就是对新兴权利证成的过程。要确立和证成一项新型权利，不仅要对其合法性进行论证，也需要对其在现有法律体系中的位置予以探讨。常见的定位方法有两种，一是通过分析权利的构成，对号入座，将其纳入某一具体部门法规制范畴，二是通过排除法，排除其被某些权利涵摄的可能性，从而折衷地找到一条合理的保护路径。两种方法结合适用，排除部分法律的适用后，再归纳其特殊性，并对比分析权利的性质与构成，从而为权利找到合适的定位。

但无论是哪种方法，实质上都是由于新社会环境下权利内容的演化，使得这种权利需求不能在已有的利益衡量、权利实施和能动法律解释中所继续包容，于是就有权利在被推定、进而确立为新兴权利，获得独立的地位和“名义”的必要和可能。如数据财产权，作为一项新兴法益，在著作权法中，仅对其编排而成的汇编作品或构成的计算机编程予以保护，而对于数据本身的价值却并未涉及。民法中也仅提及数据受法律保护，至于何种数据、如何受保护、具体受何种法律保护也未展开。在撇除不正当竞争法此类事后救济的保护模式，数据本身的财产利益尚未能在现有法律制度中寻得合适的保护路径。因此，在现有制度无法涵盖的情况下，对于此类需要予以保护的法益，可以新型权利予以确立。

（二）赛事直播权的法益基础与权利归属

1. 赛事直播权作为新型权利之定性——无形财产权

（1）新的值得被保护的法益

权利的发展，在根本上是基于生产关系、社会关系革命性的变革。信息网络技术与信息交互技术的发展使得直播平台对相应的数据信息和画面形象、动态呈现可以进行多种可能有别于传统电视转播的开发。不仅仅是简单的画面的复制，还包括数据链接的盗取、画面的剪辑与重制以及直播数据的传播等。信息技术使复制和传播盗版行为几乎无须任何

① 朱振：《认真对待理由——关于新兴权利之分类、证成与功能的分析》，《求是学刊》2020 年第 2 期。

成本，因为截取电子数据远比截取电视信号简单的多，只需一台可以联网的信息设备，具有一定专业知识的人就可以截取到相关的数据。诚然，各国法律赋予大数据权利人诸如“复制权”“发行权”和“信息网络传播权”等专有权利，并规定了各种法律救济手段，但此类方法在数字时代已经很难有效地起到预设的保护作用了，原因在于，法律救济只是一种事后救济，大数据资源一旦被侵权，在极短时间内便可以形成数以万计的非法复制件被“无偿”利用，法律的滞后性对此局面已无力回转。[①] 正因如此，赛事直播权更应作为一项独立的权利在法律中加以规制。

体育赛事直播平台，其直播权的核心一方面在于独家播放权，另一方面在于直播的时效性，其权利的载体是实时地传输视听画面，权利指向的客体是网络数据。赛事直播之所以有经济价值，不仅仅在于其画面的构成，更多的在于其具有时效性的传播和一次性的“消费”，或者可以表述为，对赛事直播数据的排他性占有，故播出的先后顺序，影响其对赛事直播数据占有使用收益处分的权利，直接表现则是其经济效益受到影响。从现有法律体系来看，体育赛事平台的直播权利有别于已有的权利。其他直播节目可能同时兼具了传播需求，也满足了一定创作性的需求，故可以寻求知识产权的保护。而体育赛事直播节目，由于其知识产权性质的匮乏，也必然需要寻求其他的保护路径以保全其预期利益。在此情况下，则需寻求其上位概念，无形财产权予以定性，尝试建构合理的数据财产权，确定直播数据及其内容的权利归属与使用规则。

2. 赛事直播权作为新型权利之定位——数据财产权

大数据之于社会发展的意义已经超越了纯粹的技术层面，而逐渐形成重塑社会治理格局与创新社会治理方式的制度建构意义。但另一方面，利用大数据技术收集、分析和处理信息技术的发展会带来一系列法律层面的问题，这既包括基于大数据特征产生的新型权利，也包括传统

① 田小楚、高山行：《论大数据在著作权法保护中的冲突与协调》，《重庆大学学报》（社会科学版）2020 年第 2 期。

法定权利在大数据时代呈现出的新权能形态与新问题。[①] 在此基础上，我们探讨赛事直播权脱离传统的电视转播，将其作为数据财产权予以保护的可能性。

随着信息网络的发展，数据权近年来一直备受关注。在 2017 年《民法总则》就有了与数据权有关的条款，而 2019 年《民法典（草案)》中亦完整保留了前述条款。不同于传统知识产权法，数据在内涵上指向事实类信息，或者说以电子形式存储和处理的体现一定事实内容的信息。[②] 数据权利也同许多传统权力一样，同时具有人格权与财产权的双重权利属性。数据的人格权，即是以保护人身权为核心的数据权力，以知情权、同意权、修改权、被遗忘权等权利为主要内容；数据财产权则是侧重保护在数据网络中权利主体的财产权益，是数据主体对数据财产进行支配且排他性的权利，主要体现在数据的采集权、可携权、使用权和收益权。数据权虽然是一项新型权利，但其在权利保护上，尤其是在网络环境下，是不可或缺的，它使人们在大数据的环境下，既可以融入信息网络飞速发展的社会，又可以享受到大数据价值增益而带来的社会利益。无论是对于数据人格权的探讨还是对于数据财产权的探讨，都在不断完善和充实数据权的理论。

依据可识别性可将数据分为个人数据和非个人数据的场合，前者涉及人格权益和财产权益，后者只涉及财产权益。[③] 赛事直播数据属于非个人数据，因而在此只讨论其财产利益的范畴，即作为一项数据财产权。数据权中的财产权的客体是具有经济价值的数据。[④] 体育赛事网络平台的直播权载体是实时的传输视听画面，实时视听画面的载体则是网络数据，抽象出赛事直播权的客体是赛事直播数据。从直播权的特性分析来看，其具有排他性、营利性、时效性等特点，与物权的属性高度相似，而从权利呈现的方式和表现形式来看，又类似于著作权。通过分析

---

① 白利寅：《论科技进步与治理转型中的新兴（新型）权利——以相关研究的述评为视角》，《东方法学》2017 年第 4 期。

② 转引自杨翱宇《数据财产权益的归属判定》，《重庆大学学报》（社会科学版）2020 年第 2 期。

③ 杨翱宇：《数据财产权益的归属判定》，《重庆大学学报》（社会科学版）2020 年第 2 期。

④ 张黎：《大数据视角下数据权的体系建构研究》，《图书馆》2020 年第 4 期。

我们发现，赛事直播权是无形财产权，但在目前的民事权利体系中，并没有与之相适配的权利。故将赛事直播权定性为数据财产权，以财产权的保护方式予以规制和救济。

从权利主体来看，数据权与赛事直播权的主体均为一般民事主体。从权利客体来看，赛事直播权的权利客体是具有经济价值的赛事直播数据，而数据权的客体也即具有经济价值的数据。权利内容上，赛事直播权是一项无形财产权，而数据权保护权利主体是对数据的一种排他性的"占有"，是数据主体对自身财产进行支配且排他性的一种新型财产权，享有占有、使用、收益、处分的权利。① 二者在部分概念上不尽相同，但实质上却可以相互转化。因而将赛事直播权作为一项数据财产权，而不是将其纳入原有的权利体系中，更有利于保护其财产性利益。

三　体育赛事直播权的权利构成与权利实现

（一）体育赛事直播权利的构成要素

1. 权利主体

权利主体，即依法享有权利和承担义务的法律关系的参加者，是法律关系的主体，通俗来说，就是权利的所有者、实行者。

传统的对于体育赛事直播节目权利所有者的讨论主要有两种观点，即某一主体所有或者几个主体共有。个体独有中，主要观点是体育赛事组织机构独有②、体育赛事协会和联盟所有或者是俱乐部所有。而在多主体共有的观念中，以俱乐部、赛事组织者共有为主要观点。③就现阶段而言，赛事主体研究的发展趋势是：体育赛事组织者与俱乐部共同拥有体育比赛及赛事节目所产生的财产权益。④

这类对于主体探讨的观点，与其说是对赛事节目主体的探讨，不如

---

① 参见张黎《大数据视角下数据权的体系建构研究》，《图书馆》2020 年第 4 期。
② 参见吴雨辉《体育赛事转播权法律保护的新路径》，《知识产权》2018 年第 12 期。
③ 向会英：《比较法视野下欧美国家职业体育赛事转播权研究》，《成都体育学院学报》2019 年第 1 期。
④ 金雪涛、于晗：《英国体育赛事转播权营销分析》，《体育文化导刊》2011 年第 9 期。

说是对赛事相关权利主体的探讨。这里需要区分赛事权利与赛事节目权利：赛事权利是组织、运营、参与者享有的对于赛前筹备，赛事活动中及赛事衍生的各项权利的总和；赛事节目权利是体育比赛的衍生权利，是指赛事经由平台数据处理后向公众传播过程中，对其节目享有的权利。由于赛事直播通常被授权给电视台或者直播平台，则其源权利的主体不能等同于节目权利的主体。赛事主体将赛事权利中的网络传播的权利授权给直播平台，平台根据赛事传输数据制作赛事直播节目，如图4所示。

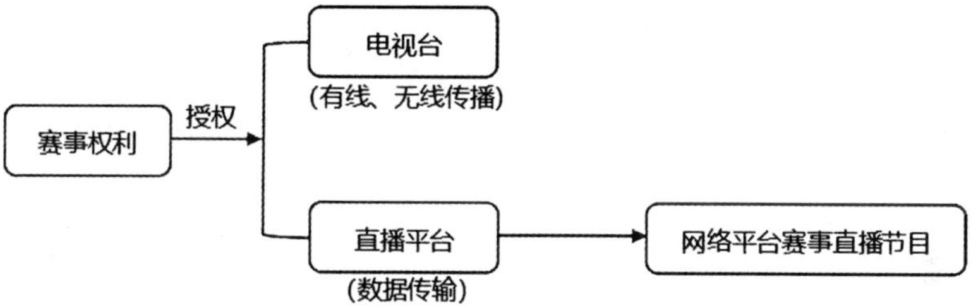

图6　赛事直播权利授权示意

故我们讨论赛事直播权的时候，首先明确我们要维护的是网络平台的赛事直播权，直播权直观表现为直播平台直播行为，如有盗播等侵权行为，直接造成的损失也均由直播平台承担，所以赛事直播权的主体应该是直播平台。

2. 权利客体

权利客体是法律关系主体的权利、义务所共同指向的对象，具体包括物、行为以及和人身相联系的精神财富。或者，我们可以称其为，权利依托的载体。在体育赛事直播权利的讨论中，借鉴体育赛事转播权客体的相关讨论，关于体育赛事节目直播权利的客体，主要有以下三种：体育赛事、节目视听画面、赛事直播信号。

赛事本身如前述，属于赛事主体权利考虑的范畴，因此需分析的是节目视听画面与赛事直播信号，即赛事传输数据。我们常常被传统电视转播体育赛事的形式误导，认为赛事直播就是平台摄制比赛，加工后播出，形成赛事节目的视听画面，其劳动独创性虽然低，但仍具有价值，因为节目画面本身就是其劳动价值的依托所在，亦是其权利的客体。但是这种观点的误区在于，网络平台直播与传统电视直播不同，网络直播平台仅仅是一个实时交互性质的视频传播平台，一般不具有电视媒体的摄制条件与专业水准，通常不参与赛况的摄制，而仅就赛事主办方传输的数据进行加工并转化为直播画面。从实务角度来看，网络赛事直播的侵权行为通常表现为盗用直播链接，转播直播画面等，在转化为直播画面之前，其以电子数据的形式存在，如果利用信息网络技术在直播前截取数据并播放，是否构成侵权呢？答案是肯定的，也就是说，直播画面本质是数据。另一方面，试想，如果平台或个人直接借由自己的设备拍摄赛事实况并直播，是否构成对于授权平台的侵权呢？在不考虑不正当竞争的情况下，笔者认为不会，因为如果自己摄制播出，其价值仍是在其劳动的基础上产生的，画面的相似是受体育赛事传播本身的限制，故其不对授权平台侵权，而是更上一层次，对于赛事权利主体享有的赛事相应处分权的侵权。

我们认为，赛事直播画面只是其表现形式而已，画面是依托数据而存在的，数据就是信息网络世界中的信号，故赛事直播权的客体，应是赛事直播传输数据。

3. 权利内容

权利内容常言之就是权利包含何种内容。体育赛事直播节目的直播权利在法律上尚未有明确的定性，因而未有较为权威的权利内容概括。就数据财产权而言，关于数据财产权的内容学界也是看法不一，齐爱民教授认为数据财产权包括占有、使用、收益和处分权能；学者陆小华认为信息财产权包括控制权、使用权、收益权、处分权；郑佳宁教授认为，数据财产权包括复制权、使用权、传输权和处分权。① 综合以上数据权观点和赛事直播节目的私法实践，本文暂从排他性直播权，网络限制传播权，收益、使用、重制权，直播数据采集权这四个方面进行简要概括。

(1) 排他性直播权

从现有案例来看，“未经许可，擅自通过 APP 或网站设置赛事专题

① 转引自张黎《大数据视角下数据权的体系建构研究》，《图书馆》2020 年第 4 期。

页面，实时转播”在案件侵权行为描述中频频提及。原告无论是基于著作权侵权角度或者是民事侵权角度，其根本诉求都是维护其基于体育赛事主办方及直播平台等的商业合同而获得的，赛事直播权利的独家授予，即直播平台享有排他性的直播权。

该权利的源头是赛事联盟与赛事主办方组织和举办赛事，基于赛事品牌、赛事相关人员合约及赛事场地租赁而享有的对于体育赛事原始取得的实际控制权。而后体育赛事主办方通过和直播平台的合约，将对于包括赛事直播权利在内的“媒体转播权”转让给相关平台。

这个转让可以参考物权转让，分为两个层面，合约签订成功后的债券关系；以及“媒体转播权”让渡的类似物权的权利转让。“媒体转播权”依托的主要表现形式是视听画面实时传播，不管是将“媒体转播权”看作是一种商品权利、知识产权或是其他权利，为保证其商业利益得以实现，该权利必须是排他性的专有权利。

（2）网络限制传播权

直播节目的传播有两种，一种是直播时通过盗取直播数据予以传播，另一种是直播过后通过录制的画面进行传播，网络传播权涵盖了转播权录制权等多项权利，具体表现为实时转播、定时转播与点播。限制转播其实是排他性直播的衍生。直播节目有别于传统的电视直播，网络直播由于直播媒介——电子计算机的特殊性，其直播内容的复制更加方便，因此直播节目直播后的录制与重播的权利也应当予以探讨。即直播平台除享有允许或禁止他人同时播放相应节目的权利外，还享有允许或禁止他人提供相应节目定时播放或点播的权利。在司法实践中，也有将他人提供在线点播的行为诉诸法庭。如 2015 年央视国际诉上海悦体一案中，原告认为被告擅自提供点播服务侵犯其著作权，明确将点播行为作为侵权行为的一项。①

限制传播权常见于网络上影视剧的传播，如湖南卫视的《歌手》这一档综艺，其网络独播权归属于芒果 TV，网络上，首播之后，观众只可以通过付费在该平台点播观看相应节目。而对于该节目的录制传播，

① 参见上海市闵行区人民法院（2015）闵民三（知）初字第 1057 号。

如有的观众在 bilibili 弹幕网上传该节目的录制成品，也会因为侵犯其著作权而被删除、限制传播。

（3）收益、使用、重制权

就一般电视网络直播节目而言，无论原节目是否属于著作权保护范畴，其录制后只会成为两类作品：类电影作品和录音录像制品，在著作权法修订草案中则表述为视听作品。数据固定的便利使体育赛事节目在播出后成为固定即录音录像制品，该制品如何使用和收益，以及剪辑该制品等，在合理使用范围之外都应由所有者，也就是网络直播平台享有。在司法实践中，确有相关平台未经允许擅自剪辑赛事节目，如进球集锦等，但这类行为诉诸法律的较少，且可从录音录像制品的方向加以规制，即侵权与否取决于剪辑的内容是否超出合理使用范畴。

（4）直播数据采集权

结合赛事直播节目的实践，我们可以概括出两种侵权类型，一类是对于直播平台已有的直播数据进行复制盗播，另一类是未经授权将该赛事节目的电视信号转化为直播数据向公众传播，典型的如新浪公司诉天盈九州公司著作权侵权一案中，被告天盈九州公司就是在未经授权的情况下，利用技术手段将央视电视直播节目转化成网络直播节目。[①] 在第二类侵权类型的情况下，侵权人并非直接盗取数据，而是自行采集了相关赛事真的直播数据，但其行为本质上与盗取直播数据的行为是一致的，都是对于被侵权人直播利益的损害。此外，网络的普及和计算机专业教育的刚需使得数据采集与转化的技术门槛变低，成本也随之降低，故对于直播数据采集的限制是确有必要的。

（二）赛事直播权的保护路径

权利的确认，或者通过立法，或者通过司法能动地造法——制造权利。后者是饱受青睐的，但这是判例法国家的路径，因而在我国，我们更倾向于通过立法这一形式将新型权利固定下来。赋予数据以财产权是

① 参见北京市朝阳区人民法院（2014）朝民（知）初字第 40334 号。

大数据时代保护数据财产的必要方式，可最大限度发挥数据效益，保护资产数据，确保相关财产权利人在价值链内公平分享利益。[①]

1. 数据财产权与现有制度之衔接

就目前而言，我国的大数据立法是法律治理环境下的附庸之物，其法律规定显得过于原则化和简单化。除《民法总则》中对于数据和网络虚拟财产的一笔带过，与大数据相关的法律规定也不过是《著作权法》《计算机软件保护条例》《反不正当竞争法》的个别条款在特殊情况下的适用。[②] 著作权与邻接权虽然都属于著作权保护制度的权利类型，但侧重点略有不同。前者倾向于保护作品产生过程中的智力创造，后者倾向于保护作品传播过程中所投入的劳动。[③] 从《著作权法》角度而言，其提及数据更多的是考虑对数据的选择或编排，而非数据本身的价值，即不构成作品的数据被排除在外。另一方面，对于有价值但缺乏独创性的大数据来说，邻接权保护模式无疑更为契合，但这一做法并未从根本上解决大数据权属保护的问题，这种模式与新产生的邻接权会打破原有法权体系结构的稳定性，造成著作权与邻接权运用权利异象，故尚无法将数据财产权归于著作权法项下。[④] 此外，数据还可通过《反不正当竞争法》中的诚实信用原则和商业秘密保护予以规制，但这更多的是事后救济，无法做到对于数据权本身的经济利益的保护。

2. 赛事直播权作为数据财产权的立法设想

因此，我们试图从其他民事权利的方向寻求解决之道。《民法总则》第 127 条将数据和网络虚拟财产共同规定在财产权项下，虽未对其属性详细规定，但与网络虚拟财产并列，表明两者的相似性，某种程度上承认了数据的财产属性。[⑤] 这也使数据财产权受法律保护有了

---

① 张黎：《大数据视角下数据权的体系建构研究》，《图书馆》2020 年第 4 期。

② 田小楚、高山行：《论大数据在著作权法保护中的冲突与协调》，《重庆大学学报》（社会科学版）2020 年第 2 期。

③ 参见韦之《著作权法原理》，北京大学出版社 1998 年版，第 12 页。

④ 田小楚、高山行：《论大数据在著作权法保护中的冲突与协调》，《重庆大学学报》（社会科学版）2020 年第 2 期。

⑤ 张黎：《大数据视角下数据权的体系建构研究》，《图书馆》2020 年第 4 期。

法律基础，但仍未明确数据财产权。《民法典（草案）》在总则编中保留了第127条数据权利保护的基础，但在具体的分编中未对数据权利进行阐述，仅在侵权责任编第1194条中通过对网络用户、网络服务提供者利用网络民事侵权的规定间接对数据权利有所保护。综上，如要将赛事直播权作为一项新型的数据财产权在法律上予以明确，则应在总则编数据权利保护的基础上，在体育法或者数据权利保护单行规则中赛事直播权的条款，对于直播权的主体、客体、权利内容以及救济方式进行说明。对于赛事直播节目本身，以无形财产权的保护方式，对其数据采集、控制、收益、共享等一系列权益予以保护。对于直播后被固定下来的直播节目画面，则另以录音录像制作者权予以保护。

需要注意的是，由于体育赛事本身与私人物品不同，本质是需要被共享而不是私人占有，其与影视作品也不同，保护的目的不是鼓励创作，而是保障其财产性权益。由于体育赛事地域、场地以及个人时间和消费能力限制，赛事直播是大多数人知悉赛事情况的主要途径，公众对赛事相关信息的接受是赛事直播的前提和基础。① 正当合理行使必然有其界限或边界，所以法律需要对赛事直播权予以保护，但也应当保证数据共享的结果。这一方面，部分国家和地区确立了限制赛事传播的反虹吸规则，如欧盟，为了防止付费广播电视垄断所有赛事，该规则将播放重要和文化意义重大的赛事的机会给予了免费广播电视。并且为了保障体育赛事的公益性功能，保障公众知情权，欧盟要求其成员国罗列了可供免费播放的重大赛事名录。② 又如法国国内，为了避免赛事传播的垄断，使更多竞争者拥有机会，法国立法部门竞争管理局对其体育赛事转播权的行使做出了限制。③ 我国可借鉴国外的反虹吸规则，建立赛事数据共享的正面清单，对于部分具有重大意义的赛事，如奥运会等，必须及时共享赛事信息。

---

① 参见朱玛《利益平衡视角下体育赛事转播权的法律保护》，《河北法学》2015年第2期。

② Roman Zagrosek & Sandra Schmieder, Centralized Marketing of Sports Broadcasting Rights and Antitrust Law, Seton Hall Journal of Sports and Entertainment Law (2004), pp. 395 - 396.

③ Jerome P., Media & Broadcasting rights in France, Football Legal 2016 (3), pp. 73 - 75.

四 结语

网络媒体直播体育赛事，在近些年已逐渐商业化，并拥有了可观的受众。而网络媒体的出现，则占据了原本电视转播的市场，并迅速笼络了一批喜爱用互联网观看赛事的体育爱好者。在网络中，体育爱好者可以根据自己的意愿随时随地观看直播，甚至可以对节目进行暂停、回放或者录制等操作，并且参与弹幕实时互动。[①] 基于这些优势，网络媒体直播体育赛事，现在已经成为传统广播电视媒体转播的强劲竞争对手，并在市场份额中占据一席之地。但近些年来，由于体育赛事直播权的立法规定尚未完善，违法成本不高，体育赛事节目的侵权等现象层出不穷，严重损害了当事人的利益，更是破坏了体育商业化运营的良好竞争秩序而由于赛事直播权定性不明，当事人只能借由不正当竞争法诉诸法庭，这显然有失公允。

基于此，体育赛事直播平台的直播权才有了可探讨的余地。笔者从实务案例出发，归纳体育赛事直播权的定性焦点并加以分析，由于赛事直播权低独创性、无体性等特点，在主流的两个方向——著作权法与现有民法权利方向上，我们无法将赛事直播权纳入其中，故而寻求一条新型权利之路加以解决。在对赛事直播权的构成进行简要分析后，在无形财产权的分支下，笔者提出在现有的数据保护的基础上，将其纳入数据财产权这一范畴，将其作为一项数据权在民法上予以保护，以期通过数据财产权的设定，解决现有的赛事直播权侵权的法律纠纷，推动体育产业进一步商业化，促进体育直播行业向好向上发展。

---

① 郑晓英：《网络媒体盗播体育赛事节目案件中的版权保护》，《太原师范学院学报》（社会科学版）2017 年第 4 期。

附　录

附件一　判决统计表

序号	当事人	审级 受诉法院	侵权事实	诉请 定性	判决结果	判决逻辑
01	原告：央视国际网络有限公司 被告：京我爱聊网络科技有限公司	一审： （2013） 北京市海淀区人民法院 二审： （2014） 北京市第一中级人民法院	擅自通过“电视粉”手机客户端和信息网络，设置“2012 伦敦奥运专区”专题页面，实时转播伦敦体育赛事； 在己方平台对前述行为进行了大幅推广和宣传	广播组织者权 不正当竞争	一审： 赔偿经济损失 40 万 《著作权法》第 45 条、第 48 条第（一）项、第 49 条第二款、《反不正当竞争法》第 2 条、第 20 条 二审： 驳回上诉，维持原判	一审： 中央电视台经国际奥委会的授权，享有独家广播权； 被告行为降低了原告网络点击量，属于《反不正当竞争法》中的“搭便车”行为； 二审： 体育竞赛节目非以展示文学艺术或科学美感为目标，不构成作品 互联网环境下的转播行为尚未纳入著作权法调整之列，被告行为不属于法律规定的“转播”行为 被告行为具有不正当性，属于《反不正当竞争法》第二条第一款规定的不正当竞争行为

续表

序号	当事人	审级 受诉法院	侵权事实	诉请 定性	判决结果	判决逻辑
02	原告：体奥动力（北京）体育传播有限公司 被告：上海全土豆网络科技有限公司	二审： （2013） 上海市第一中级人民法院	擅自在被告主办网站转播2010年度亚洲足球冠军联赛比赛，并以此牟利	网络侵权 （以物权为权力基础）	一审： 驳回原告诉讼请求《侵权责任法》第36条第一款、《中华人民共和国物权法》第5条 二审： 驳回上诉维持原判	一审： 证明文件中“broad cast rights”，直译应为广播权，属著作权，而原告主张的“因特网传播权”与“转播权”的关系，原告未能解释与证明原告主张其独家播放权系物权属性的权利，但我国法律并未对赛事组织者的权利作出规定，缺乏法律依据。 二审： 我国目前并无相关法律规定独家播放权可以作为物权的客体，独家播放权难以受到《物权法》的保护。 原告提出涉案视频为动产的主张，因涉案视频应属于电子文件而非有体物，故该主张缺乏法律依据
03	原告：体奥动力（北京）体育传播有限公司 被告：上海新赛季足球发展有限公司	一审： （2013） 上海市杨浦区人民法院	擅自通过网站对2011年亚洲杯“科威特足球队”对“中国足球队”比赛进行全程网络播放	民事权益 （独家播放权）	驳回原告诉讼请求	原告未能向本院提供证据证明其授权关系，依现有证据无法认可原告主体资格。 依现有证据尚不能明确原告的因特网传播权等究竟属于何种性质的权利，原告以此权利系“具有财产属性的民事权益”为由主张被控侵权网站侵权，缺乏法律依据

续表

序号	当事人	审级 受诉法院	侵权事实	诉请 定性	判决结果	判决逻辑
04	原告：央视国际网络有限公司 被告：北京风行在线技术有限公司	一审： （2015） 北京市海淀区人民法院	在其网站的首页推荐2014年巴西世界杯，并在网站直播频道中提供2014年巴西世界杯开幕式及小组赛A组第1轮比赛视频的在线直播服务	著作权 不正当竞争	赔偿经济损失及合理支出10万元	中央电视台对世界杯赛事现场画面进行了加工、制作并直播，在直播过程中通过多镜头切换，对于不同位置的摄像的信息截取，并辅以解说员的解说和回顾，付出了创造性劳动，使得其制作、直播的足球赛事节目具有了较高的独创性，属于作品 在已认定被告行为构成侵犯著作权的情形下，不宜再次对同一行为追究不正当竞争责任
05	原告：央视国际网络有限公司 被告：暴风集团股份有限公司	一审： 北京市石景山区人民法院 二审： （2015） 北京知识产权法院	暴风公司利用“暴风影音”网站以及“暴风影音5”播放器PC客户端软件，通向公众提供3950段“2014巴西世界杯”赛事电视节目短视频的在线播放服务	著作权 （信息网络传播权）	一审： 判处被告赔偿经济损失及合理支出共计672400元 侵权责任法；著作权法；《最高人民法院关于审理侵害信息网络传播权民事纠纷案件适用法律若干问题的规定》第6条 二审： 撤销原判；判处被告赔偿原告共计400万元	一审： 原告主张涉案短视频系以类似摄制电影的方法创作的作品，无法律依据，不予认定； 暴风公司擅自向公众提供涉案短视频的在线播放服务，构成了对原告制作播放的赛事节目录像制品的复制和信息网络传播，侵害了央视国际公司享有的独占信息网络传播权； 二审： 体育赛事直播信号所承载的连续画面，在独创性高度上较难符合电影作品的要求 央视被授权可以通过“点播”及“重播”的方式使用涉案全部体育赛事节目，而只有在相应体育赛事节目已被固定的情况下，上述点播或重播的行为才可被实施，上述授权应理解为录像制作者权中的信息网络传播权

续表

序号	当事人	审级 受诉法院	侵权事实	诉请 定性	判决结果	判决逻辑
06	原告：北京新浪互联信息服务有限公司 被告：北京天盈九州网络技术有限公司	一审： 北京市朝阳区人民法院 二审： （2015） 北京知识产权法院	天盈九州公司在网站上设置中超频道，非法转播中超联赛直播视频	著作权 （类电影作品） 不正当竞争	一审： 停止侵权；登载声明；赔偿经济损失 50 万元 二审： 撤回原判；驳回原告全部诉讼请求	一审： 法律上没有规定独创性的标准，但应当认为对赛事录制镜头的选择、编排，形成可供观赏的新的画面，从涉案转播赛事呈现的画面看，满足上述分析的创造性，构成作品。 转播行为已通过著作权法进行了调整，无须以反不正当竞争规制。 二审： 涉案两场赛事公用信号所承载连续画面既不符合电影作品的固定要件，亦未达到电影作品的独创性高度，故涉案赛事公用信号所承载的连续画面未构成电影作品。 电视台的初始传播采用无线方式，因此其属“无线广播”行为。被诉行为是对上述广播信号的网络直播行为，属于广播权调整的第二种行为，即“以有线传播或者转播的方式向公众传播广播的作品”的行为。故被诉行为属于广播权的权利范围

续表

序号	当事人	审级 受诉法院	侵权事实	诉请 定性	判决结果	判决逻辑
07	原告：央视国际网络有限公司 被告：上海悦体信息技术有限公司	一审： （2015） 上海市闵行区人民法院	被告于2014年6月至7月期间，擅自通过网站向公众提供世界杯比赛的在线直播和点播服务	著作权 （类电影作品） 不正当竞争	赔偿原告经济损失及合理费用共计人民币10万元	作品信息网络传播权是基于作品而产生的，体育赛事节目的转播或录播不是法定的作品，不构成信息网络传播权的侵权 赛事节目的转播或录播是基于授权而获得的特定权利，这种授权制度构成商业惯例，是受法律保护的竞争秩序和商业道德，构成不正当竞争
08	原告：央视国际网络有限公司 被告：华夏城视网络电视股份有限公司	一审： （2015） 深圳市福田区人民法院	被告在其网站“城市联合网络电视台”之“兰州台”频道内，向网络用户提供了中央电视台制作的2014年巴西世界杯比赛节目的在线直播服务	著作权 不正当竞争	赔偿原告经济损失及合理支出12万元	由国际足联拍摄的、经中央电视台制作播出的巴西世界杯赛事直播节目应认定为录像制品。原告主张其是类似电影的方式创作的作品，无法律依据，不予认定 原被告间存在竞争关系，被告擅自向网络用户提供实时转播服务，减少了原告通过网络直播获取经济收益的机会，该行为违背了公认的商业道德和诚实信用原则，构成不正当竞争

续表

序号	当事人	审级 受诉法院	侵权事实	诉请 定性	判决结果	判决逻辑
09	原告：央视国际网络有限公司 被告：广州市动景计算机科技有限公司	一审： （2015） 广州市天河区人民法院	被告通过信息网络向公众提供2014年巴西世界杯比赛节目的直播和点播	著作权 不正当竞争	赔偿原告经济损失及为制止侵权行为所支付的合理开支共计8万元	世界杯比赛展示的主要是运动力量和技巧，不是以展示文学艺术或科学美感为目标，不属于文学、艺术和科学领域，并不构成上述著作权法意义上的作品 擅自在互联网环境下提供赛事直播与点播，实质性替代来源网站进行播放，客观上导致央视国际公司网站访问量减少，分流了目标群体，这种“搭便车”的行为构成不正当竞争行为
10	原告：央视国际网络有限公司 被告：北京多格科技有限公司	一审： （2017） 北京市海淀区人民法院 二审： 北京知识产权法院	多格公司通过其APP懂球帝向公众直播2016年里约奥运会的赛事节目	著作权 （信息网络传播权） 不正当竞争	一审： 赔偿经济损失30万元、合理支出1万元 二审： 驳回上诉，维持原判	一审： 多格公司作为同业竞争者，损害了原告利益，属于“搭便车”行为 被诉行为系通过互联网直播行为，不符合信息网络传播的任意选定时间的交互式传播特点，且在传播过程中未产生复制件，亦不符合广播组织者权的通过有线方式转播的特征，故不适宜于通过著作权法来保护 二审： 多格公司行为降低原告的直播的收视率，亦减损了原告的预期利益，构成不正当竞争行为

续表

序号	当事人	审级 受诉法院	侵权事实	诉请 定性	判决结果	判决逻辑
11	原告：未来电视有限公司 被告：华数传媒网络有限公司	一审： （2018） 天津市滨海新区人民法院	华数互联网电视平台擅自提供2016里约奥运会“男子100米自由泳（半决赛）”比赛节目的在线点播服务	著作权 不正当竞争	赔偿原告经济损失及合理开支共计20万元	被告擅自在其运营的“华数TV”互联网电视平台向公众提供赛事节目的点播服务，使公众可以在其个人选定的时间和地点在线观看涉案赛事，侵害了原告享有的涉案赛事录像制品的信息网络传播权 已通过著作权法进行了调整，无须以反不正当竞争规制

中国文化法学研究机构建设和发展（2003—2020）

许　琳　姜雅雯[①]

（中国社会科学出版社）

摘要　党的十八大以来，文化法学研究机构的数量持续增长，区域和层级分布越发广泛，与文化法治大发展的态势紧密相关。当前，文化法学研究机构发展仍然存在一些问题：一是研究机构和学科仍未取得实质性进展；二是研究机构在不同地区和不同领域发展不平衡；三是缺乏政产学研的联动。建议加强专业研究机构建设力度，推进高层次、实体性研究机构建设；坚持文化强国战略，推进文化法学学科的融合发展；丰富研究视角，提高文化法学的学科生命力。

关键词　文化法学；研究机构；建设

文化法学是对文化法律实践活动予以法治价值的审思、法律规范的诠释、法治实践的研判，努力揭示文化法律活动实践规律的学科领域。[②]文化法学相关研究机构是文化法学发展的重要载体，文化法学相关研究机构的发展状况也是反映文化法学发展现状的重要变量。本文通过整理汇总现有网络公开文献和相关机构负责人的采访，梳理出 2003—2020

---

① 许琳，法学博士，中国社会科学出版社政治与法律出版中心副编审。姜雅雯，法律硕士，中国社会科学出版社政治与法律出版中心助理编辑。

② 石东坡：《前言：增进新时代文化法治的学术支持》，《中国文化法学评论》（第一辑），中国社会科学出版社 2021 年版，第 4 页。

年我国科研院校文化法学研究机构的建设和发展脉络，以期能把握文化法学研究机构发展的规律和趋势，进一步促进文化法学的研究与创新，为文化法治建设提供智力支持。

一　中国文化法学研究机构建设的基本情况

根据不完全统计，截至2020年12月底，通过检索可以发现，国内已有20所科研院校围绕文化法学学科建设和研究投入资源、整合力量、组建团队。其中，中国社会科学院文化法制研究中心于2003年成立，是国内首家聚焦文化法学的研究机构。

表1　**中国文化法学相关研究机构信息统计**

序号	机构名称	成立时间
1	中国社会科学院文化法制研究中心	2003年
2	浙江大学城市学院文化和旅游法治研究中心	2011年
3	对外经济贸易大学科技创新与文化创意法学研究所	2012年
4	兰州理工大学法学院文化遗产法研究所	2013年
5	中国政法大学文化娱乐法治研究中心	2015年
6	中南大学中国文化法研究中心	2016年
7	北京市文化娱乐法学会	2016年
8	西北政法大学中国（陕西）自由贸易区法律研究院文化遗产法律研究中心	2017年
9	中国人民大学律师学院艺术与法律研究中心	2017年
10	浙江工业大学文化与法制研究中心	2017年
11	浙江理工大学法政学院时尚艺术法研究所	2018年
12	中国传媒大学文化产业管理学院文化法治研究中心	2019年
13	南昌理工学院艺术法研究所	2019年
14	清华大学法学院影视文化法研究基地	2019年
15	中央美术学院艺术法研究中心	2019年
16	武汉大学艺术法研究中心	2019年
17	中国人民大学法学院文化遗产法研究所	2020年

续表

序号	机构名称	成立时间
18	西南政法大学文化传播研究院①	2020 年
19	上海市法学会文化产业法治研究会	2020 年
20	中国行为法学会影视文化行业行为规范研究会	2020 年

（一）党的十八大以来文化法学研究机构的数量持续增长

党的十八大以来，文化法学研究机构数量持续增长（详见图 1）。在 2003 年中国社会科学院成立文化法制研究中心之后，文化法学相关研究机构的建设发展比较缓慢，直到 2011 年，文化法学相关研究机构的建设才重新启动起来。2011—2016 年，机构数量基本上以每年一家的速度增长，增幅稳定。至 2017 年，文化法学研究机构的增长趋势明显，2017 年增加 3 家研究机构。2019 年和 2020 年出现发展的“小高峰”状态，2019 年增加 5 家研究机构，2020 年增加 4 家研究机构。

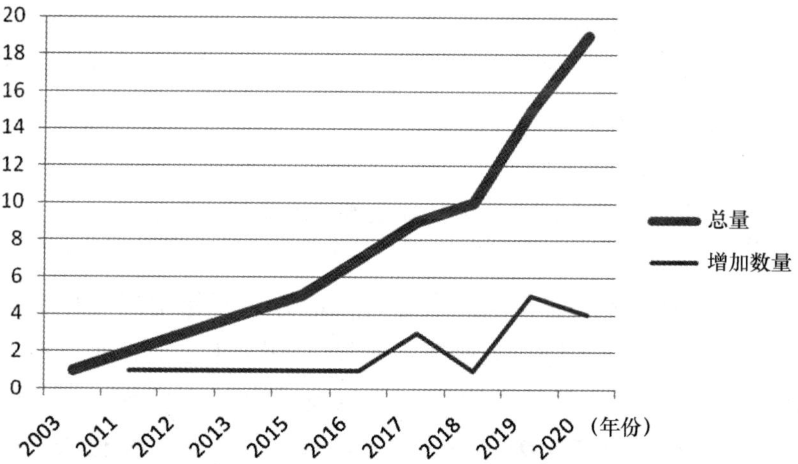

图 1　中国文化法学研究机构增长情况

① 西南政法大学文化传播研究院的机构名称中未包含法学、法治、法制，但由于是专业政法大学设立的文化研究机构，本文将其归为文化法学相关研究机构。

从时间脉络上来看，中国文化法学研究机构的发展形势和文化法制和文化法治的发展动向紧密相关。

2011 年 10 月 18 日，党的十七届六中全会通过《中共中央关于深化文化体制改革推动社会主义文化大发展大繁荣若干重要问题的决定》，强调“加强文化法制建设，一手抓繁荣、一手抓管理，推动文化事业和文化产业全面协调可持续发展”①，决定还提出通过加快文化立法构建文化繁荣，作为实现到 2020 年文化改革发展奋斗目标的五项重要方针之一。在这一背景下，文化法学相关研究机构的建设开始走上稳步增长的道路。

党的十八大以来，在“五位一体”总体布局和“四个全面”战略布局的推动下，全面依法治国推动文化建设的实践不断推进。2019 年党的十九届五中全会通过《中华人民共和国国民经济和社会发展第十四个五年规划和 2035 年远景目标纲要》，将文化建设摆在突出位置，提出了到 2035 年建成文化强国的远景目标，文化法治作为文化强国的应有之义，进入了新的发展阶段。由此，根植于新时代文化法治建设沃土、服务于文化法治发展实践的文化法学迎来了新的发展契机，文化法学研究机构的建设出现了新的高潮，并且在具体的方向和研究内容上呈现出多样化和多元化的趋势。

（二）文化法学相关研究机构在各地各层级都有所发展

党的十八大以来，整体而言，文化法学相关研究机构如雨后春笋，发展较快。从地域上来看，除北京之外，地方也开始出现各种类型的文化法学相关研究中心，辐射效应较为明显。2017 年之前，研究机构主要集中在北京，而自 2017 年之后，在其他地区也开始出现，到 2020 年，东中西部地区都已有文化法学相关研究机构，体现出对文化法学相关研究和学科建设较高的积极性。

---

① 《中共中央关于深化文化体制改革推动社会主义文化大发展大繁荣若干重要问题的决定》，人民出版社 2011 年版，第 11 页。

表2　　中国文化法学相关研究机构地区分布

地点	机构名称
北京	中国社会科学院文化法制研究中心
	对外经济贸易大学科技创新与文化创意法学研究所
	中国政法大学文化娱乐法治研究中心
	北京市文化娱乐法学会
	中国人民大学律师学院艺术与法律研究中心
	中国传媒大学文化产业管理学院文化法治研究中心
	清华大学法学院影视文化法研究基地
	中央美术学院艺术法研究中心
	中国人民大学法学院文化遗产法研究所
	中国行为法学会影视文化行业行为规范研究会
浙江	浙江大学城市学院文化和旅游法治研究中心
	浙江工业大学文化与法制研究中心
	浙江理工大学法政学院时尚艺术法研究所
甘肃	兰州理工大学法学院文化遗产法研究所
湖北	武汉大学艺术法研究中心
湖南	中南大学中国文化法研究中心
江西	南昌理工学院艺术法研究所
陕西	西北政法大学中国（陕西）自由贸易区法律研究院文化遗产法律研究中心
上海	上海市法学会文化产业法治研究会
重庆	西南政法大学文化传播研究院

从科研院所的文化法学相关研究机构的主办单位级别来看，仅有中国社会科学院文化法制研究中心是由中国社会科学院这类省部级科研院所主办。另外，有8所由高校主办，8所由高校所属学院主办。此外，中国行为法学会影视文化行业行为规范研究会的主办单位是社会团体中国行为法学会，北京市文化娱乐法学会由北京市法学研究会主办，上海市法学会文化产业法治研究会由上海市法学会主办。

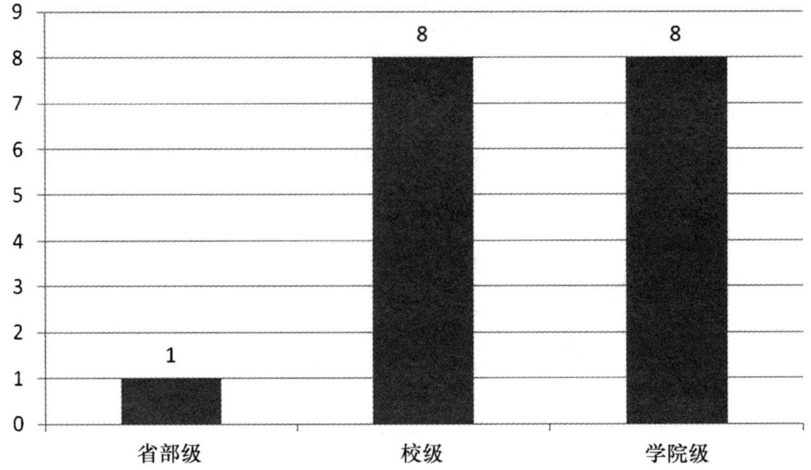

图 2 研究机构主办单位级别

二 中国文化法学研究机构发展中的问题

（一）研究机构和学科仍未取得实质性进展

首先，从数量上来看，作为新兴学科的文化法学在 21 世纪初到 2020 年近 20 年间已经有了相当大的发展，如果与其他新兴领域相比，数量上处于劣势。比如，网络信息法学相关研究机构也是从 21 世纪初开始起步，而截至 2020 年 12 月底，国内已有 47 所科研院校围绕网络信息法学科建设和研究投入资源、整合力量、组建团队，其中已有 91 个网络信息法学相关研究机构成立或开展工作。①

其次，综合性文化法学研究机构相对较少。在本文所统计的 20 家机构中，冠名“文化法治”“文化法”“文化法制”“文化与法制”等的综合性研究机构只有 4 家，分别是中国社会科学院文化法制研究中心、浙江工业大学文化与法制研究中心、中国传媒大学文化产业管理学院文化法治研究中心、中南大学中国文化法研究中心。相对应地，系统性的

① 周辉、徐玖玖：《中国网络信息法学研究机构建设和发展报告（2004—2020）》，《网络信息法学研究》2021 年第 1 期，中国社会科学出版社 2021 年版，第 221 页。

文化法学基础研究的成果也比较有限，这些成果包括：《文化法律知识读本（以案释法版）》① 《论文化法：规范与理念》② 《文化立法研究（上、下）》③ 《文化法学导论》④ 《中国文化法学评论》（辑刊）⑤、《文化法治体系的建构》⑥ 《文化法治基本理论研究》⑦ 等。

从机构的实体化程度来看，目前统计和整理的文化法学相关研究机构的实体化程度仍然较低，绝大多数的研究机构处于虚设或挂名的状态，无法为文化法学研究提供真正强有力的推动力量；而且文化法学相关研究机构多以学术研究为重，在学科建设和研究生培养方面尚未起步。

（二）研究机构在不同地区和不同领域发展不平衡

从全国文化法学相关研究机构的分布来看，存在一定程度的地区发展不平衡。截至 2020 年，文化法学相关机构主要集中在北京，一共有 10 家，占总数的 50%。其次是浙江，一共有 3 家。另外，甘肃、湖北、湖南、江西、陕西、上海和重庆各有一家。北京科研院校的研究机构明显具有起步早、数量多、增速快的优势。这一方面得益于北京所具有的丰富的教育资源，另一方面，也凸显出北京作为我国文化中心的优势。此外，浙江的研究机构发展也较为活跃。

从文化法学内部各细分领域来看，不同领域的机构建设发展也不平衡。其中比较突出的法领域是文化产业法、文化遗产法、影视娱乐艺术法。

（三）缺乏政、产、学、研的联动

同为较为新兴的学术领域，网络信息法学相关研究机构在政产学研

---

① 中国社会科学院文化法制研究中心：《文化法律知识读本（以案释法版）》，中国民主法制出版社 2016 年版。

② 周刚志：《论文化法：规范与理念》，中国政法大学出版社 2019 年版。

③ 朱兵：《文化立法研究（上、下）》，中国政法大学出版社 2019 年版。

④ 周艳敏、宋惠献：《文化法学导论》，北京大学出版社 2017 年版。

⑤ 石东坡主编：《中国文化法学评论 · 第 1 辑》，中国社会科学出版社 2021 年版。

⑥ 熊文钊主编：《文化法治体系的建构》，中国社会科学出版社 2021 年版。

⑦ 熊文钊等：《文化法治基本理论研究》，中国社会科学出版社 2021 年版。

联动方面走在前面，跨学科、跨领域、跨层次的多元合作和协同研究趋势明显。截至2020年，相关行政部门、司法部门或企业在科研院校设立或与科研院校共建的研究机构已达27家。① 相比而言，文化法学相关研究机构在政产学研联动方面乏善可陈。

三　结论和建议

文化法学研究机构在党的十八大以后发展迅猛，数量不断增长，整体性研究机构和专业研究机构都有所发展。然而，从当前的情况来看，文化法学研究机构在总结文化法治领域基本问题、基本范畴、基本结构，形成系统性、体系化的文化法学方面的实质性进展欠缺，尚缺乏为我国文化法治体系的建构和完善提供科学、系统的理论指导的能力。由此，从文化法治相关机构的建设角度，本文建议：

第一，加强专业研究机构建设力度，推进基础性、高层次、实体性研究机构建设。有学者从理论上分析了文化法学的本质，认为文化法学不是独立的法律部门，但文化法学却是一门独立的法学学科。文化法学的调整对象可抽象概括为文化法律关系。这是一种在文化活动中形成的，由相关法律规范进行调整的社会关系。② 在实践中，随着文化法律关系日益庞杂、文化法治实践日益发展，必然需要文化法学研究的有力支撑，进而需要加大基础性、高层次、实体性研究机构的建设。比如，在中国法学会中设立文化法学相关研究会或者由主管宣传文化的部委牵头设立高级别的、实体性的文化法学研究机构。

第二，坚持文化强国战略，推进文化法学科的融合发展。要促进文化法学的长远发展就应当坚持习近平总书记关于文化强国战略的重要论述和习近平法治思想，运用马克思主义立场观点方法来创新和发展文化法学科。文化法学是跨学科的产物，产生于文化学科群落和法学学科群

---

① 周辉、徐玖玖：《中国网络信息法学研究机构建设和发展报告（2004—2020）》，《网络信息法学研究》2021年第1期，中国社会科学出版社2021年版，第229页。该文还指出企业在网络信息法学研究中的参与积极性最高，开展合作研究的兴趣最为浓厚。

② 熊文钊等：《文化法治基本理论研究》，中国社会科学出版社2021年版，第320页。

落的交叉领域，两个学科之间在研究范式、基础理论、学科传统等方面都存在着较大的差异。因此，在两个学科的融合过程中，需要一个科学的理论作为指导，文化强国战略和习近平法治思想可以成为文化法学研究的重要契机，并在此基础上从学科价值、学科思想和学科实践三个层面推动文化法学理论和实践的发展，形成牢固、长远、系统的基础理论和多元、丰富的研究方法，构建文化法学科的科学话语体系。

第三，丰富研究视角，提高文化法学的学科生命力。文化法学学科发展的生命力在于人才培养。未来需要进一步强化文化法学的学科竞争力，紧跟学科的前沿热点，做好学科统筹优化，通过设计系统性的课程，培养专业化的文化法治人才。通过一定程度的政、产、学、研的联动，吸引更多领域的人才参与到文化法学的研究中来。不同研究机构共同合作打造文化法系列专题课程，通过课程共享，加快人才培养。

译文

美国历史和公民教育法

尹学铭

本法旨在为美国历史以及公民教育的全体学生建立学院，为教授美国历史和公民教育的教师建立全国联盟，以及基于其他目的。

第 1 部分　简称

本法拟命名为：“2003 年美国历史和公民教育法”

条 2 部分　定义

在本法中，

（1）美国历史和公民

——“美国历史和公民”一词指的是塑造美利坚合众国的组织架构和民主遗产的重要事件、重要人物和重要概念。

（2）主席

——“主席”一词指的是国家人文基金会主席。

（3）教育机构

——“教育机构”包括：

（i）高等教育机构；

（ii）以教育中小学生美国历史和公民为明确目的的教育机构；

（iii）非营利性的教育机构，图书馆或研究中心；

以及由在上述各项中描述的实体所组成的联合体。

（4）高等教育机构

——“高等教育机构”一词指的是符合 1965 年颁布的《高等教育

法》中所规定的教育机构。

(5) 重要文件

——“重要文件”一词指的是建立或解释了美国基本民主原则的文件，包括美国宪法和宪法修正案（特别是权利法案）、独立宣言、联邦党人文集以及解放宣言。

(6) 重要事件

——“重要事件”是指在美国历史上建立民主制并扩大其势力的关键转折点（包括美洲原住民与欧洲迁移者的会见、美国独立战争、南北战争、20世纪的两次世界大战、民权运动以及主要的法院判决、法律、文学和艺术作品等）。

(7) 重要想法

——“重要想法”是指塑造了民主机构和美国的遗产的想法，包括自由、平等的机会、个人主义、许可的放任、法的规则、联邦制和合众为一的观念、宗教自由、教会与政权的分离、以及进步的信念。

(8) 重要人物

——“重要人物”是指领导美国的开国元勋、美洲原住民的领袖、民选官员、科学家、发明家、先驱者、平等权利的拥护者、企业家以及艺术家。

(9) 国家

——“国家”包括50个州和哥伦比亚特区。

(10) 美国历史和公民教育的老师

——“美国历史和公民教育的老师”包括从幼儿园到12年级中所有教授美国历史，政府或公民的课程，或将这些内容纳入其教学内容的老师。

第3部分　教授美国历史和公民的总统学院

(a) 建立

——从单位拨款，在竞争的基础上，国家人文基金会给予教育机构奖励补助以建立总统学院，进行美国历史和公民学的教学（在本章中称为“学院”），其将为美国历史和公民教育的老师提供工作场地——

（1）以增加这些教师关于美国历史和公民教育的知识储备；

（2）同时学习如何更好地教这些科目。

（b）申请

（1）总则——

希望根据本节获得补助金的教育机构，应以这种方式向国家人文社科基金提交申请，并准备好相应资料。

（2）内容——

在上述条件下提交的申请必须应当——

（A）包括确定参加学院提供的讲习班的教师的挑选标准；

（B）确定教育机构打算任命的个人为学院的主要学者；

（C）在学院提供的讲习班上说明将应用的课程；

（D）保证将挑选教师参加学院提供的讲习班的征聘计划。

（c）授予数量

——根据本法，国家人文科学基金会给予补助金的教育机构应当不超过 12 个。

（d）分配

——主席应在本款下根据地理区域鼓励公平分配赠款。

（e）补助金

——根据本条获发的补助金，为期 2 年。

（f）资金使用

（1）研讨会——

（A）一般而言，根据本条获发给补助金的教育机构，须设立一间专门学院，在暑期期间或在另一段适当的时间为美国历史教师及公民提供研讨会——

（i）加强这些教师对美国历史和公民学科目的认识；

（ii）学习如何更好地教这些科目。

（B）讲习班的会期——根据本节提供的讲习班为期约 2 周。

（2）学院职员

（A）初级学者

——每间学院须由根据前款呈交的申请所指明的主要学者为首

（b）这个人必须——

（i）在美国历史和公民学领域取得成就；

（ii）设计和领导讲习班的课程。

（B）核心教师

——每位小学教师应指定适当数量的核心教员。在初级学者的指导下，核心教师应教授和培训学员。

（3）教师的选择

（A）总体来说

（i）教师人数——每年，各学院应选择从幼儿园到12年级的教师对美国历史和公民参加由学院提供的研习班。

（ii）教师人数的灵活性——根据第（i）条，每间学院须选择教师50名以上300名以下。

（B）公立学校和私立学校的教师——学校可选择公立学校和私立学校的教师参加学院提供的研习班。

（g）成本

（1）通常——除在第（2）段中提到的外，参加本节所提供的研讨会的教师不得收取参加研讨会有关的任何费用，包括膳食、住宿和材料费用。并且在参加研讨会期间，可领取津贴以支付这些费用。

（2）车旅费——应使用非联邦基金支付根据本款参加研习班的教师的过境费用。

（h）评估——

（1）通常来说——在第三年赠款资助下的所有讲习班完成后，国家人文基金会应进行评估，并向大会有关委员会提交报告结果。

（2）评估内容——根据第（1）款进行的评估须——

（A）确定根据本款授权的赠款方案的总体实施情况；

（B）强调最佳赠款获得者的做法，以便成为未来赠款获得者的典范。

（i）非联邦基金

——根据本节获得联邦援助的教育机构可向非联邦基金支付开办学院的费用。

（j）授权拨款

——已授权在2004—2007财政年度的每个财政年度拨款700万美元。

第4部分　美国历史和公民学学生的国会学院

（a）建立——

从根据第（j）款拨出的金额中，国家人文科学基金应在竞争性基础上授予教育机构为学生设立美国历史和公民国会学院的赠款（在这个部分被称为“学院”），为美国历史和公民的优秀学生提供讲习班，以拓宽和加深这些学生对美国历史和公民的理解。

（b）应用——

（1）通常来说——根据本条意欲领取补助金的教育机构，须在规定时间，以规定方式向国家人文科学基金申请捐赠，并准备可能需要的资料。

（2）内容——提交的申请

根据第（1）款的规定——

（A）包括确定哪些教师将被挑选参加学院提供的讲习班的标准；

（B）确定教育机构打算任命的个人为学院的主要学者；

（C）在学院提供的讲习班上说明将使用的课程；

（D）包括说明教育机构将如何——

（i）根据1965年《初等和中等教育法》第一部分，向接受援助的学校通知学生；

（ii）向该等学生提供有关如何申请参加专科学院举办的工作室的资料，以便该等学生可参加有关的研习班。

（c）授予数量

——根据本法，国家人文科学基金会给予补助金的教育机构应当不超过12个。

（d）分配

——主席应在本款下根据地理区域鼓励公平分配赠款。

（e）补助金

——根据本条获发的补助金，为期 2 年。

(f) 资金使用

(1) 研讨会

(A) 通常来说——根据本条领取补助金的教育机构应设立一个学院，在夏季期间或其他适当的期间为杰出学生提供美国历史和公民讲习班，以扩大和加深这些学生对美国历史和公民的理解。

(B) 讲习班的会期——根据本节提供的讲习班为期约 4 周。

(2) 学院职员

(A) 初级学者

——每间学院须由根据条款呈交的申请所指明的主要学者为首

(b) 这些人必须——

(i) 在美国历史和公民学领域取得成就；

(ii) 设计和领导讲习班的课程。

(B) 核心教师

——每位小学教师应指定适当数量的核心教员。在初级学者的指导下，核心教师应向学员授课。

(3) 学生的选择

(A) 学生人数

——每年，每间学院须选择 100—300 名符合资格的学生参加学院提供的研习班。

(2) 符合资格的学生

——学生如有资格参加由学院提供的研习班，则——

(i) 由该学生的中学校长（或该等学生的学术课程的其他负责人）推荐出席研讨会；

(ii) 在参加研讨会后的学年，将升入大三或大四。

(g) 成本

(1) 通常来说——除在第（2）段中提供的以外，参加本节所提供的研讨会的学生不应承担参加研讨会的任何费用，包括膳食、住宿和材料费用。

(2) 车旅费——应使用非联邦基金支付参加讲习班的学生的过境

费用。

（h）评估——

（1）通常来说——在第三年资助的所有研讨会完成后，将根据本节颁发补助金，全国人文科学基金对此进行评估，并向国会的相关委员会进行汇报。

（2）评估内容——根据第（1）款进行的评估须——

（A）确定根据本款授权的赠款方案的总体实施情况；

（B）强调最佳赠款获得者的做法，以便成为未来赠款获得者的典范。

（i）非联邦基金

——根据本节获得联邦援助的教育机构可向非联邦基金支付开办学院的费用。

（j）授权拨款

——有权在2004—2007财政年度的每个财政年度执行本款1400万美元。

第5部分　美国教师全国联盟

历史和公民

（a）设立

（1）一般而言——从根据第（e）款拨出的款项中，为国家捐赠基金授予更多的赠款给组织，以建立一个全国小学和中学美国历史和公民教师的联盟。

（2）目的——

国家联盟的宗旨是——

（A）促进美国历史和公民学教师之间的思想交流；

（B）倡导在美国历史和公民教育方面的最佳做法。

（b）申请

——根据本条要求领取补助金的组织，应在规定的时间，以规定的方式向全国人文科学基金提出申请，并准备好所需资料。

（c）授予期

——根据本条批予的补助金，任期为2年，并可在首项期满后重新应用。

(d) 资金的使用

——根据本条领取补助金的组织可将补助金用于下列款项：

(1) 在因特网上建立一个网站，以促进关于改进美国历史和公民教育的新想法的讨论。

(2) 针对涉及美国历史和公民教育的个人教师创建国家联盟的分会。

(3) 以美国历史和公民为重点的研讨会、讲座或其他活动，可与图书馆、各州的人文科学理事会或其他合适的实体组织合作，或通过授予赠款的方式予以赞助。

(4) 与其他非营利性教育联盟进行协调，促进与美国历史和公民学相关的课程的教学或研究。

(e) 授权拨款——在2004—2007财政年度有权执行本款，以及执行第3和第4款有关的任何行政费用，每年标准为400万美元。

参议院于2003年6月20日通过了本法。

证明：　　艾米莉 J. 雷诺兹

秘书

（翻译尹学铭：浙江工业大学法律硕士）